Jürgen Werbick

Vater unser

Jürgen Werbick

Vater unser

Theologische Meditationen
zur Einführung ins Christsein

HERDER

FREIBURG · BASEL · WIEN

© Verlag Herder GmbH, Freiburg im Breisgau 2011
Alle Rechte vorbehalten
www.herder.de

Umschlaggestaltung: Finken & Bumiller, Stuttgart
unter Verwendung der Bronzearbeit von Egino G. Weinert,
D 50068 Köln: „Seesturm (schlafender Jesu)" – Nachdruck verboten

Satz: Barbara Herrmann, Freiburg
Herstellung: fgb · freiburger graphische betriebe
www.fgb.de

Gedruckt auf umweltfreundlichem, chlorfrei gebleichtem Papier
Printed in Germany

ISBN 978-3-451-33252-4

Inhalt

Theologische Meditationen: Einführung ins Christsein ..   7

I.   Vater unser im Himmel
     (Gen 18,20–32; Lk 11,1–13; Röm 8,15–17)   27
II. Geheiligt werde dein Name
     (Gen 18,1–14; Ez 36,19–28)   49
III. Dein Reich komme
     (Dan 2,31–45; 7,1–28; Lk 6,20–23)   75
IV. Dein Wille geschehe, wie im Himmel so auf Erden
     (Jes 55, 10–11; Ez 36,26–27; Joh 4,34)   103
V.   Unser tägliches Brot gib uns heute
     (Mt 4,4; 6,25–26.31–34; Mk 6,8–9)   131
VI. Und vergib uns unsere Schulden, wie auch wir
     vergeben unseren Schuldnern
     (Micha 6,1–8; Lk 7,36–50)   153
VII. Und führe uns nicht in Versuchung
     (Ijob; Lk 4,1–13)   177
VIII. Erlöse uns von dem Bösen
     (Gen 3,1–7; Jes 43,1–3a; Weish 11,26)   199
IX. Denn dein ist das Reich und die Kraft und
     die Herrlichkeit in Ewigkeit
     (Lk 23,35–43; Joh 12,23–28; 18,36)   223
X.   Amen
     (2 Kor 1,20–21; Offb 3,14; 22,20)   247

Nachwort   269
Literaturverzeichnis   273

Theologische Meditationen:
Einführung ins Christsein

Glaubensgewissheit?

„Was ist elender als die Ungewissheit?"[1] Aber was ist selbstverständlicher als die Ungewissheit? Dass wir uns auf ein „unerschütterliches Fundament" (René Descartes[2]) gründen, von aller Ungewissheit befreit unser Lebenshaus bauen, unsere Heimat finden und bewohnen könnten, wer wird das selbstgewiss sagen? Aber weniger wird man von Gewissheit nicht erwarten dürfen. „Gewissheit gewinnen heißt: Heimat erlangen", endlich wieder zuhause zu sein. Gewissheit ist – so *Eberhard Jüngel* – „der vertraute Aufenthalt bei dem, was mir gewiss ist. Gewissheit zu haben im Blick auf etwas besagt: bei diesem ein- und ausgehen können."[3] Dann sind wir heimatlos, Nomaden auf der Suche nach Gewissheit. Bei der Suche, die schon vergessen hat, dass sie Suche nach Gewissheit ist?

Oder bietet der Glaube diese Heimat, nicht als Selbst-, sondern als Gottesgewissheit? Eine Gewissheit, die ein- und ausgehen darf bei dem, dessen sie gewiss ist; nicht zweifelnd draußen herumirren muss auf der Suche nach dem zweifel-los Verlässlichen? „Wer zweifelt, glaubt nicht."[4] Wer glaubt, zweifelt nicht. Er wohnt in der Gottesgewissheit, muss nicht orientierungslos bleiben zwischen den vielen Versprechungen, die einem mehr oder weniger wohlfeile Gewissheits-Wohnungen offerieren. Ist es so?

Der Glaube schließt den Zweifel aus. Aber die *Glaubenden* können ihn kaum draußen halten: weil der den Zweifel überwindende Glaube nicht ganz selbstverständlich-zweifellos in ihnen wohnt; weil sie so oft nur Gäste sind in der Wohnung der Gottesgewissheit, in der die unruhige Suche endlich nachhause gekommen wäre. Einführung in den Glauben: Wenn das als Einführung in die Realität und den „Vollzug" des Glaubens durch die Glaubenden – in ihr Christsein – gemeint sein soll, dann kann es nicht die Beschreibung der Wohnung sein, in welcher der Glaube bei sich und bei Gott zuhause ist. Dann kann eine Einführung nur bei den Versuchen begleiten, sich in den Glauben einzuleben, in ihm heimisch zu werden; dann kann von ihr auch nicht erwartet werden, dass sie die Zweifel aus dem Haus des Glaubens einfach hinauswirft. Sich in den Glauben einleben bedeutet, auch mit den Zweifeln leben zu lernen, allerdings ohne ihnen das Feld – die Wohnung – zu überlassen.

Ob die Metapher des Im-Glauben-zuhause-Seins es überhaupt trifft? Oder ist das Sich-Einleben in den Glauben eher das Vertrautwerden mit einer bestimmten Art des Unterwegsseins, mit einer Herausforderung, die uns *gut unterwegs* sein lässt? Die Vertrautheit mit einer Hoffnung? Mit einer guten Hoffnung unterwegs: ein geradezu kirchentagstaugliches Motto. Kann es über dieser Einführung stehen?

Hoffnung: nicht in einer Gewissheit zuhause, sondern von einer Vision auf den Weg gebracht, herausgefordert, sich in diese Vision hineinzuwagen, sich in sie zu „investieren". Dynamik kommt besser als das Bleiben und Wohnen. Führt sie tatsächlich weiter – so dass man versuchen sollte, in *sie* einzuführen, mit *ihr* „anzustecken"? Das wäre ja auch wieder reichlich viel verlangt von einer „papierenen" Einführung. Aber dies vermag sie vielleicht: in die christliche Praxis eines hoffnungsvollen Unterwegsseins so einzuführen, dass einleuchten kann, wohin sich diese Praxis unterwegs weiß und warum Christen der Überzeugung sind, dass sie auf gutem Weg und mit einer guten, für sich selbst sprechenden Hoffnung unterwegs sind.

Ob nicht auch in solcher Hoffnung Glaubensgewissheit „wohnt"? Sie ist ja nicht das vage Kalkül, ein Investment in diese Vision werde sich womöglich auszahlen, sondern das

Ergriffensein von einer Herausforderung, der man nicht mehr ausweichen kann – weil man erfahren hat, dass man so auf rechte Weise hofft, dass man sich dieser Hoffnung anvertrauen darf. Die Gewissheit mag vielfach weniger „greifbar" sein, als man es sich wünschte, weit angefochtener, als man es gelassen ertragen könnte. Aber in und aus ihr lebt eben doch, was den Glauben bewegt und die Hoffnung immer wieder neu aufleben lässt: Glaubend weiß ich, woher ich bin, worin ich lebe und bin und woraufhin – wofür – ich leben kann, wohin ich unterwegs bin. Ich „weiß" es, ohne es auch nur im Geringsten ermessen zu können. Aber das hoffe ich: Es ist unendlich größer als alles, was ich ermessen kann, nicht kleiner. Das also bewegt die Hoffnung: der Glaube, dass ich auf das unendlichwohltuend Größere hoffen und eben nicht das Weit-Weniger oder Gar-Nichts gewärtigen muss.

Wie haben sich Christinnen und Christen in diese Hoffnung, in diesen Glauben eingelebt? Im Gebet, in diesem Gebet vor allem, das sie das Herrengebet nennen. In das Christsein einführen heißt Vertrautmachen damit, wie Christen sich in die Hoffnung des Glaubens hineingebetet und eingelebt haben, in ihr soviel Gewissheit gesucht und auch gefunden haben, dass sie ihren Weg durch die Abgründe ihres Lebens weiter gehen konnten; heißt, Auskunft darüber geben, warum sie der Überzeugung sein konnten, so auf rechte Weise zu hoffen und in ihrer Hoffnung die Wahrheit ihres Lebens zu berühren. Im Vaterunser geschah dieses Vertrautwerden, vielfach auch dieses Berühren. So besteht die Veranlassung, sich ihm anzuvertrauen, um in den christlichen Glauben eingeführt zu werden. Aber dürfen wir überhaupt hoffen? Auch noch unseren kühnsten Hoffnungen trauen? Oder beginnt nicht gerade damit das Unheil des Menschen? *Dürfen wir hoffen*, wenn wir der Erde treu bleiben, dem Kampf um das Lebenkönnen in ihr, den Erfahrungen der Tödlichkeit des Lebens, der Gleichgültigkeit unserer Welt gegen unsere Wünsche nach Geborgensein und Vollendetwerden? Oder ist gerade die Hoffnung mit ihrer „Fähigkeit, den Unglücklichen hinzuhalten", das „Übel der

Übel"; die End- und Jenseits-Hoffnung vor allem, welche die Leidenden durch eine Hoffnungs-Perspektive aufrecht erhält, der „durch keine Wirklichkeit widersprochen" und die ja auch durch kein „einzelnes wirklich eintretendes Glück" überholt werden kann?[5]

Dürfen wir hoffen?

Das ist der religionsskeptische Generalverdacht gegen die großen Hoffnungen wie gegen alle diejenigen, die sie hegen und pflegen: Allzu anspruchsvolle Hoffnungen führen weg von den Kämpfen, die wachen Sinnes heute bestanden werden müssen und *Präsenz* verlangen; sie betäuben gegen die Enttäuschungen, durch die man realitätsfähig werden muss. In den Glauben und seine Hoffnung einführen, heißt das nicht: wegführen von den Kampfplätzen, an denen heute das Leben gewonnen werden muss oder verloren geht; wegführen auch von den guten Orten, an denen es heute genossen, ausgeschöpft und verteidigt werden könnte, gesucht und verteidigt werden müsste? Glaube und Hoffnung: sind sie die großen Verführer der Menschen?

Eine Alternative wäre ja schon, die menschlichen Hoffnungen so weit zu ermäßigen, dass sie den Hoffenden eine realistische Handlungsperspektive vorgeben – sie von der großen Transzendenz abzuziehen und an die „mittleren" oder „kleinen Transzendenzen" zu heften: an politisch-menschliche Befreiung, den Kampf um etwas mehr Gerechtigkeit, an das Sehnsuchtsziel eines guten Lebens in einer erfüllenden mitmenschlichen Beziehung. Der Kursverlust der großen religiösen Glaubenstraditionen mag viel mit dieser Zurücknahme des Hoffnungshorizonts zu tun haben;[6] und mit der fast schon selbstverständlichen Unterstellung, dass die „kleinen" und „mittleren" Transzendenzen verloren geben oder gering schätzen müsste, wer sich weiterhin an die große Transzendenz hält.

Aber ist das nicht ganz aus der Perspektive derer gesehen und gesprochen, die es aufgegeben haben, in die große Transzendenz hineinzuhoffen und sich in sie hineinzuwagen; gesehen aus der Beobachterperspektive der „religiös Unmusikalischen"[7] und distanziert Zuhörenden oder Zuschauenden, denen das Teilnehmen an den großen Hoffnungen – die Teilnehmerperspektive – irgendwie abhanden kam? Und ernsthaft weiter nachgefragt: Werden denen, die die großen Hoffnungen der Religionen authentisch – im Geist dieser religiösen Traditionen – mithoffen, die kleinen Transzendenzen tatsächlich unwichtig oder bedeutungslos, weil sie „mehr" erhoffen, womöglich zu viel erhoffen? Wer sich biblisch-christlich von Jesus Christus selbst, so wie das Neue Testament ihn bezeugt, in die Hoffnung seines Gottesglaubens einführen lässt, der wird an die Orte geführt, an denen Menschen um die Fülle ihres Lebens ringen und ihr auf die Spur kommen wollen. Dafür, dass sie ihr auf die Spur kommen, weiß der Jesus des Johannesevangeliums sich gesandt (vgl. Joh 10,10). Wer sich von Jesus in die Glaubenshoffnung auf den Gott Israels hineinführen lässt, der gibt die Hoffnung darauf nicht verloren, dass Gerechtigkeit größer sein kann als alle Gerechtigkeit, die aus dem Bemühen der Frommen entspringt (vgl. Mt 5,20) – größer aber auch als die den Armen aufgezwungene Gerechtigkeit zum Vorteil der Reichen; der gibt die Hoffnung darauf nicht verloren, dass sich an Unterdrückung und Ausbeutung, am Unglück der Kleinen und an den lebensfeindlichen Einstellungen der Sünder noch etwas ändern kann.

Wer für sich und für andere unermüdlich und „unersättlich" hofft, setzt auf die Möglichkeit der Veränderung im Großen und im Kleinen. Darin ist die Hoffnung unteilbar. Sie wäre nicht Hoffnung, sondern bloßes Kalkül, wenn sie nur auf den eigenen Vorteil setzte. Sie ist nicht bis ins Innerste Hoffnung, sondern schon von der Resignation verdorben, wenn sie nicht auf die Veränderung *jetzt* ihr Augenmerk richtet, sondern für irgendwann oder gar vom „Jenseits" erst eine nennenswerte Besserung erwartet. Wer die Hoffnungs-Energie so „kanalisieren" wollte, dass sie nicht mehr in alle Ritzen eines verfehlten und geschädigten Lebens eindringen könnte, um das Verriegelte aufzusprengen und die Resignation wegzuspülen; wer die Hoffnung aufsparen wollte für den „höchsten", erst im Himmel zugänglichen „eigentlichen" Gegenstand der Hoffnung, der würde sie ums Leben bringen, weil er sie aus dem Leben hier und jetzt herauszuhalten versuchte und dieses Leben sich selbst überlassen würde.

Die Hoffnung kann nur stark werden, wenn sie jetzt schon ihr Werk tun und die Menschen bewegen darf. Genau in diesem Sinne ist sie, jedenfalls in der Glaubensperspektive, unteilbar und nur so unendlich fruchtbar: Sie vermehrt sich gleichsam, sie teilt sich mit, wenn man aus ihr lebt. „Falsche Hoffnungen" sind nicht solche, die an falsche Hoffnungsinhalte geheftet wären, sondern solche, die in falscher Weise hoffen; die sich nicht bereit halten für das Neue und Umwälzende, das geschehen kann und immer wieder neu geschieht, wenn die Hoffnung an das von ihr Erhoffte rührt, gar unendlich von ihm überholt wird.[8]

Einführung in den christlichen Glauben soll an den Punkt hinführen, an dem sich erschließt, was Christsein und Christwerden bedeutet, was die Christen wohltuend herausfordert und bewegt. Deshalb versucht sie Rede und Antwort zu stehen, Rechenschaft zu geben von der Hoffnung, die in den Glaubenden ist und sie erfüllt (vgl. 1 Petr 3,15) – wenn und insoweit sie ihnen geschenkt wurde.[9] Sie ist Einführung in die biblisch-christliche Gotteshoffnung, in die rechte Art zu hoffen; Einführung aber auch in eine dieser Gotteshoffnung entsprechende, von ihr „beseelte" Weise des Menschseins. Die Frage: Was ist der Mensch? entscheidet sich ja daran, woraus der Mensch lebt, ob und wie und welche Hoffnung ihm zugänglich geworden ist.[10]

Die rechte Art zu hoffen

Die Hoffnung der Menschen ist getroffen und auf die Probe gestellt von mehr oder weniger schmerzlichen Erfahrungen in dieser Welt: Es muss sich etwas ändern, wenn es gut werden soll mit meinem Leben und mit dem Leben in unserer Welt. Hervorgerufen und getragen ist menschliches Hoffen – wenn ich denn aus ihm leben kann – von einer wie auch immer erlangten und gewachsenen Zuversicht, dass sich ändern lässt bzw. dass sich ändern kann, was unseren Widerspruch und das brennende Verlangen hervorruft, es möge anders werden. In glücklichen Augenblicken nur hofft man darauf, dass es so bleibt, wie es jetzt Gott sei Dank ist. Hier muss die Hoffnung sich behaupten gegen die Angst vor der Zerbrechlichkeit und Vergänglichkeit unseres Glücks. In der Zukunft aber liegt, was über das Erfülltwerden unserer Hoffnung entscheidet. Hoffenden Herzens, handlungs-, ja kampfbereit wollen wir in die Zukunft hineingehen; neugierig darauf, was aus unserer Hoffnung wird: wie sie sich erfüllt und verändert, wie sie überholt wird, hoffentlich in eine neue, größere Hoffnung hinein.

In den nächsten Augenblick, in den Tag, in die Lebenszeit hineingehen, die sich jetzt öffnet, und kommen lassen, was auf mich zukommt; in dem, was da auf mich zukommt, suchen, was mir fehlt, oder in ihr dem auf der Spur bleiben, was ich schon gefunden habe, es nicht verlieren; mit dem Kommenden darum kämpfen, dass sich ändert, was nicht fortdauern darf; von dem, was kommt, nicht dazu gebracht werden, meine Hoffnung verloren zu geben; mit ihm darum ringen, was aus dieser Hoffnung werden muss und werden kann: all das gehört offenkundig mit hinein in die rechte Art zu hoffen. Ich vertraue mich dem an, was kommt, ohne ihm blind zu vertrauen. Ich weiß ja jetzt noch nicht, ob es mir „entgegenkommt" oder mich überrollt, wo und wie es mich zum Kampf fordert, was es mir öffnen und schenken oder zumuten wird, was ich von dem, das da auf mich zukommt, ergreifen oder dankbar annehmen kann und was ich zurückweise, wogegen ich mich bis ans Ende meiner

Kräfte zur Wehr setzen muss. Soweit meine Hoffnung reicht, nehme ich die Herausforderung an, mich dem anzuvertrauen, was kommt, und mit ihm zugleich den Kampf darum auszukämpfen, dass es mir und uns *gut tut*, dass es für uns und unendlich weit darüber hinaus *gut ist* oder gut wird. Die rechte Art zu hoffen lebt davon, dass es neben der Bereitschaft, den Kampf aufzunehmen, auch Grund gibt, sich dem anzuvertrauen, was auf mich und auf uns zukommt; sie lebt dann selbstverständlich von der Weisheit der Unterscheidung, die das Vertrauenswürdige nicht mit dem Misstrauen und Widerstand Verdienenden vermischt oder verwechselt.

Was auf mich zukommt, fordert mich heraus. Versuche ich, es „auszusitzen" oder zu vermeiden, in mir „sitzen zu bleiben", bis es vorüber ist,[11] geht es rücksichtslos über mich hinweg. Wenn ich mich nicht mit ihm einlasse, nehme ich nicht mehr teil an dem, was mit mir geschieht, kommt es nur noch über mich. Sich mit dem einzulassen, was jetzt auf mich zukommt, bedeutet aber, hinauszugehen ins Offene, bedeutet, etwas mit mir geschehen zu lassen; lässt es darauf ankommen, sich nicht mehr in der Hand zu haben. In die Hände von Menschen zu fallen, die mich ausnehmen wollen oder für ihre eigensüchtigen Zwecke missbrauchen, das kann mich ruinieren. Ihr Zugriff kann mich, wenn er bis zum Äußersten und bis ins Innerste geht, um mein Selbst bringen, um mein eigenes Leben und Wollen. Ich muss mich hüten, ihnen so ungeschützt in die Hände zu fallen. Schon alltäglich-mitmenschlich ist also dauernd neu zu entscheiden, was ich mit mir machen lasse und wo ich mich gegen den Missbrauch und die Missachtung meines Selbstseins und Selbstwollens zur Wehr setzen muss.

Um wie viel dramatischer stellt sich diese Frage, wo ich mich in der „Hand" von Mächten und Dynamiken weiß, von denen ich gar nicht erwarten kann, dass sie mir wohlwollend entgegenkommen, wenn sie über mich kommen. Oder stellt sie sich hier gerade noch so, dass es um die minimalen Möglichkeiten geht, die mir bleiben, mir einen Schonraum zu erhalten? Es wäre grenzenlos naiv, sich in die Hände der Menschen fallen zu lassen oder sich solchen Mächten anzuvertrauen, die das Vertrauen der Menschen seit jeher missbrauchen und ihr Misstrauen seit jeher verdienen. Wäre es da eine *Glaubens-Alternative* zu sagen: „Wir wollen lieber JHWH, dem Herrn, in die Hände fallen, denn seine Barmherzigkeit ist groß; den Menschen aber möchte ich nicht in die Hände fallen" (2 Sam 24,14)?

Sich Ihm anvertrauen?

Die Frage hat eine kaum zu überbietende innerbiblische Dramatik. Der Anti-Text zum eben aus dem 2. Samuelbuch zitierten steht im Hebräerbrief: „Es ist furchtbar, in die Hände des lebendigen Gottes zu fallen" (10,31). Steht Gott auf Seiten der furchtbaren Mächte und Instanzen, denen man nicht in die Hand fallen möchte? Ist Er ihr Verbündeter, gar ihr „Integral"? Der Autor des Hebräerbriefs wird das nicht behaupten wollen, eher das Gegenteil. Er setzt die „furchtbare Formel" glaubens-pädagogisch ein: als Drohung, damit die Christusgläubigen in den ersten Verfolgungen nicht „zurückweichen und verloren gehen", sondern „glauben und das Leben gewinnen" (Hebr 10,39). Diese Pädagogik erscheint uns Heutigen eher zweifelhaft. Sie bringt den Gott und Vater Jesu Christi und der mit ihm Glaubenden ins Zwielicht. Auch der Hinweis, Gott sei nach dieser Passage im Hebräerbrief ja nur als gerechter Richter „furchtbar" – nur für die „Zurückweichenden" und vom Glaubenden Abfallenden –, ändert das Bild für uns Heutige eher geringfügig. Wäre er dann nicht doch für uns alle, fast ausnahmslos, furchtbar? Zuerst und vor allem zu fürchten, kaum zu unterscheiden von den anderen furchtbaren Mächten; allenfalls danach – wenn der Tag seines Schreckens vorüber ist – ein gnädiger Gott, aber eben nur für jene, die Seine „Vergeltung" (Hebr 10,30 etwa mit Jes 35,4) überstanden haben?

In dieses Zwielicht darf der Gott und Vater Jesu Christi nicht geraten. Vielleicht sehen wir das heute deutlicher. Das

Zutrauen, das die Beter des Psalms 31 sagen ließ: „In deine Hände lege ich voll Vertrauen meinen Geist; du hast mich erlöst, Herr du treuer Gott ... In deiner Hand liegt mein Geschick; entreiß mich der Hand meiner Feinde und Verfolger" (Verse 6 und 16), mag für viele Juden und Christen über die Jahrhunderte hinweg kaum noch erschwinglich gewesen sein. Der, Dem die Menschen es oft genug an der Grenze ihres Zutrauenkönnens entgegenbringen, trägt aber nach den jüdisch-christlichen Glaubensüberlieferungen nicht die Züge eines Rächers, der zuerst zu fürchten ist.[12] Christinnen und Christen werden in der Angefochtenheit ihres Zutrauens auf den Gekreuzigten schauen und sich immer wieder neu fragen, ob sie mit ihm den Psalm 31 beten können; ob sie mit ihm den Gebets-Weg von der Klage des Psalms 22 (Vers 1: „Mein Gott, mein Gott, warum hast du mich verlassen, bist fern meinem Schreien, den Worten meiner Klage?"; vgl. Mk 15,34) zum An-Vertrauenswort des Psalms 31 (vgl. Lk 23,48) finden.

Sich einem Anderen anvertrauen: Es gibt keinen höheren Vertrauenserweis, keinen größeren Vertrauens-„Vorschuss" unter Menschen. Aber auch keine größere Zumutung. Es ist ja nur der Anfang, dass ich um sein Gehör bitte – und er mir sein Ohr leiht; dass ich ihn teilhaben lasse an meiner Suche, meinem Finden und Verlieren; dass ich ihn mitnehme auf meinen Wegen und Irrwegen. Wenn er sich bitten und in Anspruch nehmen lässt, wird er sich nahegehen lassen, was ich mit ihm teilen will, wird er sich mitnehmen lassen. Was er von mir „weiß", lässt ihn nicht unberührt. Und ich kann nicht mehr darüber verfügen, was er damit macht; was aus meinem Leben wird, wenn er es teilt. Das kann mein Glück sein; aber auch mein Untergang. Das Wagnis liegt ebenso auf *seiner* Seite: Worauf lässt er sich ein, wenn er sich mitnehmen lässt? Wie wird er davon in Mitleidenschaft genommen?

Geben und Nehmen, ohne dass absehbar wäre, wohin das führt, das bedeutet *sich anvertrauen*. Unberührt bleibt keiner und keine der Beteiligten – bis dahin, dass zuletzt unentscheidbar, aber auch unwichtig wird, wer sich wem „zuerst" anvertraute.

Wer sich einem Menschen anvertraut, riskiert den Vertrauensbruch. Und das Risiko ist umso größer, je mehr ich mich dabei ausliefere. Sich ausliefern macht abgründig wehrlos. Wehrlos darf ich mich nicht machen, wo ich es mit Mächten und Menschen zu tun habe, die auf mein Leben zugreifen und seine Richtung bestimmen wollen. Was da auf mich zukommt, darf nicht über mich verfügen. Darf Er es, Der in allem auf mich zukommt, was mich zuinnerst ergreift, herausfordert und in Anspruch nimmt; der Gott, Dessen Zukunft auch meine Zukunft wäre? Wie kann ich dann wissen, dass Er – in alldem? – auf mich zukommt? Und wie Er auf mich zukommt? Ich kann es nicht wissen. Und ich kann mir auch nicht im Vorhinein sicher sein, wann Er auf mich zukommt – wie in dem, was auf mich zukommt, um meinetwillen und um Gottes willen unterschieden werden muss: zwischen den Zumutungen, derer ich mich erwehren, mit denen ich kämpfen muss, und Seinem Da-Sein, dem ich mich anvertraue, Seiner Zukunft, auf die hin ich mich öffnen darf.

Glauben bedeutet nach den biblischen Zeugnissen, sich Gottes Zukunft anzuvertrauen – und realisiert sich in der Fähigkeit zu entdecken, wie Er mich in meine Zukunft hineinführen und wo Er mich im Gegensatz dazu herausfordern will, den Zumutungen menschenfeindlicher Mächte zu widerstehen. Nicht die willenlose Unterwerfung unter das mir Widerfahrende ist hier gefragt, sondern das kluge Glaubensurteil darüber, wo Seine und meine gute Zukunft anfängt, wo Er sie mit mir anfängt und ich mich Ihm anvertrauen darf, und wo mich das fortdauernde Unheil zu überwältigen droht, so dass ich ihm den Kampf ansagen muss.

Die biblischen Glaubenszeugnisse führen ein in die Kunst, hier treffsicher zu unterscheiden. Sie bezeugen ja, wie Gott Menschen so angerührt hat, dass sie Ihn von den menschen- und zukunftsfeindlichen Mächten unterscheiden und sich Ihm anvertrauen konnten. Er zeigte sich ihnen so, dass sie Ihn identifizieren und dass sie Ihm auf den Wegen folgen konnten, auf denen Er ihnen den Zugang zu Seiner Zukunft öffnen wollte.

Als solche werden sie in der Bibel überliefert: als „Norm-Überlieferungen" der Gottes-Unterscheidung, als *Offenbarungs*-Zeugnisse. In ihnen wird zunächst einmal offenbart, wie und warum Menschen dazu kamen, sich Ihm anzuvertrauen; wie Er ihnen – oft genug im Ringen mit ihrem Unwillen und Unverständnis – an-vertrauenswürdig wurde. In diesen Texten wird dann aber auch offenbar, wie Er sich von denen in Mitleidenschaft nehmen lässt, die Ihn in ihr Leben hineinziehen und in Anspruch nehmen, oft ohne sich Ihm und Seiner Zukunft wirklich anzuvertrauen; wie Er Er selbst bleibt, sich als der erweist, der für die Menschen da sein und Rettung sein will (vgl. *Ex 3,14*). *So offenbart Er sich*: als der An-vertrauenswürdige, Glaubwürdige, der das kluge Urteilsvermögen der Menschen mit der Frage heimsucht, ob es Ihn in all dem, wovon Menschen in Anspruch genommen werden, unverwechselbar als die schlechthin verheißungsvolle Wirklichkeit für die Menschen identifizieren kann.

In den christlichen Glauben einzuführen, kann eigentlich nur heißen, in diese Unterscheidungskunst einzuführen – anhand der Zeugnisse, in denen Er inmitten all dessen, was Menschen angeht und herausfordert, unterscheidbar wurde und sich den Menschen als anvertrauenswürdig erwies; unter Inanspruchnahme des menschlich-vernünftigen Urteilsvermögens, das unablässig nach überzeugenden Wahrheits-Kriterien suchen muss: nach Kriterien zur möglichst treffsicheren und wohl begründeten Unterscheidung zwischen dem für die nächste Wegstrecke oder gar definitiv Verlässlichen und dem Trügerischen, auf das man sich eben nicht verlassen, dem man sich nicht anvertrauen darf. In die Wahrheit des christlichen Glaubens einführen heißt nachzeichnen, warum Christinnen und Christen sich *diesem* Gott anvertrauen: dem Gott, wie er in den biblischen Zeugnissen identifizierbar und anvertrauenswürdig wird. Damit ist nicht gesagt, dass *dieser* Gott ein anderer sei als der in anderen religiösen Traditionen erfahrene. Aber es wird hier auf die Zeugnisse der Bibel und der christlichen Glaubensüberlieferung Bezug genommen, um sich von ihnen in die Identifizierbarkeit und Anvertrauenswürdigkeit Gottes einführen zu lassen.

Diesen Gott als anvertrauenswürdig zu erfahren, setzt die *Selbst*erfahrung voraus, mich auf das für mich Entscheidende hin nicht selbst in der Hand zu haben, sondern mich von dem zu empfangen, dem ich mich anvertrauen will. Dem ich mich so anvertraue, traue ich zu, dass es bei Ihm mit mir und auf alle anderen hin gesehen *gut* werden kann, dass Er einsteht für das Gute, über das hinaus ein Besseres gar nicht gedacht werden kann.[13] Ich traue Ihm – um mit Kant zu sprechen – das *höchste Gut*, das höchste Gute zu. Aber anders als nach Kants transzendentalphilosophischem Gedankengang wende ich mich Ihm zu, vertraue ich mich Ihm an in der Glaubenshoffnung, durch Ihn und in Ihm in dieses Gutsein hinein-*verwandelt* zu werden, über das hinaus nichts Besseres gedacht werden kann; nicht an meiner Selbstbestimmung vorbei, sondern über sie hinaus und in ihr; auch in dem, was meiner Selbstbestimmung vorausliegt und was von ihr nicht mehr zu bestimmen ist, sie aber nicht durchkreuzt, sondern zu dem Ziel kommen lässt, jenseits dessen für sie kein Ziel mehr liegen kann.

In ihre äußerste menschliche Zuspitzung gerät solches Sich-Zuwenden und Anvertrauen-Wollen, ja Anvertrauen-Müssen angesichts des Todes. Ich werde mich *end*-gültig aus der Hand geben müssen. Und die Tragfähigkeit meines Glaubens-Zutrauens wird sich daran entscheiden, ob ich mich – in welcher Bewusstheit und Ausdrücklichkeit auch immer – den Gebetsworten des Psalms 31 anvertrauen kann, den Worten, die das Lukasevangelium als Jesu letztes Gebet zitiert: „Vater, in deine Hände gebe ich mein *Pneuma* hin": übergebe ich, was mich beseelt, was mich ausmacht (23,46[14]). Werden diese Worte in die äußerste Glaubensbereitschaft einführen, Ihm zu überlassen, wie es mit meinem *Pneuma* in Ihm und durch Ihn gut werden kann, so gut, dass es gar nicht besser werden kann? Werden sie Ihm überlassen können, was in der Begegnung mit Ihm aus mir und meinem „Pneuma" wird? Werden sie Ihn dann – und jetzt schon im Blick auf das jetzt vor mir Liegende und mir am Ende hoffentlich Bevorstehende – in diesem Sinne als meinen und unseren Vater ansprechen können?

Jesu letztes Gebet zum Vater verweist auf das Gebet, das er seinen Jüngern und damit allen Christinnen und Christen mit auf ihren Weg gegeben hat: das Vaterunser. Die nun folgenden Überlegungen versuchen, sich von den einzelnen Gebets-„Bitten" des Vaterunsers in das rechte Gottes-Zutrauen einführen zu lassen und einzuführen. Und das nicht nur deshalb, weil kein Theologe und keine Predigerin von sich – von den eigenen Erfahrungen und Begabungen – ausgehend in das rechte Gott-Zutrauen einführen könnten und ihnen deshalb gar nichts anderes übrig bleibt, als sich an Jesu Wort zu halten. Das Vaterunser bietet sich als Einführung in den christlichen Gottesglauben auch deshalb an, weil es nach Auskunft der Experten für das Neue Testament die Verkündigung Jesu aufs Zentrale und Entscheidende hin verdichtet und weil es gültig in Sprache bringt, wie Menschen in der Nachfolgespur Jesu Christi sich nach dem „Vater" ausstrecken, dem sie sich glaubend anvertrauen; weil sie so betend zur Sprache bringen, *wer* ihnen dieser göttliche Vater ist. Dem Beten zu diesem göttlichen Vater nachdenkend will diese Einführung im heutigen Lebens- und Erfahrungszusammenhang und auf heutiges Fragen und Nachdenken hin gesprochen zur Sprache bringen, was den Gott kennzeichnet, dem Christinnen und Christen sich glaubend anzuvertrauen suchen – und was sie deshalb von Ihm erhoffen, aber auch: dass sie es von Ihm erhoffen dürfen. In diesem Sinne ist das Vaterunser die „Einübung im Christentum schlechthin" (Wolfgang Huber[15]).

Einführen – Hinführen

Sich zur Einführung in den christlichen Glauben wie zur Einübung ins Christsein an das Grundgebet der Christinnen und Christen anschließen, heißt aber auch, die Frage stellen, ob sich dieses Gebet heute noch sprechen lässt: als Gebet, als ein

Text, mit dem ich mich identifiziere, in den ich mich betend einbringe. Das Beten ist ja der Ernstfall der Übernahme eines vorgegebenen Textes in die Verantwortung der ersten Person Singular. Kann *ich* so sprechen? Dass *wir* so sprechen, dass die Kirchen von altersher so sprechen, mag diese Verantwortung der ersten Person Singular in die Glaubensverantwortung einer Überlieferungsgemeinschaft einbetten, nimmt mir meine Verantwortung aber nicht ab. Das erfahren die Menschen heute vielleicht bedrängender als je zuvor, da die guten Worte auch in den Kirchen oft so schrecklich missbraucht wurden. Im Gebet müssen die Worte auf die Goldwaage gelegt werden. Es muss ernst und immer wieder neu *er-wogen* werden, welches Gewicht sie für mein Leben haben, ob sie *meine* Worte werden können – wie sie ihrem Missbrauch entrissen werden können, so dass es meine Worte sein können. Diese Erwägung ist aber der Grundvollzug einer Einführung und des Sich-einführen-Lassens in den christlichen Glauben. Wie auch immer die Erwägung schließlich ausfällt – gewogen und zu leicht befunden oder: Worte voller Lebens- und Hoffnungsgewicht – nur in ihr bekommt man es als *Teilnehmer* dieser Erwägung und nicht nur als ihr desengagierter Beobachter mit dem spezifischen Gewicht christlichen Glaubens zu tun. So lade ich zu dieser Erwägung ein.

Wenn ich die „Textsorte" bestimmen sollte, der sich das Folgende zurechnen ließe, fällt mir nur der wenig treffsichere Begriff „theologische Meditation" ein. Meditation: in die Mitte stellen und darum herumgehen, in immer weiteren Kreisen vielleicht; die Vaterunser-Bitten in die Mitte stellen und sich durch sie herausfordern lassen, auf sie hin Erfahrungen und Nachdenken zu konzentrieren. *Theologische* Meditationen: die Theologie kommt ins Spiel, wenn es darum geht, das Nachdenken auf diese Mitte hin zu konzentrieren und herauszufinden, wie von ihr bis in die vordringlichen Lebens- und Denkherausforderungen der Gegenwart hinein Konzentration ausgehen kann – und was von solcher Konzentration ablenkt, weil es im Vordergründigen und Unsachgemäßen hängen bleibt.[16] Wege der Konzentration zu bahnen: auf das, wovon das Vaterunser spricht; und die Konzentration auf das Lebensentscheidende nachzuvollziehen, die von den Einzelbitten des Vaterunsers ausgeht, das ist die hoch gespannte Absicht der nachfolgenden Texte. Sie holen sich jeweils andere biblische Texte zu Hilfe; nicht um von der Konzentration auf den Grundvollzug des Christseins, das Beten im Sinne Jesu Christi, abzulenken, sondern um es in den Zusammenhang zu bringen, in den es ursprünglich gehört: in den Zusammenhang des Gottes-Zutrauens des zur Gott-Vertrautheit erwählten Volkes Israel.

Wohin aber führen die Einführungen in den christlichen Glauben, die uns die Vaterunser-Bitten, die Gebetsanrede zuvor, der Lobpreis und das Amen am Ende gewähren?

- An den Ort der rechten Welt-Anschauung; dahin, wo man die Welt und die Menschen in ihr mit dem Blick des Vaters „im Himmel" und des zu ihm betenden Gottes- und Menschensohnes würdigt.

- An den Ort, wo sich Himmel und Erde berühren, von wo aus Gottes Segen in die Welt kommen und neu lebendig machen will, was ihr in der Schöpfung gegeben ist.

- In die Hinwendung zu einer Gotteszukunft, die inmitten des unabwendbar zu Ende Gehenden anfängt und – mit den sterblichen Menschen – nicht aufhören wird anzufangen.

- In die Wahrnehmung Gottes als personal-überpersonaler Wirklichkeit, deren guter Wille den Menschen erfahrbar und zur Herausforderung werden kann, im Mitwollen dieses guten Willens die Freiheit der „Kinder Gottes" zu entdecken und zu bewähren.

- Zur sachgemäßen Bestimmung des Verhältnisses von Endlichem und Unendlichem, Vorletztem und Letztem, die dem *jetzt* Notwendigen und Hilfreichen Aufmerksamkeit zuwendet, es also nicht zur *quantité négligeable* macht.

- In die Erfahrung, aus der Vergebung zu leben und anderen Menschen durch Vergebung Leben zu schenken; in die Erfahrung, sich nicht verdienen, aber weitergeben und teilen zu können, woraus wir leben.

22

- In eine Wahrnehmung des Bösen, die die „Übergriffigkeit"
  des Bösen in der Welt klar vor Augen hat und sich im Vertrauen auf Gottes Zukunftsmacht dennoch nicht zur Resignation versuchen lässt.
- Zur dankbaren Freude darüber, nicht nur in die endlose
  Dynamik des Verbrauchens und Verbrauchtwerdens verwickelt und in ihr aufgebraucht zu werden, sondern in Gottes unerschöpflich-kreative Lebens- und Liebesmacht „eingeborgen" zu sein.

Diesen Wegweisungen gilt es zu folgen. Sie führen christlich
offenkundig zum rechten Beten und Glauben und Hoffen.

Anmerkungen

[1] Martin Luther, De servo arbitrio, Luthers Werke in Auswahl, hg. von
O. Clemen (Bonner Ausgabe), Bd. 3, Berlin [6]1966, 99,25.

[2] Vgl. René Descartes, Meditationes de Prima Philosophia – Meditation
über die Erste Philosophie, übersetzt und herausgegeben von G. Schmidt,
Stuttgart 1986, Erste Meditation (62–65).

[3] Gottesgewissheit, in: ders., Entsprechungen: Gott – Wahrheit –
Mensch. Theologische Erörterungen, München 1980, 252–264, hier 253.

[4] Ebd., 263.

[5] Vgl. Friedrich Nietzsche, Der Antichrist, Aphorismus 23, in: Sämtliche
Werke. Kritische Studienausgabe, hg. von G. Colli und M. Montinari,
München – Berlin 1980 (KSA), Bd. 6, 190.

[6] Für diese Unterscheidung in kleine, mittlere und große Transzendenzen
und die These, der Transzendenzbezug verlagere sich zunehmend von den
großen auf die mittleren, vgl. Thomas Luckmann, Privatisierung und Individualisierung. Zur Sozialform der Religion in spätindustriellen Gesellschaften, in: Karl Gabriel (Hg.), Religiöse Individualisierung und Säkularisierung. Biographie und Gruppe als Bezugspunkte moderner Religiosität,
Gütersloh 1996, 17–28.

[7] Als religiös unmusikalisch bezeichnete sich mehrfach *Jürgen Habermas*
(etwa in seiner Friedenspreisrede von 2001, in der er auch in einschlägigem
Sachzusammenhang die Unterscheidung von Beobachterperspektive und
Teilnehmerperspektive geltend machte; vgl. Jürgen Habermas, Glauben
und Wissen. Friedenspreis des Deutschen Buchhandels 2001. Laudatio:
Jan Philipp Reemtsma, Frankfurt 2001, 19). Er griff damit eine Formel
auf, die vermutlich *Max Weber* geprägt und ebenfalls als Selbstaussage

gebraucht hatte (Brief an F. Tönnies, Max Weber Gesamtausgabe, Bd. II 6, Tübingen 1994, 65). Vgl. Hans Reinhard Seeliger, Religiöse Musikalität, in: Theologische Quartalschrift 187 (2007), 246f. Mir scheint allerdings, dass Habermas nicht in dem Sinne religiös unmusikalisch ist, dass er die Hoffnungen der Christen überhaupt nicht nachvollziehen könnte, dass sie ihm nichts bedeuten würden. Er kann sie vielleicht nicht teilen. Das heißt aber nicht, dass er sich nur in der Beobachterperspektive hielte. Vielleicht, ja wahrscheinlich ist die Unterscheidung von Teilnehmer- und Beobachterperspektive gar nicht vollständig.

[8]   Die Hoffnungsdimension des christlichen Glaubens hat *Jürgen Moltmann* für die Theologie des 20. Jahrhunderts exemplarisch herausgearbeitet; vgl. sein Buch: Theologie der Hoffnung, erstmals München 1964, seither in vielen Auflagen.

[9]   Dieser Conditionalis ist alles andere als harmlos. Er müsste glaubende Menschen davor bewahren, mit ihrer Hoffnung apologetisch-triumphierend als „argumentatives Pfund" zu wuchern. „Der Mensch braucht Gott, sonst ist er hoffnungslos", so sagt Papst *Benedikt XVI.* in seiner Enzyklika *Spe salvi* (Ziffer 23). Es wäre schlicht sachwidrig, wenn dieser Satz als Behauptung über die Hoffnungslosigkeit aller Weisen, ohne den Gott der Bibel zu leben, verstanden würde. Glaubenden Menschen steht das Urteil über solche Lebensweisen umso weniger zu, als sie selbst über den Grund ihrer Hoffnung nicht wie über ihr eigenes, wohlerworbenes Verdienst sprechen, sondern eben nur dankbar bekennen und Rechenschaft geben können, wenn er sich ihnen schenkt und ihnen Hoffnung begründet.

[10]   Es ist bekanntlich *Immanuel Kant* gewesen, der die beiden Fragen: Was dürfen wir hoffen? und: Was ist der Mensch? miteinander verknüpft hat. Sie haben ihr eigenes philosophisches Recht neben der erkenntniskritischen Frage: Was können wir wissen? und der ethischen Frage: Was sollen wir tun? Vgl. von Kant: Logik, in: Werke in 12 Bänden, hg. von W. Weischedel, Wiesbaden 1960, Bd. VI, A 25.

[11]   In ihrem Gedicht „Bitte" spricht *Hilde Domin* eindrucksvoll von der Sinnlosigkeit dieses Versuchs:

„Wir werden eingetaucht
und mit den Wassern der Sintflut gewaschen,
wir werden durchnässt
bis auf die Herzhaut.

Der Wunsch nach der Landschaft
diesseits der Tränengrenze
taugt nicht,
der Wunsch, den Blütenfrühling zu halten,

der Wunsch, verschont zu bleiben,
taugt nicht.

Es taugt die Bitte,
dass bei Sonnenaufgang die Taube
den Zweig vom Ölbaum bringe.
Dass die Frucht so bunt wie die Blüte sei,
dass noch die Blätter der Rose am Boden
eine leuchtende Krone bilden.

Und dass wir aus der Flut,
dass wir aus der Löwengrube und dem feurigen Ofen
immer versehrter und immer heiler
stets von neuem
zu uns selbst entlassen werden"
(Hilde Domin, Gesammelte Werke, Frankfurt a. M. 1987).

[12] Dabei ist freilich einzuräumen, dass das Motiv der Rache und der Vergeltung JHWHs in alttestamentlichen Texten meist als hoffnungsvolle Perspektive „eingespielt" wird. Für das von Verfolgern bedrängte Volk gilt: JHWHs Rache rettet und befreit aus „unverdienter" Not; vgl. meinen Beitrag: Jahwes „Rache" rettet, in: Der Prediger und Katechet 124 (1985), 558–561.

[13] Damit ist eine Formulierung aufgegriffen, die seit dem „Gottesbegriff" des Proslogions von *Anselm von Canterbury* immer wieder neu aufgegriffen und umformuliert worden ist; vgl. Proslogion 2.

[14] Die Anrede „Vater" ist hier der Gebetsformel des Psalms 31 hinzugefügt.

[15] Vgl. Wolfgang Huber, Die Bedeutung von Spiritualität und Riten für die Zukunft des Christentums, in: Mitteilungen des Cartells Rupert Mayer, Juni 2008, 5–20, hier 14.

[16] Um die theologische Konzentration auf das im Herrengebet Ausgesprochene nicht zu sehr zu stören, sind Sachdiskussionen weitgehend in die Fußnoten ausgelagert. Hier finden sich Hinweise auf weiterführende Literatur und abweichende theologische Positionierungen.

I. Vater unser im Himmel
(Gen 18,20–32; Lk 11,1–13; Röm 8,15–17)

„Jesus betete einmal an einem Ort;
und als er das Gebet beendet hatte,
sagte einer der Jünger zu ihm:
Herr lehre uns beten,
wie schon Johannes seine Jünger beten gelehrt hat"
(Lk 11,1).
„Der Geist selbst bezeugt es unserem Geist,
dass wir Kinder Gottes sind.
Wenn aber Kinder, so auch Erben –
Erben Gottes, Miterben Christi,
wofern wir mitleiden,
um auch mitverherrlicht zu werden"
(Röm 8,16–17).

Beten lernen?

Beten führt ins Innerste und ins Äußerste, in den Ursprung,
aus dem die Menschen immer wieder neu Subjekt werden,
zum Ich- wie zum Du-Sagen herausgefordert werden – und
in die Gemeinschaft. Man lernt und beginnt es, indem man in
Glaubenstraditionen hineinwächst, mitbetet, sieht, wie andere
beten. Die bei ihm waren und mit ihm zogen, sahen, wie Jesus
betete. Selten nur trauen wir uns hinzuschauen, wenn Menschen beten. Es käme uns indiskret vor. Die Jünger Jesu
schauen hin. So möchten sie beten können, voller Kraft und
innerer Sammlung. Ihr Meister soll sie beten lehren, wie der
Täufer Johannes seine Jünger beten lehrte. Wir erwarten
kaum von den religiösen Experten, dass sie uns beten lehren.
Meist wissen wir gar nicht, wie sie beten. Sie lassen uns nicht
zuschauen und „reinschauen" – von wohltuenden Ausnahmen
abgesehen; *Karl Rahner* gehörte zu ihnen; und *Martin Buber*.[1]

Aber kann man das überhaupt lernen: ein Beten voller Kraft und Sammlung? Kann man es lernen, mit den elementaren Gebetsverlegenheiten zurechtzukommen: mit der ratlosen Frage, was das denn nützt? Kann man zurechtkommen mit den ins Leere gesprochenen Worten ohne Antwort und Resonanz; mit dem schlechten intellektuellen Gewissen, beim Beten etwas ganz Naives zu tun: Gott zu behelligen mit meinen kleinen und großen Sorgen? Wer könnte uns lehren, es mit dem Beten dennoch zu versuchen? Menschen, die wir beten sehen und denen wir zutrauen, dass das Beten bei ihnen von innen kommt und hindurchgeht durch alle Zweifel und Verlegenheiten, hindurchgeht durch ihr Leben, so dass wir es ahnend sehen können – ohne dass sie uns etwas vormachen oder „andemonstrieren" wollen.

Damit fängt es immer wieder an, das Beten-Lernen. Andere haben damit angefangen; und ich staune, wenn ich sie beten sehe. Es geht leichter, wenn ich mitgenommen werde beim Beten, wenn andere es schon angefangen haben und ich mich anschließen darf. So ist es ja schon mein ganzes Leben lang: dass ich mich anschließen und meine Gebetsverlegenheiten mitbringen kann, nicht mit ihnen allein bleiben und nicht in ihnen geistlich verhungern muss. Glaube und Hoffnung und damit auch das Beten sind – so sagt es *Fulbert Steffensky* – „zu schwer für den Einzelnen. Man muss sich vergesellschaften, um zu leben".[2] Man muss sich zum gemeinsamen Gebet zusammenfinden, um den Mut zu fassen, dem allgegenwärtigen Zweifel standzuhalten.[3] Vater *unser*: keiner ist allein, wenn er mit dem Beten anfängt, wenn er von dieser Anrede Gebrauch zu machen und sich selbst darin auszusprechen versucht.[4]

Wie kann *ich* beten?

Aber dann kommt es unvermeidlich doch zu der Frage: Wie kann *ich* beten? Ich bin es ja, der für sein Beten die Verantwortung übernehmen und den Mut aufbringen muss, damit anzufangen. Es fehlt meist nicht an den „guten Texten". Das ja mitunter auch – man erinnere sich an die papierenen oder kunstgewerblichen Texte, die uns in der Liturgie oder in geistlicher Literatur so häufig zugemutet werden. Es fehlt noch viel mehr am guten Anfang. Wie kann *ich* es anfangen?

Vater unser im Himmel, so fängt Jesus an vorzubeten. Jetzt könnte man sich Informationen darüber holen, was Jesus gemeint haben könnte mit „im Himmel" (oder wörtlich: „in den Himmeln"), Informationen über das „antike Weltbild"; Informationen auch darüber, warum das so nur bei Matthäus steht, nicht aber bei Lukas; Informationen schließlich darüber, warum Jesus lehrt, Gott mit „Vater" anzureden. All das könnte beim Beten irgendwann weiterhelfen. Aber es wird mir kaum helfen, damit anzufangen. Lassen wir Jesus zuerst ganz unmittelbar zu uns sprechen, zu mir!

Im Himmel

Diese Unendlichkeit! Ein Mensch der Antike im ländlichen Palästina konnte sich das wohl noch weniger vorstellen als wir heute: das Welt-All, in dessen unendlichen Weiten man sich nur verloren vorkommen kann, weniger als ein Staubkorn. Bezogen auf die Zeiträume des Alls blitzt mein Leben kaum eine Nanosekunde auf, um sofort wieder zu verlöschen. In der Perspektive dieser Unendlichkeit bin ich ein Nichts, beinahe. Und Er, wenn Er Gott ist, Er ist der Herr dieses Alls. Es ist, weil Er es wollte. Auf Seinen guten Willen geht es zurück. Ist es nicht grenzenlos naiv – oder vermessen –, wenn ich Ihn anspreche: Mein Vater? Wenn ich Ihn ins Gespräch zu ziehen versuche über all das, was mich bedrängt, was mir fehlt?

Ich rede ja nicht nur von den großen Anliegen, die die ersten drei Bitten des *Vaterunsers* bestimmen: dass Gottes Name geheiligt werde, Sein guter Wille geschehe und das Reich Seiner Gerechtigkeit endlich komme. Ich rede von meinem Alltag; ich rede von dem, was mich leben ließe und mir doch so oft fehlt: Nahrung fürs Leben, für ein Leben, das ich gern lebe. Ich spreche von dem, was mich niederdrückt und an den Rand meiner Kräfte bringt: Schuld, Teufelskreise des Bösen, aus denen ich so wenig entrinnen kann. Ich spreche von meiner Mutlosigkeit, meiner Sisyphus-Existenz – hier unten auf der Erde, in den Niederungen, die kaum jemand wahrnimmt, eben nur von meinem und deinem Alltagsleben unter einem Himmel, der sich unendlich fern und unendlich teilnahmslos über allem Leben und Streben und Sterben und Totsein hinstreckt.

Vater

Zu Dem, Der die Himmel umfasst und hervorgehen ließ, zu Ihm soll ich Vater sagen – oder Mutter, darauf kommt es hier nicht entscheidend an.[5] Zu Ihm darf ich kommen mit dem, was mich heute umtreibt. Er hat ein Ohr dafür. Er nimmt es wichtig. Es bedeutet Ihm etwas. Das ist kaum zu glauben. Völlig unvorstellbar. Verglichen damit sind alle weiteren Unvorstellbarkeiten und Verlegenheiten des Glaubens kaum der Rede wert. Wer zu beten anfängt, der versucht sich am Kaum-Verstehbaren. Er versucht einen Perspektivenwechsel.

Da ist die Perspektive der Beobachter. Sie nehmen in den Blick und analysieren, was sich in den unendlichen Zeit-Räumen abgespielt haben mag, noch abspielen könnte. Die Naturwissenschaften weisen uns ein in diese *Beobachterperspektive*, in der wir uns nur wie ein Fast-Nichts vorkommen werden. Aber immerhin sind *wir* es ja, die sich zu dieser Perspektive aufschwingen können. Wenn wir in ihr verharren, werden uns die Worte „Vater unser" unsinnig erscheinen. In dieser Perspektive gibt es nur „Fakten" – in unendlichen Räumen und Zeiten verschwindende Größen. Und wir selbst sind eine dieser verschwindenden Größen, kaum des Hinschauens wert; *quantité négligeable*, beim Blick aufs Große und Ganze zu vernachlässigen. Jesus ruft uns in die andere Perspektive: Es gibt eine Innenseite der Wirklichkeit, unsere Innen-Welt, die Innen-Welt Gottes, seines unendlichen Wohlwollens. Die Welt-Perspektive bloßer Beobachtung, in der es ganz und gar nicht auf mich ankommt, in der es praktisch keinen Unterschied macht, ob es mich gibt, was ich bin, erhoffe, erleide, was mir Freude macht – diese Weltperspektive ist nicht alles. Er nämlich, *Er* lässt es auf mich und auf jeden von uns unendlich ankommen.

Beten lehren hieße „über alles Worthafte hinaus: sich hinwenden lehren." Nicht die Abwendung muss sein, die Abwendung des beobachtenden Blicks von der Welt der Tatsachen, sondern darin und darüber hinaus die Hinwendung. Das All der Tatsachen und Fakten aber „bietet einem für den Akt der Hinwendung keinen Anhalt mehr. Nicht in die Ferne, nur in eine nicht mehr mit dem Weltraum koordinierbare Nähe und Vertrautheit hin kann sie geschehen." Und so ist hier „das erste, das aus dem Akt [der Hinwendung] selber hervorgehende Wort [...] an den Vater gerichtet; erst danach wird der Herr der Basileia angerufen; so ist die Folge auch im jüdischen Gebet."[6]

Größenwahn oder Gottvertrauen?

Es gibt nicht wenige, für die ist dieser Gebetsglaube nichts anderes als die kranke Ausgeburt des Größenwahns – oder der Hilflosigkeit von Menschen, die es nicht aushalten, angesichts unendlicher Weiten und Zeiten *fast nichts* zu sein. Aber wenn ich selbst fast nichts bin, wie könnte ich da die „Fast-Nichtse", die die anderen wären, noch wichtig nehmen? Auch bei ihnen würde es ja fast keinen Unterschied machen, ob sie sind oder nicht und wie es um sie steht.

Der Gebetsglaube glaubt gegen das Fast-Nichts an. Er glaubt daran, dass es auf dich, auf mich, auf sie ankommt, weil Er es auf uns ankommen lässt. Der Betende nimmt sich ein Herz – und nimmt sich so wichtig, dass er Gott anzusprechen wagt, den Unendlichen, Unermesslichen. Es ist fast unbegreiflich, dass er das tut und das zu glauben wagt:[7] den Unendlichen, der ein Herz für uns hat; und dass die Wirklichkeit eine Innenseite hat, in der es darauf ankommen kann; und dass wir uns ein Herz nehmen, zu Ihm zu beten, weil Er ein Herz für uns hat – eine Innenwelt, in der die Verlorenheiten in den unendlichen Erstreckungen der Räume und Zeiten bedeutungslos werden angesichts der Intensität, in der wir uns von Ihm ergreifen lassen und Ihm uns zuwenden können; angesichts des In-Seins in Ihm, in Seiner unendlichen Lebens-Intensität. Es ist fast unbegreiflich, dass Er uns „sieht“, mich und dich und ihn und sie ansieht – und sich nahegehen lässt, was er „sieht“. Es sich so nahegehen lässt, dass wir in Seiner Gegenwart und Zuwendung leben können.

Teilnehmerperspektive

Aber schon der Name Gottes sagt das: Ich bin der Ich bin da für euch und unter euch (Ex 3,14). Der „Ich bin für euch da“ nimmt teil an unserem Leben, hält sich nicht wie ein Beobachter heraus. Seine Perspektive ist die Teilnehmerperspektive.[8] Und Er ruft uns in die Teilnehmerperspektive, in die Perspektive der Teilhabe an Seinem guten Willen – der Teilhabe an Seinem guten Geist, dem Geist der Kindschaft, „in dem wir rufen: Abba, Vater!“ (Röm 8,16). Nur in dieser Teilnehmer- und Teilhabeperspektive, die der Abba seinen „Kindern“ und „Erben“ (vgl. Vers 17) erschlossen hat, ist Gott *da*; nur im Anteilnehmen, im Mithandeln mit Ihm ist Er für uns da, handelt Er an uns und mit uns in der Welt. Wenn es nur ums „desengagierte“ Beobachten geht (*Charles Taylor*[9]), wenn wir uns heraushalten aus der Teilnehmer- und Teilhabeperspektive, ist Er nicht da.

Er kann gar nicht da sein, wenn sich die, für die Er da ist, nur als die desengagierten und distanzierten Beobachter verstehen, die Ihm irgendwie auf die Schliche kommen wollen. Er ist nur für die da, die Augen haben wollen für Seine Spur in dieser Welt und Ihm in dieser Spur auf Seinem Weg durch die Welt nachzufolgen versuchen. Sind wir – dazu erwählt, Töchter und Söhne Seines Geistes zu sein – nicht da, wo dieser Geist uns beseelen kann und wohin er uns führen will, so sind wir ein Fast-Nichts, bedeutungslos, gesichtslos. Bei Gott, unserem Vater, haben wir ein Angesicht und Ansehen. Vor Ihm haben wir Würde.

Gesicht zeigen

Gott selbst zeigt Gesicht. Für die Christen ist es Jesus von Nazaret, der Christus, das Mit-uns-Sein Gottes in Person, in dem Gott Sein Gesicht zeigt. In ihm nimmt Gott teil am Leben, Leiden und Sterben der Menschen. In ihm ist Gottes teilnehmendes Dasein eine mitmenschliche Person geworden. Jesu göttlicher Vater ist nicht nur der in Seiner Unendlichkeit absolut Unzugängliche, der Ganz-Andere. Jesus zeigt Ihn ganz konkret mitmenschlich; er zeigt Sein Gesicht. Und der Vater, zu Dem er betet, lässt sich nahegehen, wie die Menschen Ihm ihr Gesicht zeigen: ihre Innenwelt, die Innenwelt ihrer Sehnsucht und ihres Scheiterns, ihres Leidens und ihrer Lebensfreude – ihre „Seele".

„Wenn wir" – so *Romano Guardini* – „das Antlitz eines Menschen anschauen, dann sehen wir darin, was in seiner Seele vor sich geht: den Respekt, die Zuneigung, den Hass, die Angst [...]. Für sich kann man die Seele nicht sehen. Sie übersetzt sich aber in den Leib, und darin wird sie sichtbar. Der Menschenleib – Gestalt, Antlitz, Miene, Gebärde – ist die Erscheinung der Seelenwirklichkeit".[10] Die Seele, die Innenwelt eines Menschen sieht nur, wer in sein Gesicht sieht und sich davon berühren lässt. Nur so kommunizieren wir von

Seele zu Seele: Wir nehmen an der Welt der anderen teil und betrachten sie nicht nur als Dinge in einer Umwelt; wir nehmen sie als Menschen wahr, die sich zeigen, aber auch sich verbergen und verweigern, sich inszenieren, schließlich doch sich uns öffnen können. Wir würdigen sie als Teilnehmer am gemeinsamen Leben und wollen selbst Teilnehmer sein, auch da noch, wo wir uns abgrenzen und den Blick abwenden, weil wir den Anblick nicht aushalten. Vom Gesicht des anderen bin ich aus der desengagierten Beobachtung in die Teilhabe und ins Teilnehmen gerufen. Das zeigt sich gerade da, wo ich ein Gesicht nur beobachte und dabei vom Blick des oder der anderen lieber nicht ertappt werden möchte. Das bloße Beobachten eines Gesichts bleibt unangemessen, weil wir im Gesicht das Innerste eines Menschen berühren und das gar nicht dürfen, ja gar nicht einmal können, wenn wir nur beobachten und taxieren.

Man kann im „Äußerlichen" bleiben. Das Gesicht ist ja auch Materie. Das Innerste begegnet im Medium der Physis, worin es sich ausdrückt; sich ausdrückt in einem Äußeren, das es sich nicht aussuchen konnte, an dem es leiden mag, das es inszeniert und modelliert, damit man möglichst eine „gute Figur" macht. Der bloße Beobachter sieht nur, was man von außen sieht. Er sieht nicht ins Herz. Gott, der Vater, sieht ins Herz, in die Seele, da Er sich – als Teilnehmer – nahegehen lässt, was den Menschen zuinnerst bewegt. Er steht dafür ein, dass mein Innerstes gewürdigt bleibt, auch wenn ich als „Gegenstand" der beobachtbaren Außenwelt längst vergangen bin. Vor Ihm und für Ihn habe ich ein unverwechselbares Gesicht, das ich Ihm in meinem Beten zeigen darf: ein Antlitz, das erbittet, von Ihm „gesehen" zu werden; ein Anruf, der darauf hoffen darf, gehört zu werden.

Vor Ihm ich sagen

Wenn Er auf unser „Innerstes" sieht und es würdigt, so fordert Er uns heraus, uns selbst auf die Spur zu kommen – „mehr" zu sein als das, was man sehen kann, mehr als das Bündel der Reaktionsweisen, mit denen wir uns in die Funktionszusammenhänge unseres Lebens und unserer Welt „einschalten". Wir können nicht da sein, ohne so zu funktionieren, uns zu behaupten und möglichst zielführende Reaktionen zu zeigen im Kräfte- und Mächtegeschiebe, in dem wir unseren „Welt-Ort" haben. Wir sind verwickelt in unsere Bedürfnisse und Entbehrungen, in die Anforderungen, denen wir uns in dieser Welt zu stellen haben. Unsere Verwicklungen machen uns zu greifbaren und „verorteten" Realitäten der (Außen-)Welt. Sie ziehen uns hierhin und dorthin, kaum dass wir uns selbst noch „zusammenhalten" können.

Aber wir sind nicht nur unser Mit-Funktionieren und Verwickeltsein. Vielmehr: Indem wir den Vater im Himmel ansprechen, vor Dem wir da sind und Der sich von uns ansprechen lässt, sind wir zugleich gefragt, *wer* da spricht. Ihn ansprechen heißt, sich dieser Frage gar nicht entziehen können; es heißt, der Wahrheit unseres Ich-Seins nahekommen wollen. Wer bin ich wirklich – in all meiner Selbstdarstellung und Selbstbehauptung – und darüber hinaus? Wer spricht sich hier aus und Ihm zu? Und wer möchte ich sein, da ich als das „Kind" dieses Vaters spreche, *ich* zu sagen versuche? Im Du-Sagen des Gebets bin ich in mein Ich gerufen, bin ich gefordert, Ich zu sein und als Ich da zu sein, das Du dessen, den ich jetzt anspreche. „Vor Ihm" habe ich einen guten Ort, mich einzusammeln: Ich realisiere, dass ich nicht nur in all dem lebe, wohinein ich verwickelt bin; dass ich nicht nur mein Verwickeltsein bin, sondern der von Ihm ins Dasein und zum Leben Gerufene. Vor Ihm – in Seiner Gegenwart – ist der „Mittelpunkt", von woher ich mein vielfältiges In-der-Welt-Sein gesammelt und konzentriert leben kann; wohin ich immer wieder neu zurückkehren kann – zu Ihm und zu mir –, auch wenn ich unvermeidlicherweise immer wieder neu aus Seiner Gegenwart und meiner Selbst-Gegenwart weglaufe.[11]

Die Gebetsanrede ruft Ihn und ruft mich in die Präsenz, in das Dasein füreinander. Wer sich in sie hinein einzusammeln versucht, der weiß sich „vor Ihn" gerufen.[12] Das ist keine bedrückende Perspektive in dem Sinne, dass ich fürchten müsste, hier zur Verantwortung gezogen zu werden. Es ist vielmehr der immer neue Ursprung meiner Ich-Identität. *Er* ruft sie hervor, indem Er mich würdigt, Sein Du zu sein, Ihn erstpersönlich als Du anzusprechen und herbeizurufen: in mein Dasein, in das Leben, das mich beschenkt und zutiefst herausfordert, mich geradezu zwingt, aus dieser Herausforderung und in diesem Geschenk *Ich selbst* zu werden. Vielleicht ist man überhaupt erst in der Lage, Gott mit Du anzusprechen, wenn man so aus der bloßen Beobachterperspektive in die Teilnehmerperspektive hineingerissen ist; wenn einem die Möglichkeit entgleitet, sich (selbst-)beobachtend über sie zu erheben: Wenn Lebens-Herausforderungen und Lebens-Zumutungen bis in die Mitte der Existenz gedrungen sind – wenn ich selbst von Leid, Krankheit und Hoffnungsverlust heimgesucht, von der Freude geradezu überwältigt, von Schuld gepeinigt, von einem Menschen zuinnerst angerührt, vom Zorn gepackt bin –, wenn ich gar nicht mehr daran vorbei und darüber hinweg sein kann, dass ich hier ganz und gar als Teilnehmer im Lebens-Spiel bin, kann ich Gott mit Du ansprechen und als Anteilnehmenden in mein Teilnehmersein hereinrufen. Er aber kann hier Der sein, Der mich in all dem, was mich bis in meine Existenzmitte hinein erreicht, zu meiner Identität hervorruft, Der mir schenkt und zumutet, vor Ihm, aus Ihm und in Gemeinschaft mit Ihm ein Du – Sein Du – zu sein.

Er ruft meine Identität als Du-Identität hervor, da Er Der *für mich* ist, als Den ich Ihn anspreche: mein Vater, in Dem ich gründe; meine Herkunft, aus der ich geworden bin, was und wer ich bin. *Aus Ihm* bin ich, sind wir alle – und nicht aus der Gleichgültigkeit naturhafter Prozesse. So sind wir nicht zur Vergänglichkeit bestimmt: dazu, irgendwann nur noch Vergangenheit zu sein. Den göttlichen Vater bei Seinem Namen anrufen, heißt also, Dem begegnen, „dessen Treue allein sicherstellt, dass unsere Vergangenheit bei ihm – und sekundär auch für uns – unverloren ist und dass wir auf dem Wege in unsere Zukunft unsere Identität nicht verlieren, sondern immer neu ihn – und sekundär uns – finden werden."[13] Im Anruf des Vaters realisiert der Betende eine Gegenwart, in der das Vergangene sich auf die Zukunft hin öffnet, weil Vergangenheit, Zukunft und Gegenwart „bei dem Gott, den er anruft, eins sind."[14]

Er lässt es auf die Menschen ankommen

Aber das ist ja immer noch nicht groß genug geredet von Gott, vom Betenden wie vom biblischen Gebetsglauben. Noch mehr und noch Anspruchsvolleres ist zu sagen: Gott lässt es auf die Beter ankommen, damit Sein guter Wille in der Welt geschieht, damit Sein Reich der Gerechtigkeit in ihr ankommt. Betende Menschen sollen Sein lebendiges „Instrument" sein – sie sollen es durch das Gebet um Gott und Sein Reich *werden*. Wenn sie sich bittend mit dem Wunsch Gottes vereinen, um dieser Welt als Teilnehmer von innen her nahe zu kommen und sie in Sein Reich zu verwandeln, so sind sie die Orte, an denen die Welt für Gottes guten Willen durchlässig wird.

Gott lässt es auf die Beter und Beterinnen ankommen: Die dramatische Geschichte vom Ringen *Abrahams* mit JHWH um Gnade für Sodom und Gomorra mag uns das sehr befremdlich vor Augen führen. Zu ihr wäre vieles zu sagen, manches vielleicht auch, was ihre Anstößigkeit mildert. Dazu ist hier nicht der Ort. Entnehmen wir ihr für jetzt nur diese gute Botschaft: Betend haben Menschen Verantwortung zu übernehmen für diese Welt; betend haben sie sich vor Gott selbst *wahr*zunehmen und ernstzunehmen. Er braucht die Beterinnen und Beter, Er zieht sie ins Vertrauen, nimmt sie Ernst, wenn sie sich von der Not dieser Welt anrühren lassen und – auch im Gebet – darum ringen, dass es dabei nicht bleibt. Er nimmt es wahr und nimmt es ernst, wenn sie mit ihrer Not und Bedrängnis zu Ihm kommen, wenn sie mit der Not und Bedrängnis der anderen zu Ihm kommen. Denn Er „sieht" sie und uns; Er hat ein Herz für uns und für sie. Dass Er die Menschen aber auch würdigt, Seine Wirk-lichkeit – Sein Wirken – in dieser Welt zu sein,[15] das zeigt Seine Größe in ganz ungewöhnlichem Licht. Er ist so groß, so „allmächtig", dass Er sich auf die Menschen angewiesen sein lässt, dass Er Seine Weltgegenwart, Sein Wirken in Welt und Geschichte und am Menschen *nicht ohne* die Menschen Wirklichkeit werden lässt.[16]

Warum Er im Gebets-Diskurs mit Abraham schließlich doch keine „Geduld" mehr für Sodom und Gomorra aufbrachte? War sein Herz kleiner als das des Beters Abraham? Er hat Partei ergriffen für die, die unter der Sünde Sodoms und Gomorras zu leiden hatten – und gegen die Sünde. So sagt es die Geschichte. Man wird sie nicht auf „theologische Richtigkeit" hin zurechtinterpretieren müssen.[17] Sie zeigt den Beter Abraham mit seiner geradezu verrückten Zuversicht, sein Beten könne etwas bewirken; mit dem erstaunlichen Selbstbewusstsein eines betenden Menschen, der sich von Gott ins Vertrauen und in die Mitverantwortung gezogen weiß. Es ist so ermutigend, auf betende Menschen und dieses ihr völlig unangestrengte Selbstbewusstsein schauen zu dürfen – nicht gleich kritisch fragen zu müssen, ob sie bei ihrem Beten nicht vielleicht doch etwas zu naiv vorgehen und es sich zu leicht machen mit den Problemen, die man als Beter doch habe.

Kinder des Vaters, Vertraute des Sohnes

Neben die Vertrautheit Abrahams mit seinem Gott tritt neutestamentlich die Vertrautheit und Freundschaft der Jesus-Gefährten mit dem „Sohn". In den Abschiedsreden des Johannesevangeliums gewinnt die Vertrautheit mit dem Sohn eine Rettungs-Dimension, die auch im Abgrund des gottverlassenen Todes nicht mehr verloren gehen kann:

„Das ist meine Weisung: Liebt einander, wie ich euch geliebt! Größere Liebe hat keiner als der, der sein Leben gibt für seine Freunde. Ihr seid meine Freunde, wenn ihr tut, was ich euch aufgetragen habe. Nicht mehr Knechte nenne ich euch, denn der Knecht weiß nicht, was sein Herr tut. Euch aber habe ich Freunde genannt, denn alles, was ich gehört von meinem Vater her: Euch habe ich es mitgeteilt" (Joh 15,12–15).

Wie JHWH Abraham ins Vertrauen zieht, so Jesus seine Gefährten. Mit ihnen teilt er die Verbundenheit, aus der er und für die er lebt, den Lebensgrund und Lebenshalt im Vertrautsein mit dem Vater. Sie erschließt ihm eine „Innenwelt", in die er hineinzusterben bereit ist, wenn die Mächte der Außenwelt über ihn herfallen. Diese Innenwelt wird offen gehalten durch eine Lebensmacht, die die johanneische Tradition *Liebe* nennt. Der Sohn bringt sie vom Vater mit und will sie seinen Gefährten mitteilen, damit auch sie aus ihr leben und durch sie das Leben haben: das Leben überreich und in Fülle (vgl. Joh 10,10), „unendliches Leben" (Joh 17,2). Das Vertrautsein mit dieser Lebensmacht, ihrer Unbesiegbarkeit und „Unendlichkeit", ist das Vertrautsein mit dem Vater, an dem Jesus den Seinen Anteil geben will. Jesu Abschiedsgebet bittet im Angesicht des Todes um die Nähe zum Vater für seine Gefährten durch alle Gottferne hindurch und über sie hinaus:

„Vater! Was du mir gegeben – ich will: Dass da, wo ich bin, auch sie mit mir seien, damit sie meine Herrlichkeit schauen, die du mir gegeben, weil du mich geliebt hast vor Urbeginn der Welt" (Joh 17,24).

Das Vaterunser ist das Gebet, mit dem die Jüngerinnen und Jünger Jesu an seinem Gebet teilnehmen und darum bitten, dass sich ihnen öffne, worum Jesus, der Sohn, gebeten hat: der gute Ort der Vertrautheit mit dem Vater, an dem sie sich gewürdigt erfahren, mitzuleben und mitzuwollen, was dem

Vater „am Herzen liegt" und wovon ihnen der Sohn Kunde gebracht hat; an dem sie ihre Würde ergreifen können, aus der Lebensmacht Gottes zu leben und sie zu bezeugen. Es ist die Würde der Kinder Gottes, mitgeteilt im Geist der Kindschaft. Ihn haben die Jüngerinnen und Jünger Jesu ja empfangen, nicht den „knechtischen Geist ... zu abermaliger Furcht. Nein empfangen habt ihr den Geist der Sohnschaft, in dem wir rufen: Abba, Vater du!" (Röm 8,15). Die ihn empfangen haben und so zu Töchtern und Söhnen *adoptiert* sind, sind dann auch zu „Erben" eingesetzt – „Erben Gottes, Miterben des Christus, wofern wir mitleiden, um auch mitverherrlicht zu werden" (Röm 8,17).

So ist das Vaterunser „Erben-Gebet". Aber der, der den „Kindern" das Erbe anvertraut, wird damit nicht zu einer Figur der Vergangenheit, die nach und nach aus dem Blick und der Erinnerung schwindet. Im Gebet wird er von den Erben als der Vater herbeigerufen, damit er ihre Zukunft sei:[18] in den Abgründen und Katastrophen und Versuchungen der Erde, auf der den Miterben Christi das Mitleiden mit ihm bevorsteht. Die zu Jesu Christi Geschwistern Angenommenen werden seinen Weg gehen müssen, den Weg hinunter, in die Abgründe. Auf diesem Weg wird ihnen das Vaterunser zum Gebetsweg, auf dem sie nach der Vertrautheit mit dem Vater suchen, die ihnen vom Sohn zugesprochen worden ist; auf dem sie ihre Herkunft aus dem Vater und ihre Zukunft beim Vater in der Gebetsgemeinschaft mit dem Sohn wahrnehmen und sich jetzt mit dem Sohn unterwegs vom Vater hin zum Vater wissen.

Jesu Gebets-Lehre lehrt den Weg aus der Gegenwart des Vaters, in der den Betenden über der Erde der Himmel aufgeht – als die Innenwelt wahren Lebens aus der Vertrautheit mit dem Vater aufgeht –, in den Alltag der Bedrängnis und der Entbehrung auf der Erde: in die Not des Heute, der Schuld und der Versuchung, in die Bedrängnis durch das Böse hinein. Ein anderer Gebetslehrer, ein alter Weiser der östlichen Kirche, hielt seine Jünger an, diesen Gebetsweg des Vaterunsers umgekehrt zu gehen, das Vaterunser also bei der letzten Bitte anzustimmen und Bitte für Bitte gleichsam vom Ende her zu beten, „damit man würdig werde, das Gebet mit den Anfangsworten – ,Unser Vater' – zu beenden." So gehe man den österlichen Weg von der *Erde* mit ihren alltäglichen Nöten und Abgründen zum *Himmel* der Geborgenheit beim göttlichen Vater: „Man beginnt in der Wüste bei der Versuchung, man kehrt zurück nach Ägypten, schreitet dann auf dem Exodus durch die Stationen der Vergebung und des Mannas Gottes und gelangt durch den Willen Gottes in das Land seiner Verheißung, das Gottesreich, wo er uns das Geheimnis seines Namens mitteilt; ,Unser Vater'."[19]

Dieser österliche Weg *hinauf* zum Vater ist freilich zugleich und bleibend der karfreitägliche Weg *hinunter*: von der „Gipfelerfahrung" der Gottesgegenwart, der deshalb mit der Anrede „Unser Vater" beginnt und auf dem die „Kinder" ihre Verbundenheit mit dem Vater in die Abgründe mitzunehmen versuchen; der Weg, auf dem sich die den Vater Anrufenden an die Verheißung halten müssen, dass dieser Weg in die Erden-Abgründe hinein nicht in die Gottverlassenheit führt. Jesus ruft seine Gefährtinnen und Gefährten in Gottes Vater-Gegenwart, damit sie Seinem Herzen und guten Willen nahe kommen, damit sie so ihre Würde erkennen und ihre Identität wahrnehmen; damit sie die Kraft finden, dem Gebet in den Abgründen dieser Welt den Aufblick zum Himmel zuzutrauen.

Aufblick zum Vater?

Der Aufblick zum Vater, bedeutet er nicht die Rückkehr – die *Regression* – zur Kleinkinderwelt, zum Kleinkinderblick: Er, der (All-)Mächtige, Der mich in Seine göttliche Innenwirklichkeit hineinnehmen und so aus der unendlichen Kälte der Außenwelt, aus ihren Abgründen, erretten kann? Er, Der mir das Verlorene verbürgen und irgendwann – im Himmel – zurückgeben kann: die Geborgenheit, das Gehaltensein in zärtlich-mütterlicher Erwartung und Fürsorge? Die Rückkehr des Verdachts ins Gebet ist fast unvermeidlich. Schon die Anrede – und gerade sie – scheint vom Verdacht infiziert. Gott in die Rolle des Vaters hineingeschaut, in eine himmlische Wunschwelt hineingehofft, damit wir hier auf der Erde in unserer Hilflosigkeit einen Halt fänden: Identität und einen Anhalt für unsere Sehnsucht nach Aufmerksamkeit und Gewürdigtwerden. Es muss ihn doch geben, den Gegenhalt gegen die unendliche Rücksichtslosigkeit einer Welt, die uns zum bedeutungslosen Fast-Nichts degradiert! Unser Herz verlangt danach – und glaubt sich hinein in eine Gotteswirklichkeit, eine göttliche Vater-Wirklichkeit, die doch nur seine eigene Wirklichkeit ist: die Wirklichkeit unserer Herzens-Wünsche, die nicht erwachsen werden wollen, die nicht hinauswollen aus der Kinderstube ins „feindliche", jedenfalls nicht unbedingt freundliche Leben.[20] Regressive Realitätsverweigerung, ängstliches Festhalten an einem Vater-Idol, das die Kinder niemals erwachsen werden lässt, sie in patriarchalen Phantasien zuhause sein lässt: Verraten die Betenden nicht schon am Anfang, in der Anrede, was sie zum Beten treibt und was sie im Beten suchen – was in ihrem Glauben tatsächlich vorgeht?

Mit Argumenten allein ist der Verdacht nicht zum Schweigen zu bringen. Auch das Beten wird ihn nicht verstummen lassen – und ihm das Feld doch nicht „kampflos" überlassen. Ja, im Beten sprechen die Wünsche, spricht die Sehnsucht mit. Im Gebet können unreif gebliebene Bedürfnisse die Regie übernehmen und die Betenden auf Gottesbilder fixieren, die in ihrer „Innenwelt" wie in ihrer politisch-kirchlichen Umwelt viel Unheil anrichten. Aber kann es nicht auch so sein, dass die Gebetspraxis die menschlich-allzumenschlichen Wünsche öffnet, sie Gott, dem Vater, anheimgibt, Der so viel größer ist als unser Herz und unsere Wünsche, damit Er sie Zukunfts-fähig mache: Wirklichkeits-fähig und Gotteszukunfts-fähig? Bei Ihm sucht das Gebet Zukunft für unsere Sehnsucht, eine Zukunft, die so ganz anders und so viel größer ist, als unser menschlich-allzumenschliches Hoffen es sich ausmalen könnte.

Der Verdacht kann der Neigung wehren, im Gebet nur bei sich selbst zu bleiben: bei dem, was ich mir jetzt wünsche. Er hält das Beten auf den Gott hin in Spannung, bei Dem und durch Den alles – auch das so sehnlich Erwünschte – *ganz anders* und gerade deshalb sehr gut sein wird. Wo der Verdacht das Gebet selbst zur absurd-kindischen Geste zu machen versucht, wird er auf die Gebetserfahrungen stoßen, die sich dem Vaterunser verdanken: dem Aufblick zu einem Vater, Der die Betenden in die Gotteszukunft Seines „Reiches" hineinführt; Der sie dafür in Anspruch nimmt, diesem Reich jetzt – auf *dieser* Erde, in *diesem* Leben – zu dienen, Seiner größeren Gerechtigkeit, dem Leben, das in Seinem Reich zur Erfüllung kommen soll. Wenn das Beten biblisch verantwortlich geschieht und gleichwohl oder gerade deshalb an den Glaubens-erschütternden Erfahrungen der Zeitgenossen teilhat, hält es den Verdacht mit dem Herzens-Wunsch zusammen, den es Ihm übergibt und an-vertraut: damit Er sich seiner annehme, so wie es Ihm entspricht. Die Bitten des Vaterunsers führen exemplarisch in diese Gebetspraxis des Zusammenhaltens und An-Vertrauens ein.[21] An ihnen müsste sich zeigen lassen, ob das Beten im Sinne und in der Nachfolge Christi die Betenden eher in regressiven Illusionen festhält oder eher dazu befreit, jetzt – auf der Erde – die richtigen nächsten Schritte zu tun: auf einem Weg, der weiter führt, als sich schon absehen lässt, weiter, als Menschenwege führen könnten.

Ob dieser Weg schließlich dahin führen wird, über die menschlich-allzumenschlichen Projektionen und so auch über den „Aufblick zum Vater" hinauszukommen, hinauszukommen über alle personalistischen Vorstellungen in der Gebets- und Glaubenszuwendung zum Göttlichen? Wer betet, darf erfahren, dass alles Beten von der Geste des Sich-Anvertrauens getragen ist und sich in ihr bis zuletzt selbst überschreitet. Dass Menschen sich in diese Selbst-Überschreitung hineinwagen können, haben sie – zumindest auch – in mitmenschlichen Beziehungserfahrungen gelernt, erahnen gelernt. Dass das betende Sich-Anvertrauen sich in den Gebets- und Beziehungsraum des Unendlichen hineinwagt und selbst überschreitet, in dem es eben nicht mehr bei einer von der Selbsterfahrung einigermaßen erschlossenen mitmenschlichen Wirklichkeit ankommt, das radikalisiert die Selbstüberschreitung ins Ungemessene und Unermessliche. Und es macht zutiefst fraglich, was die konkreten Vollzüge und Inhalte des Betens in solcher Selbstüberschreitung bedeuten werden und bedeuten können. Soviel aber werden sie bedeuten, wenn das Beten *Beten* bleibt: In ihnen vertrauen sich die Betenden dem Unendlichen an – und zugleich beten sie darum, dass sie die Kraft zum Sich-Anvertrauen finden, dass ihnen der, dem sie sich anvertrauen, wenn sie beten, anvertrauenswürdig bleibe oder es immer mehr werde. Wie personal müsste diese elementare Gebetsgeste verstanden werden? Müsste sie sich – um Gebets-Geste zu bleiben – im „Du" zu dem aussprechen, dem man sich betend anvertraut und zuspricht?[22]

Die Gebetsgeste wird in Gemeinschaft mit dem gewagt, dessen ganzes Leben sich in dieser Geste konzentrierte – und sich weggeben musste; der gerade so den offenbarte, dem er sich anvertraute und hingab. Mit ihm spricht sich diese Gebetsgeste einem Du zu, das von Jesus Christus, dem Sohn, *Vater* genannt wurde. Dass dieses Du zugleich das Ein-und-Alles der Unendlichkeit ist, dem das Beten sich über alle endlichen Wirklichkeiten hinaus anvertraut, das ist im christlichen Beten zusammenzuhalten.[23] Es wendet sich einem Gottes-Du zu, indem es sich dem Unendlichen anvertraut.

Du, Vater: Worte, Gesten der Hinwendung, hervorgerufen von dem Wort, das mir die Möglichkeit schenkt, Antwort zu sein; dem nachgesprochen, dessen sprechendes Leben und Sterben Antwort war, damit wir in diese Antwort einstimmen können; damit wir selbst das Wort sagen können, mit dem wir uns in Gottes Unendlichkeit hineinwagen und uns ihr anvertrauen; das „vor Gott" gültige Wort. Gültig ist es, wenn es ein

Lebenswort ist, wie bei dem, der es uns vorgesprochen hat, damit wir einstimmen; wie bei den Zeugen, die das Wort nicht nur gesprochen, sondern gelebt haben. Von *Rabbi Mosche*, dem Kobryner, überliefert *Martin Buber* den Spruch: „Wenn du ein Wort vor Gott sprichst, geh du mit allen deinen Gliedern in das Wort ein."[24] Sollte ein kleines Wort soviel Raum haben, dass die „großen" Menschen darin Platz haben? Du, Vater: Die Worte haben unendlich viel Raum. Sie sprechen die Betenden in den Unendlichen, Unermesslichen hinein.

Anmerkungen

[1] Vgl. etwa nur sein Buch: Worte ins Schweigen, Innsbruck 1947; seither in vielen Auflagen und Ausgaben. Von Martin Buber vgl. Zwei Glaubensweisen, in: ders., Werke. Erster Band: Schriften zur Philosophie, München – Heidelberg 1962, 651–782.

[2] Fulbert Steffensky, Das Haus, das die Träume verwaltet, Würzburg [4]1999, 17.

[3] Vgl. meine Überlegungen in dem Kapitel: Gemeinsam beten? – Über die kirchengründende Bedeutung des Gebets, in: Jürgen Werbick, Gebetsglaube und Gotteszweifel, erweiterte 2. Auflage, Münster 2005, 223–247.

[4] „So ist das Vaterunser zugleich ein ganz persönliches und ein durchaus kirchliches Gebet" (Joseph Ratzinger – Benedikt XVI., Jesus von Nazareth. Erster Teil: Von der Taufe im Jordan bis zur Verklärung, Freiburg – Basel – Wien 2007, 175).

[5] Es ist natürlich auch nicht bedeutungslos. Ich darf auf meinen kleinen Text zur Vater-Anrede in dem Band: Vera Krause – Jürgen Werbick, Dein Angesicht suche ich. Du. Schritte ins Beten, Stuttgart 2005, 181–183 verweisen.

[6] So *Martin Buber* zum Vaterunser; ders., Zwei Glaubensweisen, a. a. O., 769.

[7] *Siegfried Kleymann* hat diese Fast-Unbegreiflichkeit eindrücklich so ins Wort gebracht: „Was tue ich da eigentlich? Was ist das für ein Anspruch, dass ich kleines Menschlein davon ausgehe, mit diesen Worten den unfassbaren Gott ansprechen zu können? Was für eine verrückte Idee, dass wir Betenden davon ausgehen, dass ein persönlicher Gott uns hört – und sich für unsere Bauchschmerzen, unseren Liebeskummer und unsere Urlaubspläne interessiert! Welch eine Kühnheit lässt uns davon ausgehen, dass Zweifel, Klage, Ungewissheit und Angst im Gebet wichtig sind, und dass hier auch jene Lebenserfahrungen ihren Ort haben, die den heilenden, tröstenden und verheißungsvollen Worten des Evangeliums entgegenste-

hen?" (Siegfried Kleymann, O Seligkeit, getauft zu sein? Vom Glaubenszeugnis einer Ortsgemeinde, Münster 2005, 113).

[8] Ich beziehe mich auf die wissenschaftstheoretisch grundlegende Unterscheidung von Beobachter- und Teilnehmerperspektive, wie sie von *Jürgen Habermas* besonders prägnant herausgearbeitet wurde; vgl. von ihm etwa: Glauben und Wissen, 19. Vgl. auch die Ausarbeitung dieser Unterscheidung in: Jürgen Werbick, Einführung in die theologische Wissenschaftslehre, Freiburg – Basel – Wien 2010, Kapitel 1 und 2.

[9] In seinem Werk: Quellen des Selbst. Die Entstehung der neuzeitlichen Vernunft, dt. Frankfurt a. M. 1996, spricht *Charles Taylor* pointiert vom „Naturalismus der desengagierten Vernunft" (856).

[10] Zitiert nach: Romano Guardini, Lesebuch der Lebensweisheit, hg. von J. Laubach, Ostfildern 2006, 43.

[11] *Franz von Sales* hat diese Gebetserfahrung mit einer geistlichen Anweisung so ins Wort gebracht: „Wenn dein Herz wandert oder leidet, bring es behutsam an seinen Platz zurück und versetze es sanft in die Gegenwart deines Herrn. Und selbst, wenn du in deinem Leben nichts getan hast, außer dein Herz zurückzubringen und wieder in die Gegenwart unseres Gottes zu versetzen, obwohl es jedes Mal wieder fortlief, nachdem du es zurückgeholt hattest, dann hast du dein Leben wohl erfüllt." Den Hinweis auf diese Stelle verdanke ich *Dr. Paul Deselaers*.

[12] „Vor Ihn": Es ist klar, dass diese Raummetaphorik einseitig bleibt. Sie wird christlich in Spannung gehalten durch die Metaphorik des „In-Seins", die in den Mystiken verschiedener religiöser Traditionen leitend ist: Gott *in* mir, ich *in* Gott; Gott in meinem *Da*-Sein, meiner Präsenz, ich in seinem *Da*-Sein, seiner Präsenz. Raum- und Zeitmetaphorik verbinden – verbünden – sich, um Sein und mein Da-Sein zur Sprache zu bringen.

[13] Richard Schaeffler, Adiutorium nostrum in nomine Domini. Sprachphilosophische Überlegungen zur Anrufung Gottes im Gebet, in: Lebendiges Zeugnis 43 (1988), 27–40, hier 34. Den Hinweis auf diesen Text verdanke ich *Bruder Stefan Walser OFMCap*.

[14] Ebd. So versammelt sich der Betende zu seiner Identität in Gottes „ewige" Gegenwart. *Schaeffler* beruft sich hier auf *Hermann Cohens* Verständnis der „Sammlung" (Jichud) und der „Festigung" (Kawwana) als der „Rückwirkungen des Du-Sagens auf den Zustand des Ich, in denen der Beter erst jene Identität gewinnt, von der aus er die Kontinuität seines Lebens erfahren kann" (Richard Schaeffler, Kleine Sprachlehre des Gebets, Einsiedeln 1988, 39).

[15] *Meister Eckhart* hat diese Weltpräsenz Gottes im und aus dem glaubenden Menschen heraus vielfach „Gottesgeburt in der Seele" genannt.

[16] Dieser theologische Grundsatz des *nicht ohne* ist von *Augustinus* geprägt und in der Theologiegeschichte vielfach zitiert worden. Augustinus schreibt (Sermo 169, c. 11, n. 13): „Der dich ohne dich geschaffen hat, wird dich nicht ohne dich rechtfertigen".

[17] So, wie sie in die Bibel eingegangen ist, wird die nachexilisch bearbeitete Geschichte die Verderbtheit Jerusalems anprangern und seine Zerstörung als deren unabwendbare Konsequenz darstellen wollen. Nicht einmal eine Kerngruppe von zehn Frommen war in Jerusalem übrig geblieben. So konnte hier eben auch die Bundestreue nicht mehr Wurzeln schlagen. Die Kehrseite der Geschichte aber wäre dann: Eine so kleine Gruppe hätte in einer verderbten Stadt die Keimzelle der Rettung sein können – und kann dies immer wieder neu sein. Diese Auslegung entnehme ich dem Beitrag von Theodor Seidl, Ein Grundsatzgespräch (Gen 18,20–33), in: Der Prediger und Katechet 149 (2010), 571–573.

[18] In diesem Sinne weist *Paul Ricœur* auf die biblische „Verbindung des Vaternamens mit der Prophetie" hin. Das Vaterbild assoziiere hier nicht mehr nur „eine *Ur*gestalt – den Gott unserer Väter, den Urahnen unserer Ahnen – sondern auch die Gestalt, in der sich eine neue Schöpfung ankündigt" (Paul Ricœur, Die Vatergestalt – vom Phantasiebild zum Symbol, in: ders., Hermeneutik und Psychoanalyse. Der Konflikt der Interpretationen II, dt. München 1974, 315–353, hier 341).

[19] Peter-Hans Kolvenbach, Der österliche Weg. Exerzitien zur Lebenserneuerung, Freiburg – Basel – Wien 1988, 65f. Papst Benedikt XVI. zitiert diese Passage in seinem Buch: Jesus von Nazareth. Erster Teil: Von der Taufe im Jordan bis zur Verklärung, Freiburg – Basel – Wien 2007, 169.

[20] Vgl. Sigmund Freud, Vorlesungen zur Einführung in die Psychoanalyse. Und Neue Folge, Sigmund Freud Studienausgabe, hg. Von A. Mitscherlich – A. Richards – J. Strachey, Bd. 1, Frankfurt a. M. 1969, 594ff.

[21] Das Gebet ist also der Ort, an dem sich der „Konflikt der Interpretationen" abspielt, von dem *Paul Ricœur* immer wieder spricht – an dem dieser Konflikt sich jedenfalls anbahnt: der Konflikt zwischen der reduktiven Deutung (Beten ist doch *nichts anderes als ...*) und einer Deutung, die das Beten als verheißungsvolle Selbstüberschreitung des Menschen in Gottes unendliche Wirklichkeit hinein versteht. Das Gebet zum Vater bezeugt, dass „die Geschichte der Gottesbezeichnungen [...] in gewisser Hinsicht Anteil am Schicksal der Libido" hat. Und es steht zugleich für die Erfahrung, dass dieses Schicksal geöffnet ist oder geöffnet sein kann für das Geschenk des „Reiches", in dem wahr wird, was die Libido nicht ergreifen kann, so sehr es ihr „Schicksal" ist, sich danach auszustrecken; vgl. Paul Ricœur, Die Vatergestalt – vom Phantasiebild zum Symbol, a. a. O., 342–350, Zitat 350.

[22] Das Sich-Anvertrauen hat im Beten Sprach-, besser Sprech-Charakter. Das heißt nicht, dass man auf ein „unreflektiert" dialogisches Gebetsverständnis festgelegt wäre (vgl. die folgende Fußnote). Es geht beim Gebet offenkundig ja nicht um eine Wechselrede, in der die Inhaber vergleichbarer Dialogrollen Worte wechseln würden, sondern darum, dass betende Menschen sich „angesprochen" und sich so in spezifischer Weise zum Antworten, zum „Sich-Aussprechen und Sich-Anvertrauen" herausgefordert wissen (vgl. Gerhard Ebeling, Das Gebet, in: Zeitschrift für Theologie und Kirche 70 [1973], 206–225, hier 221). Zu der gebetstheologisch zentralen Frage, wie man die hier verwendete Metapher des Sich-Angesprochen-Wissens verstehen kann, vgl. Karl Rahner, Zwiegespräch mit Gott?, in: ders., Schriften zur Theologie XIII, Einsiedeln 1978, 148–158, insbesondere 154.

[23] *Gotthold Hasenhüttl* sieht das offenkundig anders, nämlich so: „Am Du-Sagen zu Gott hängt gar nichts, am allerwenigsten das Gebet. Diese Gretchenfrage, die die gute Theologie daran misst, ob man im Gebet noch Du zu Gott sagen kann, hat von der ‚Gotteslehre' nichts verstanden" (ders., Glaube ohne Mythos, Bd. 1: Offenbarung, Jesus Christus, Gott, Mainz 2001, 718; vgl. die kritischen Anmerkungen in: Jürg Wüst-Lückl, Theologie des Gebetes. Forschungsbericht und systematisch-theologischer Ausblick, Fribourg 2007, 95f.). Lieber will ich von einer „Gotteslehre", wie Hasenhüttl sie versteht, nichts verstanden haben, als mich auf eine so triviale, erschreckend Problem-unterbietende Behauptung einzulassen. Gemessen daran ist *Gert Ottos* Forderung, der intellektuell redliche Mensch müsse „jede *unreflektierte* Vorstellung von Gott als einem anredbaren personhaften Gegenüber" und so auch die *unreflektierte* Vorstellung eines Gebets-Dialogs mit Gott „hinter sich" lassen (ders., Über das Gebet, in: F. W. Bargheer – I. Röbbelen (Hg.), Gebet und Gebetserziehung, Heidelberg 1971, 31–48, hier 39), ein Musterbeispiel theologischer Differenzierung. Wer solche Vorstellungen „reflektiert" hegt, der müsste das Zusammenhalten realisieren, von dem oben die Rede ist. Damit läge im christlichen Beten selbst der Ursprung und die elementare Herausforderung theologischen Reflektierens. Diese Überzeugung liegt den theologischen Meditationen zugrunde, die ich hier versuche.

[24] Martin Buber, Die Erzählungen der Chassidim, Zürich 1949, 642. Den Hinweis auf dieses Wort verdanke ich dem Leitartikel „Das kleine, große Wort" von Christian Heidrich im CHRIST IN DER GEGENWART 62 (2010), 329f.

II. Geheiligt werde dein Name
(Gen 18,1–14; Ez 36,19–28)

„Als sie aber zu den Völkern kamen,
entweihten sie überall, wohin sie kamen,
meinen heiligen Namen;
denn man sagte von ihnen: Das ist das Volk JHWHs,
und doch müssen sie sein Land verlassen.
Da tat mir mein heiliger Name leid,
den das Haus Israel bei den Völkern entweihte,
wohin es auch kam.
Darum sag zum Haus Israel: So spricht Gott, der Herr:
Nicht euretwegen handle ich, Haus Israel,
sondern um meines heiligen Namens willen,
den ihr bei den Völkern entweiht habt,
wohin ihr auch gekommen seid.
Meinen großen, bei den Völkern entweihten Namen,
den ihr mitten unter ihnen entweiht habt,
werde ich wieder heiligen.
Und die Völker – Spruch Gottes, des Herrn –
werden erkennen, dass ich der Herr bin,
wenn ich mich an euch vor ihren Augen als heilig erweise“
(Ez 36,20–23).

Beim Namen ansprechen

In der ersten Vaterunser-Bitte nach der Anrede geht es um die Anrede, um den Namen. Gottes Name soll geheiligt werden. Von wem? Und was bedeutet es, wenn er geheiligt wird? Martin Luther bemerkt, in dieser Bitte werde „etwas finster und nicht richtig deutsch geredet“.[1] Es ist ja nicht auf die Erinnerung von Menschen Bezug genommen, die den Namen eines vorbildlichen und bedeutenden Vorfahren „heilig halten“.[2] Sein Name wird in der Erinnerung verblassen, so heilig man ihn zu halten versucht. Er hat seine Zeit gehabt; andere Namen beherrschen nun das Feld, wollen genannt und gerühmt sein. Heiligung heißt nicht einfach: dem Vergessen entreißen. Es geht auch nicht nur darum, dass mit dem Gottesnamen JHWH kein „magischer" Missbrauch getrieben werde. Die Erinnerung an das zweite Gebot des Dekalogs („Du sollst den Namen des Herrn nicht verunehren") mag zwar im Hintergrund stehen,[3] aber sie bestimmt nicht den Horizont dieser Bitte. Die Heiligung des Namens soll eine Hoffnungsperspektive, ja *die* Hoffnungsperspektive des biblischen Gottesglaubens eröffnen. Der Name steht für diese alles umgreifende Hoffnung – und dafür, dass sie nicht ins Leere geht. Er soll geheiligt werden; was Er sagt, soll wahr werden. Das ist das hier Erhoffte.

Wir bewegen uns in einer fremden Sprachwelt, in der wir uns mit unseren eigenen Erfahrungen von Namen und von „Heiligung" erst zurechtfinden müssen. Eine Glaubensgeschichte aus den Urvätererzählungen soll in diese fremde Welt hineinführen; die Geschichte von der „Heimsuchung" Abrahams unter den Eichen von Mamre. Sie mag uns das Verständnis *Seines* Namens wie der *Heiligung* Seines Namens einen Spalt breit öffnen.

Geh nicht vorüber!

Abraham wartet auf nichts Bestimmtes. Zur Mittagshitze sitzt er am Zelteingang. Ist es der „Mittagsdämon", der ihn da heimsucht? Ich stelle mir vor: Abraham hängt seinen Gedanken nach, die Aufmerksamkeit nach innen gewendet. Es ist ja nichts, worum er sich in diesem Augenblick konkret kümmern müsste. Dass ausgerechnet jetzt jemand in sein Nomaden-Leben tritt, war kaum zu erwarten. Wer ist das überhaupt? Die Geschichte spricht von drei Männern. Abraham begrüßt nur den einen: Mein Herr! Er ist jetzt hellwach: Wenn ich dein Wohlwollen gefunden habe, dann geh nicht einfach vorüber! Bleib und komm herein!

Mein Herr! Ein „Ehrenname"; den „richtigen", den Eigennamen kennt Abraham nicht. Adonaj, mein Herr, das wird dann der Ehrenname des Gottes Israels sein, dessen „Eigennamen" man nicht nennt. Wo dieser in den heiligen Texten steht, nennt man den Ehrennamen Adonaj. Bei den Eichen von Mamre sagt Abraham einfach *Adonaj*, mein Herr. Überschwänglich gastfreundlich, wie es die Orientalen, die Beduinen sind? Abraham wirft sich dem Gast zu Füßen: Geh nicht vorüber, sei mein Gast. Wenn du bei mir zu Gast gewesen bist, kannst du mir nicht feindlich sein. Das mag mit hineinspielen in diese überschwängliche Gastfreundschaft: Nomaden führen ein Leben voller Risiken und Unwägbarkeiten. Da ist es gut, in Zufallsbegegnungen auf Freundschaft und Verlässlichkeit aus zu sein., sich den Gast zu verpflichten.

Heimsuchung

So beiläufig beginnt die Geschichte. Sara und die Knechte bereiten das Mahl. Es ist viel zu tun. Abraham kommt ins Gespräch mit dem Gast, zu dem er „mein Herr" gesagt hat. Der aber sagt nichts Beiläufiges, kein Wort zuviel. Was er sagt, ist so unglaublich, dass Sara nur lachen kann. Sie, die alt Gewordene, kinderlos Gebliebene, soll Stammmutter eines großen Geschlechts werden! Über Gäste lacht man nicht. Eine peinliche Situation, man hat sie lachen hören.

Genau in diesem Augenblick beginnt die Erwählung Abrahams konkret zu werden. Er wird zum Vertrauten dessen, der ihn heimgesucht hat: Er hat ihn aufmerksam eingelassen in sein Leben; und JHWH-Adonaj hat ihm Seine Präsenz gewährt. Er zieht ihn tatsächlich ins Vertrauen: Abraham soll der Vater des erwählten Volkes werden und den Weg Adonajs gehen. Durch ihn sollen alle Völker der Erde den Segen haben. Sollte ich ihn da nicht ins Vertrauen ziehen bei dem, was ich über Sodom und Gomorra bringen will? fragt JHWH sich. So beginnt die denkwürdige Szene: Abraham „tritt näher" und feilscht mit

JHWH: Ob nicht doch fünfzig, vierzig, zwanzig, zehn Gerechte dort sind?[4] Dann kannst du Sodom und Gomorra doch unmöglich auslöschen! Abraham packt JHWH gleichsam bei Seiner Ehre. Und JHWH lässt sich packen; Er bleibt nicht der Ferne, Unerreichbare. Er kommt Abraham nahe. So beginnt eine Gottes-Vertrautheit, aus der Abraham und aus der das Volk, das ihn zum Stammvater seines Glaubens hat, leben werden.

Die Bibel erzählt solche Glaubensgeschichten, damit auch die Hörer und Leser sich in diesen Anfängen mit „angefangen" wissen: Das sind die Ursprünge und Anfänge, aus denen sie, aus denen wir immer noch leben – Anfänge, die noch immer mit uns sind. Gilt das tatsächlich auch *uns* noch? Sind sie uns, den Christen am Anfang des dritten Jahrtausends, nicht so fern, dass wir kaum ermessen können, wie wir in diesen Geschichten mit gemeint sind – ob sie von einem Anfang sprechen, der bis zu uns hin weiterging und über uns hinaus nicht aufhört anzufangen?

Heimsuchung durch den Segen

Die Geschichte, die unter den Eichen von Mamre ihren Lauf nimmt, ist die Geschichte einer *Heimsuchung*. Im Deutschen hat dieses Wort keinen guten Klang: Was mich heimsucht, wird mir zum Schicksal; es bemächtigt sich meiner. Wehrlos bin ich ihm nun ausgeliefert. Ich werde es nicht mehr los, kann mich kaum distanzieren.

Abrahams Heimsuchung wird ihm zum Schicksal, zur Lebenslinie in eine Zukunft, der er nun zu dienen hat. Aber es ist ein *Versprechen*, das unter den Eichen von Mamre in sein Leben kommt. Und dieses Versprechen will sein Leben bis in die letzten Winkel hinein „bewohnen", will es lebendig machen und dafür in Anspruch nehmen, dass es ihm selbst und den Völkern zum Segen wird. Heimsuchung nicht durch einen Fluch, durch ein Verhängnis, sondern durch den Segen, „materialisiert" in dem so spät Empfangenen, auf den man schon nicht mehr zu hoffen wagte.

Wenn Segen in einem Leben wohnt: wahrscheinlich weiß man es kaum, wie er hineingekommen ist und sich darin breit gemacht hat. Vielleicht so: ein Mensch, der in meinem Leben angekommen ist – der nicht vorüberging, als ich ihn hereingebeten habe. Oder auch nur eine kurze Begegnung, die mich für einen Reichtum öffnete, von dem ich vorher nicht einmal eine Ahnung hatte. Trägt diese Heimsuchung für mich einen Namen? Als es geschah, habe ich den Namen vielleicht noch nicht gekannt, habe ich noch gar nicht gewusst, was da in mein Leben eingetreten ist. In der Rückschau hat es sich geformt und herausgestellt. Fluch oder Segen, mitunter beides. Die neue berufliche Aufgabe, faszinierend und aufreibend in einem; die uns geschenkten Kinder, Lebensversprechen und äußerst anspruchsvolle Verpflichtung: Die Herausforderung bekommt einen Namen, den Namen des neuen Wohnorts oder des hier übernommenen Arbeitsplatzes, den Namen, den wir unserem Kind geben. Was dieser Name bedeutet, muss sich herausstellen. Es wird sich ausformen, wie in uns wohnt, was oder wer diesen Namen trägt. Der Name bekommt einen Klang. Wenn ich ihn ausspreche, klinge ich mit, klingen meine Erfahrungen, meine Erinnerungen und Hoffnungen mit. Ich spreche aus und kann mir selbst zu Gehör bringen, wie der Name und das darin Genannte meinen Weg bestimmen, wie sie mich „bewegen", herausfordern.

Ansprechbar

Der Name gibt mir die Möglichkeit, die Herausforderung anzusprechen und ins Gespräch zu ziehen: Du, was machst du mit mir, wohin führst du mich? Was versprichst du mir? Verdient dein Versprechen meinen Glauben – oder sollte ich mich vorsehen, nicht verführt und missbraucht zu werden? Du, wirst du mir Segen sein oder eben doch eher Fluch?

Abraham kommt gar nicht dazu, solche Fragen zu stellen, so sehr ist er davon in Anspruch genommen, den zu empfangen, der ihn *jetzt* heimsucht. Außerdem kennt er seinen Namen noch gar nicht; nur mit „mein Herr" kann er ihn ansprechen. Ehe er sich's versieht, hat Adonaj in ihm Wohnung genommen, ist Er bei ihm eingezogen und hat Er ihn hineingezogen in eine beispiellose Gottesvertrautheit. Die gemeinsame Geschichte hat begonnen. Es wird die Geschichte eines Gottes-Versprechens sein; auch eine Geschichte des Unverständnisses und des Widerwillens, der Zumutungen und der Weigerungen; eine Geschichte des Entschwindens und des Vermissens. Israel lernt seinen Gott mit Seinem „Eigennamen" anzusprechen: JHWH, so offenbart Er Seinen Namen: Ich heiße „Ich bin für euch da und werde für euch da sein" (Ex 3,14). Und so heiße ich zu Recht.

Ein Name bis an den Rand gefüllt mit Versprechen. Ein guter Name. Und eine Geschichte, in der dieser gute Name auf dem Spiel steht; in der die Fragen von eben dann doch gestellt werden. In der sie immer wieder zu bitteren Klagen verstummen. Lügt der Name, bei dem wir Ihn herbeirufen? Trügt das Versprechen, das in Ihm liegt? Der gute Name JHWH und die miserable Wirklichkeit des in Abraham erwählten Volkes passen nicht zueinander. Wie sind sie zusammenzuhalten? Die Dramatik dieser Frage wird sich in der Geschichte Israels und dann auch der Christen bis in unsere Zeit hinein nicht mehr entspannen. Und so ist das auch *unsere* Frage und *unsere* Plage: Gilt das Versprechen noch, das sich in dem Namen JHWH so geschichtsmächtig ausgeformt hat?

Den Namen nennen

Aber sagt den Christen des 21. Jahrhunderts der Gottesname JHWH überhaupt noch etwas? Hören sie noch Sein Versprechen? Diese Fragen sollen nicht im Geringsten nach Anklage klingen. Sie sind eher mit einer gewissen Ratlosigkeit gestellt.

Wir reden noch von Gott, wir gebrauchen vielleicht auch noch Gottesnamen; wir Christen nennen mit JHWH-Adonaj Jesus Christus und den guten heiligen Geist in einem Atem, wenn wir Gott nennen. Aber gebrauchen wir diese Namen noch als Anrede, als Namen, die man gar nicht nennen könnte, ohne sich dem Genannten, dem damit Angerufenen, zuzuwenden, ihn hereinzubitten in unser Leben und ohne uns an das Versprechen zu halten, das sich in den Gottesnamen ausformt? Wir sprechen von Gott eher in der „dritten Person": Er. Gott ist ja eher ein Allgemeinbegriff als ein Name. Man spricht *über* Gott, nicht eigentlich zu Ihm. Wir sprechen über Ihn, um Ihn von falschen Göttern, von den Götzen, zu unterscheiden; um uns dessen zu vergewissern, dass der Glaube an *diesen Gott* auch hier und jetzt noch zu verantworten ist.

Es ist sinnvoll, ja mitunter notwendig, so *von Gott* zu sprechen. Aber damit ist Gott noch nicht *da*, noch keine Wirklichkeit in meinem Leben. Das wird Er erst, wenn ich Ihn wie Abraham anspreche, damit Er nicht vorübergeht – damit die Situation nicht vorübergeht, in der Er bei mir da sein, in der Er mir wirklich werden könnte; in der Er als Versprechen in mein Leben kommen könnte. Noch weiß ich kaum, was dieses Versprechen sagt. Ich kann es nicht wissen, ehe Er für mich Wirklichkeit ist, *Du* wird.

Wirklichkeit für mich wird Er in meiner Anrede: *Du*! Wenn sie und der Name, bei dem ich Ihn anrede, mir etwas bedeuten, dann kann Er – Du – etwas bedeuten; wenn dieser Name nicht nur beiläufig und nebenbei gesagt ist, wenn ich selbst in der Nennung Seines Namens gegenwärtig bin. Es braucht Gebets-Disziplin, sich in die Anrede zu versammeln und sich in ihr tatsächlich Ihm zuzuwenden. Es braucht wohl die regelmäßige Einübung: in einem Augenblick der Konzentration, am Morgen, bevor mich der Tag mit seinen Beanspruchungen in Besitz nimmt, die Anrede zu wagen und Ihn hereinzubitten in den Tag: Adonaj, mach Deinem Namen Ehre! Sei der Herr meines Tages! Wenn Du sein Herr bist, wird er mich nicht knechten, werde ich mich in ihm nicht verlieren.

Wird Er mir, wenn ich Ihn so hereinbitte, vertraut werden wie dem Abraham? Wird mir Sein Name wie dem Mose zum Versprechen und zum Segen? Ich versuche mich einzusammeln in meine Anrede. An diesem Tag werde ich nicht in all seine Wichtigkeiten und Belanglosigkeiten zerfließen. Du sammelst mich in Deine Gegenwart – und Du wirst mich einsammeln, wann immer ich mich verliere. Du wirst meine Gegenwart sein, auch wenn ich in dieser Welt keine Gegenwart mehr habe, sondern nur noch Vergangenheit, wenn ich hier in all meine Bestandteile zerfallen sein werde. Mach Deinem Namen Ehre! Mach Dein Versprechen wahr!

Den Namen heiligen

Sich Gott in der Du-Anrede wirklich zuzuwenden, darin fängt die Heiligung Seines Namens an – sofern sie von mir aus geschehen kann. Ich nenne Seinen Namen so, wie er „gemeint" ist: mit aller Aufmerksamkeit, deren ich fähig bin. Er verdient diese Aufmerksamkeit – für sich und für das Versprechen, das in Seinem Namen ausgesprochen ist und mich bei der Nennung Seines Namens in Anspruch nimmt. Wenn Sein Name geheiligt wird, so ist Er da, mitten in unserem Leben. Sein Name gilt für Seine Wirklichkeit. Im Alten Testament steht der Gottesname für die heilsame Präsenz JHWHs in Seinem Heiligtum: Hier wohnt Sein Name (Dtn 12,5; 1 Kön 8,16.29). Hier wird er angerufen, mit Aufmerksamkeit verehrt. Hier gewinnt JHWHs Präsenz Macht über die ihn Anrufenden und Verehrenden.[5] Und der Name JHWHs wird gepriesen, wo der Segen konkret erfahrbar wurde, der in diesem Namen ausgesprochen ist (vgl. Jes 25,1).

Im Hintergrund dieser Namenstheologie des Alten Testaments steht die uns so fern gerückte, aber in der Antike ganz selbstverständliche Vorstellung, dass Gott selbst in Seinem Heiligtum wohnt, dass Seine Gegenwart – materialisiert in einer Statue – hier sorgfältig verehrt und „gepflegt" wird. Die aufmerksame Pflege dieser Gottesgegenwart ist in den lateinischen Worten *religio* und *cultus* (von *colere* abgeleitet) ausgesprochen. In der Religion geht es um diese Pflege, um die Sorgfalt und Aufmerksamkeit, mit der man Gottes Gegenwart umgeben muss, damit sie einem nicht zum Unheil wird; damit der Gott des Heiligtums sich nicht abwendet und aus Seinem Heiligtum „auszieht".[6] Die nachexilischen Theologen Israels distanzieren sich vorsichtig von dieser urreligiösen Vorstellung, weil sie der Größe und Unermesslichkeit JHWHs, des Schöpfers und Herrn des Alls, nicht wirklich Raum gibt und einem falschen Vertrauen Vorschub leistet, so als sei JHWH an einen bestimmten Wohnort gebunden und dort gleichsam automatisch kultisch zugänglich. Nun steht der Name JHWHs für die Präsenz des Unermesslichen. Er ist „ausgerufen" über Seinem Haus. Und es ist an den Frommen Seines Volkes, diesen Namen im Tempel zu heiligen, darüber hinaus und vor allem: in einem Leben zu heiligen, das in der Gegenwart Gottes geführt wird.

Name und Präsenz

Dass Gott *wirklich* wird in der Aufmerksamkeit, mit der Menschen sich Ihm zuwenden; und dass der Name Gottes für die aufmerksame Zuwendung steht, mit der Er die Aufmerksamkeit der Menschen in Anspruch nimmt, damit sie im Nennen und *Heiligen* Seines Namens zum Ausdruck komme, das ist offenkundig ein erster, urreligiöser Sinn, den man in der Vaterunser-Bitte um die Heiligung Seines Namens aufgenommen sehen kann. Wenn Menschen Ihn bei Seinem Namen nennen, geschieht Präsenz: Sie versammeln sich in ihre Anrede, wenden sich Ihm aufmerksam zu, da sie Ihn anreden. Und Er gewährt Seine Präsenz denen, die Ihn so anreden. So geschieht die Heiligung Seines Namens.

Es könnte durchaus so sein, dass dieser enge Zusammenhang von Namen, Aufmerksamkeit und Wirklichkeit auch heute noch zugänglich ist, ja dass er das, wofür Religionen und Pseudo-Religionen heute stehen, deutlicher denn je kennzeichnet. Aufmerksamkeit ist zum knappen und heftig umkämpften Gut geworden. Sie hat ihren Markt; vielleicht ist es heute sogar der wichtigste Markt. Auf ihm wird um Aufmerksamkeit geworben und erbittert um Präsenz konkurriert. Wer die „Ökonomie der Aufmerksamkeit"[7] nicht beherzigt, gerät – im Großen wie im Kleinen – ins soziale Abseits. Aufmerksamkeit finden, einnehmen, gar erzwingen können, bedeutet, ein machtvolles soziales Dasein gewinnen oder behaupten können. Die Namen spielen dabei eine entscheidende Rolle. Große Namen fungieren als Aufmerksamkeits-Magneten. Je mehr Aufmerksamkeit sie auf sich ziehen, desto „größer" sind sie, desto mehr soziale Präsenz ist denen sicher, die sie tragen oder benutzen. Es ist tatsächlich so: Namen beherrschen unsere soziale Wirklichkeit, weil sie meine, deine, viele Lebenswirklichkeiten beherrschen und Aufmerksamkeitsregionen in der öffentlichen Kommunikation besetzen. Wo wir hinkommen, sind sie schon da. Sie sind in uns; wir verhalten uns zu ihnen, ehe wir es selbst wissen. Der Prominentenname steht für die Faszination eines Lebensstils, für ein Glücksversprechen: Wenn es das Glück gibt, *so* müsste es aussehen. Oder sie stehen für die Faszination des Untergangs: heftig gelebt und ebenso heftig abgestürzt! Muss es nicht so sein? Markennamen stehen für das Besondere, Auszeichnende, das uns teilhaben lässt am Besonderen und darin wirklich macht.

Der Markenname „Christentum" mag mitunter eine Rolle spielen in der Ökonomie der Aufmerksamkeit. Aber die Versuche, hier mitzuhalten, bringen kaum nachhaltige Aufmerksamkeit hervor. Auf Nachhaltigkeit ist der Markt, auf dem um Aufmerksamkeit geworben und gerungen wird, ja auch gar nicht angelegt, sondern aufs „Verkaufen": Ich will meine Botschaft verkaufen, *diesen* Namen im (Unter-)Bewusstsein verankern, so dass er eine Weile empfänglich macht dafür, was mit diesem Namen an den Mann oder die Frau gebracht wird. Namen markieren ein soziales Dasein auf Widerruf: solange sie die Macht haben, uns für sich einzunehmen – und für das Versprechen, das sie symbolisieren. Diese Macht ist flüchtig, so sehr man sie mit allen Mitteln der Aufmerksamkeitspflege zu stützen versucht. Heute hat sie uns im Griff; morgen ist sie von gestern. Es gelingt ihr nicht, uns als Statthalter ihres sozialen Daseins auf Dauer in Anspruch zu nehmen. Wir scheinen trotz aller unterschwelliger Einflussnahmen auf unsere Aufmerksamkeit in der Lage zu sein, „durch geringe Drehungen und Wendungen der Bewusstseinsantennen souveräne Selbstherrlichkeit zu erlangen – ich kann denken, was ich will, mich interessieren, wofür ich will".[8] Wenn ich mich nicht mehr für sie interessiere, verlieren die Namen ihre Bedeutung und ihre soziale Macht, jedenfalls in „meiner Welt".

Auch dem Namen „Christentum" und dem Namen JHWH, des Gottes der Juden, Jesu Christi und der Christen, scheint es so zu gehen. Für den Psychologen *Albert Görres* scheint es „die größte wie die unauffälligste aller Versuchungen" zu sein,[9] sich durch die Drehung der Bewusstseinsantennen souverän zum Herrn dessen zu machen, was für mich Bedeutung hat, zum Herrn meiner Welt, zum Herrn des Göttlichen in ihr und über sie hinaus. Was mich nicht interessiert, *ist* nicht; und ich bestimme, wofür ich mich interessiere. Nichts hindert mich daran, in meinem Lebensprogramm Gott abzuschalten – oder abgeschaltet zu lassen, wenn mich dieses Programmsegment oder seine Macher nerven. Sein Name wird nicht mehr geheiligt; er bedeutet mir nichts, sagt mir nichts mehr.

Eigentümlich, wieviel Macht Menschen über ihre Welt haben, über das, was darin vorkommen darf und „geheiligt" wird – und was nicht. Vielleicht sind sie gar nicht so souverän; vielleicht sind sie selbst noch – von Namen und Programmmachern – manipuliert, wenn sie „souverän" an- und abschalten, was für sie wirklich sein soll. Trotzdem ist das erstaunlich: Menschen sind die Herren ihrer Welt und der Götter, deren Namen sie heiligen oder „de-realisieren", entheiligen. So kann – muss – sie das zweite Gebot daraufhin ansprechen, dass sie nicht entheiligen, was zu heiligen ist, und dass sie nicht als heilig verehren, was ganz und gar unheilig, zutiefst heillos ist (vgl. Ex 20,3–5.7). Das zweite Gebot muss menschlicher Selbst-Herrlichkeit gegenüber die Unterscheidung einfordern zwischen dem Heiligen, das die Menschen unendlich in Anspruch nehmen darf, und dem Nicht-Heiligen, das nicht verabsolutiert, dessen Namen nicht „geheiligt" werden darf. Heilig ist allein Gott; sind von Ihm her die „Gottesbilder": die Menschen, die nicht an die Stelle Gottes treten dürfen, aber als Gottes Bilder in der Welt die Würde haben, Aufmerksamkeit um ihrer selbst willen zu verdienen.[10] Der Gottesglaube heiligt die menschliche Person; ihre Personwürde ist unantastbar.

Erzwungene Heiligung?

Dass die Heiligung des Gottesnamens und damit die soziale Realität Gottes wie freilich auch die Würdigung der Menschen als Gottesbilder so „restlos" in die Hand der Menschen gelegt sein soll, steht für religiös aufmerksame Menschen in einem kaum erträglichen Kontrast zur Heiligkeit des Gottesnamens, an der sich doch niemand vergreifen darf. *Heiligkeit*, bedeutet das nicht religionsgeschichtlich ursprünglich diese Unberührbarkeit und Unantastbarkeit des Göttlichen, die sorgfältig zu beachten ist, damit der Mensch nicht von der Machtaura des Göttlichen buchstäblich umgebracht wird? Dem schrecklich Heiligen darf der „normale", erd-verhaftete Mensch nicht zu nahe kommen. Allein die Priester haben Zugang zur Heiligkeitssphäre, und auch sie nur bei sorgfältiger Beachtung von Zugangs-Riten. Es ist gefährlich, wenn Göttliches und Menschliches, Himmel und Erde sich berühren. Das geschieht allein im *Heiligtum*; und auch hier nur durch Vermittlung der „heiligen Männer", die in Opfer und Gebet eine ungefährliche Verbindung zwischen Göttlichem und Menschlichem gewährleisten können.[11]

Die Aufmerksamkeit und Ehrfurcht fordernde Heiligkeit Seines Namens darf nicht durch Menschen entheiligt werden, die Ihm und Seinem Namen zu nahe treten. Auch in einer dezidiert nicht-kultischen Religion wie dem Islam steht das außer Frage. Was Menschen heilig ist, das möchten sie auch von denen gewürdigt, jedenfalls nicht missachtet sehen, die ihren Glauben nicht teilen. Das führt mitunter dazu, dass sie diese Achtung zu erzwingen versuchen und die Missachtung des Heiligen – die Blasphemie – mit äußerster Konsequenz bestraft sehen wollen.[12] Die religiösen Leidenschaften entzünden sich, wenn sich religiöse Menschen in ihrer Aufmerksamkeit und Ehrfurcht für das Heilige – den Heiligen – durch demonstrative Distanzierung, Ironisierung oder gar durch Gesten der Missachtung herausgefordert fühlen. „Heiliger Zorn" ergreift sie und treibt sie mitunter zu ganz und gar unheiliger Gewalt, um dem Heiligen die Achtung zu verschaffen, die ihm hier nicht „freiwillig" entgegengebracht wird. Die Gefährlichkeit des Umgangs mit dem Heiligen, die in der Religionsgeschichte so eine große und tief zwiespältige Rolle spielt, schlägt sich noch in der Gefährlichkeit derer nieder, die dem Heiligen bei seinen „Verächtern" die ihm gebührende Ehrerbietung erzwingen wollen. Sie verstehen sich als die in besonderer Auserwählung Gott Zugehörenden – von Ihm in eine besondere Nähe Gerufenen und Geheiligten –, die deshalb berufen und verpflichtet sind, in Seinem Namen zu handeln: Seine Heiligkeit in der Welt mit aller Entschiedenheit zu verteidigen und zur Geltung zu bringen.

Die priesterliche Sorgfalt für die „Reinheit" der Heiligkeits-Sphäre, die sich im Heiligtum konzentriert, der „heilige Eifer" dafür, dass der Name des Heiligen in der Welt geehrt werde: Diese beiden Heiligungsdimensionen spielen auch in der Frömmigkeit Israels je ihre Rolle. Bemerkenswert ist, dass sich in den Zeiten ohne Heiligtum – sie dauert nach der Zerstörung des zweiten Tempels durch die Römer ja schon fast 2000 Jahre an – das religiöse „Schwergewicht" bei der Heiligung Seines Namens so eindeutig auf die ethische Heiligkeit konzentrieren konnte. Die Zugehörigkeit zum Heiligen zeigt und erweist sich im Tun der Thora, in der Mitverantwortung dafür, dass Gottes guter Wille in der Welt geschieht und die Welt so sein kann, wie Gott sie gewollt hat. Heiligung Seines Namens geschieht in der Heiligung der Welt durch die von Ihm Geheiligten, in der Heiligung der Personwürde der von Ihm als Menschen ins Dasein Gerufenen. Die Thora-Gehorsamen bezeugen Seinen guten Willen und geben Ihm in der Welt eine konkrete Realität. In Seinem Namen handeln heißt dann nicht, in Seinem Namen Machtansprüche geltend machen, sondern zeigen, wie sich die Welt zu ihrem Heil verändern kann, wenn Sein Name geheiligt wird: wenn die Menschen in der Welt so leben, wie es dem guten Willen des „Herrn" dieser Welt entspricht; wenn sie Ihm die Ehre geben, dem diese Welt doch ursprünglich und tatsächlich gehört.

Er heiligt Seinen Namen

Sein Name wird geheiligt in Seinem Heiligtum, in dem Er wohnt und so das Volk heiligt, das Ihn in seiner Mitte wohnen lässt. Das erwählte Volk gibt Ihm Raum und Realität in dieser Welt, wenn es Ihn durch sorgfältige Aufmerksamkeit für die Thora und durch das Tun des darin Gebotenen als Herrn dieser Welt anerkennt. Aber hat es JHWH nicht längst aus seinem „angestammten" Wohnort vertrieben, da es Ihn in der Welt nicht mehr vorkommen lässt: Seinem Heiligen Namen und Willen die Aufmerksamkeit verweigert? Nicht nur die große Tempelrede des Jeremiabuches imaginiert diesen vertriebenen Gott, Dessen Heiligtum schon entheiligt war, ehe es von den Feinden zerstört wurde. Noch einmal radikalisiert und auf den ganzen Kosmos bezogen begegnet das Bild in der jüdischen Apokalyptik. Hier ist es die göttliche Weisheit, die von Gott ausging, „um unter den Menschen zu wohnen". Aber „sie fand keine Wohnung." So kehrt sie – von niemandem aufgenommen – „an ihren Ort zurück.". In der Welt bricht sich die Ungerechtigkeit Bahn, „sie kam hervor aus ihren Kammern". Sie ist es nun, die die Welt bewohnt (vgl. 1 Hen 42,2f.). Die göttliche Weisheit bleibt unerkannt, sie wird nicht hereingebeten ins Leben, in die Welt. Gott selbst ist in ihr ortlos und wohnungslos geworden; und die Welt ist heillos, entheiligt.

An dieses Motiv knüpft der Prolog des Johannesevangeliums an. Es ist geradezu Gottes Sehnsucht, durch Seinen Logos, der hier die Stelle der apokalyptischen Weisheit einnimmt, in der Welt zu wohnen. Der Logos – Gottes Liebeswort – ging von Gott aus; er „ist Fleisch geworden und hat unter uns gezeltet, und wir haben seine Herrlichkeit gesehen, die Herrlichkeit des einzigen Sohnes vom Vater, voll Gnade und Wahrheit" (Joh 1,14), voll Herrlichkeit und Heiligkeit (die beiden Worte können einander im Johannesevangelium vertreten). In Jesus von Nazaret, dem Christus, wohnt dieser Logos in der Welt; der Christus *ist* die Wirklichkeit des Logos in der Welt; er, „den der Vater geheiligt und in die Welt gesandt hat", der die Werke des Vaters vollbringt, der Sohn (Joh 10,36f.). Aber man „lästert", man bestreitet ihm die Heiligkeit. „Er kam in sein Eigentum, aber die Seinen nahmen ihn nicht auf" (Joh 1,11).[13]

Gott, der Vater, beginnt von sich aus das Werk der Heiligung der Welt, indem er Seinen heiligenden Logos in der Welt wohnen lässt: das wahre Licht, das jeden Menschen erleuchtet" (Joh 1,9). Wie JHWH Abraham mit Seiner Verheißung heimgesucht hat, so sucht Er Israel nun mit dem ewigen Wort Seiner Liebe heim. Aber die Menschen, denen dieser Logos gilt, geben ihm nicht Raum; sie scheuen dieses Licht. Sie heiligen den Heiligen nicht. Den Fleisch gewordenen Logos drängen sie aus der Welt hinaus ans Kreuz. So machen sie seiner Welt-Wirklichkeit ein Ende. Die „Lästerung" scheint Recht zu behalten. Wie könnte ein Gekreuzigter das Dasein Gottes in der Welt sein – die endgültige Heiligung seines Namens in der Welt und für die Welt? Genau dies aber behauptet das Johannesevangelium. Der in seiner Seele erschütterte Sohn, der „seine Stunde" gekommen weiß, fasst seine ganze Erschütterung in die Bitte: „Vater, verherrliche deinen Namen!" Das ist es, was jetzt in der Welt auf dem Spiel steht: die Heiligung Seines Namens. Und die Antwort „vom Himmel"? „Ich habe ihn schon verherrlicht und ich werde ihn wieder verherrlichen" (Joh 12,28).

Das Kreuz ist die Heiligung Seines Namens. Vom Kreuz her geschieht die Heiligung der Welt, fließt jenes Blut und Wasser in die Welt (vgl. Joh 19,34), die von alters her Zeichen und kultische „Medien" der Heiligung sind. Dass Gott selbst Seinen Namen gerade am Kreuz Seines Messias heiligt und von hier die Heiligung der Welt ausgehen lässt, wird im Neuen Testament vielfach meditiert und in kultisch geprägten Bildern zur Sprache gebracht: Jesus identifiziert sich – nach dem Zeugnis der falschen Zeugen, die doch das Richtige sagen – mit dem zerstörten Tempel. Aber er wird „nach drei Tagen" wieder aufgebaut zum ewigen, endzeitlichen Heiligtum (vgl. Mt 26,61; 27,40). Hier ist – für die Augen des Glaubens offenkundig – „einer, der größer ist als der Tempel" (Mt 12,6); einer, der die Heiligung durch Opfer aufhebt zugunsten der Heiligung durch Barmherzigkeit (Mt 12,7). Für Paulus schließlich (und chronologisch zuerst) tritt das Kreuz an die Stelle der Bundeslade bzw. ihres Deckels, der *Kapporet*, des Thronschemels des göttlichen Gnadenthrons im Tempel: Hier, am Kreuz, thront Gott in Seiner Herrlichkeit; hier können die Völker Ihm nahe kommen, um Heiligung zu erlangen (vgl. Röm 3,21–26). Hier am Kreuz geschieht Seine Präsenz, ist Sein Name geheiligt, wird Er geheiligt, wo Menschen sich Seiner Präsenz stellen: Seinem Dasein in der Abwesenheit aller Menschenmacht und Menschenehre – damit die Menschen einen Ort finden für die Sehnsucht der Entehrten und Machtlosen.

Sein Dasein ist dieser Ort. Hier ist Er Leben und Freiheit stiftend gegenwärtig: den geknechteten Menschen zugute. Nicht als das versengende Feuer einer Menschen-zerstörenden göttlichen Macht-Aura, sondern im brennenden, aber nicht verbrennenden Dornbusch am Ursprung der Herausführung aus Ägypten, wo Sein Name zum ersten Mal die Befreiung

hervor-ruft (vgl. Ex 3,1–15); am Kreuz, der Gottesgegenwart
zugunsten aller Leidenden und Sterbenden unter dem Dornen-
kranz,[14] am Ursprung der endzeitlichen Befreiung aus dem
Verhängnis der Sünden- und Todesherrschaft. Hier ist „heiliger Boden" (Ex 3,5), Boden des Heiligtums, das Er selbst ist,
in dem Er Seinen Namen selbst heiligt – Stand, Gegenwart,
rettende Gemeinschaft gewährend.

Heiligung durch Opfer?

Die Heiligung des Namens durch Opfer: ein Gegenmodell. Ist
es tatsächlich ein Gegenmodell? Das Opfer sollte den Ort
bereiten, über dem Sein Name ausgerufen ist. Die Geschichte
von Abrahams Heimsuchung unter den Eichen von Mamre
zeigt einen oft übersehenen Aspekt dieses urreligiösen Verhal-
tensmusters: Hier wird das Göttliche zu Tisch geladen, mit
Hingabe und „Gastfreundschaft". Die mit so viel Aufwand
betriebene Gastfreundschaft steht für die Bereitschaft, das
Göttliche in das eigene Leben und die eigene Geschichte – die
Geschichte des Volkes – wirklich aufzunehmen, sich so von
ihm *heiligen* zu lassen. In der christlichen Eucharistie findet
dieses Motiv seinen vielleicht wirkmächtigsten Ausdruck.
Und hier wird auch unzweideutig dargestellt, dass Gott selbst
der Einladende ist, Der das Opfer bringt und darum bittet,
dass *wir* nicht vorübergehen.

Die Rollen haben sich endgültig verkehrt: Nicht die Menschen bereiten das Heiligtum, damit Gott darin Wohnung nehmen kann – Gott selbst bereitet Sein Heiligtum, den Tempel,
den Ort, an dem Er in unserer Welt gegenwärtig sein will: das
leibhafte Dasein in Seinem Sohn und Messias Jesus Christus.
Nicht die Menschen bringen das Opfer und laden Gott zu
Tisch, damit Er bei ihnen einkehre – Gott selbst bringt das
Opfer, damit Er den Menschen nahe kommen kann. Er bittet
die Menschen in Seine Gegenwart, bittet darum, aufgenommen
zu werden, bittet die Menschen, sich heiligen zu lassen. So hei-

ligt Er Seinen Namen. Nicht die Menschen übergeben sich mit ihrem Opfer, das ihre Selbsthingabe symbolisieren soll, in die Hand Gottes, damit Er ihnen das gute Leben mit all seinen Gütern gewähre – Gott gibt sich in Seinem Messias in die Hände der Menschen, damit sie Ihm in der Welt „Lebensraum" geben, damit Seine Herrschaft die Welt heilige, damit die Welt gut und schön (tov) werde, so wie Er sie von Anfang an gewollt hat.

„Heilige Deinen Namen!"

Die Vaterunser-Bitte setzt die Erfahrung Israels voraus, dass die Heiligung Seines Namens von Gott selbst ausgehen muss. Israel hat – so die Botschaft Ezechiels – JHWHs heiligen Namen bei den Völkern entheiligt, da es nicht bezeugte, was dieser Name für das erwählte Volk bedeutet. JHWH wird ihn nun selbst heiligen. „Und die Völker werden erkennen, dass ich JHWH bin – Spruch JHWHs, des Herrn –, wenn ich mich an euch vor ihren Augen als heilig erweise" (Ez 36,23).[15] Die Völker werden es sehen: „Ich hole euch heraus aus den Völkern, ich sammle euch aus allen Ländern und bringe euch in euer Land" (Vers 24). Und hier, an ihrer alten Wohnstatt, werden die aus dem Exil Zurückgekehrten von Seinem heiligen Geist geheiligt. Er wird ihnen eine innere, lebendige Herz-Mitte geben, so dass sie von Seiner Heiligkeit ergriffen werden (vgl. Verse 25–29).

Die Menschen können JHWHs Namen nicht von sich aus „groß machen"; sie können Ihm nicht das Heiligtum bereiten, in dem Er wohnt. Er muss sie selbst mit Seiner heiligenden Gegenwart beschenken; Er bereitet sich den Ort in der Welt, von dem die Heiligung ausgeht, so dass selbst die Völker es sehen. Das geschieht nun in Jesus Christus – so die vielfach und in unterschiedlichen „Theologien" ausgesprochene, auch an Ezechiels Verkündigung des erneuerten Bundes anknüpfende Botschaft des Neuen Testaments. Der Ort, von dem die

Heiligung jetzt ausgeht, ist kein prächtiger und machtvoller Tempel, sondern die Mensch gewordene Bitte, *den* aufzunehmen, den JHWH in die Welt sandte, und mit ihm *den* in der Welt da sein zu lassen, Der ihn gesandt hat. Diese Bitte bleibt so oft unerhört. Der Tod Seiner Mensch gewordenen Bitte am Kreuz manifestiert ihre „Unerhörtheit". Er offenbart aber auch Seine Entschlossenheit, sich nicht abweisen zu lassen, selbst wenn die Zurückweisung bis zum Letzten zu gehen scheint. Er offenbart – da der Vater dieses Kreuz zum Versöhnungszeichen, zur neuen *Kapporet*, umdefiniert – dessen Entschlossenheit, die Menschen mit Seiner Bitte um Versöhnung doch noch zu erreichen, sie in der Friedhofsruhe ihrer Selbstverlorenheit nicht sich selbst zu überlassen.[16]

Gott hat die Menschen am Kreuz Jesu Christi und über das Kreuz hinaus „mit sich versöhnt". So hat Er denen, die diese Botschaft vom Kreuz verkündigen und leben, den Dienst der Versöhnung aufgetragen. An Christi Stelle sind sie gesandt, von der Versöhnung Zeugnis zu geben. Gott selbst ist es, der durch sie – wie zuvor durch Jesus Christus, den Gekreuzigten – mahnt, ermutigt[17] und bittet: „Lasst euch mit Gott versöhnen!" (vgl. 2 Kor 5,18–20). So gibt die Vaterunser-Bitte um die Heiligung Seines Namens den Blick frei auf *Gottes* Bitte: Lasst euch versöhnen und heiligen! Lasst euch zu meiner Gegenwart in der Welt machen, zum Tempel, in dem ich wohne und durch den ich die Welt heilige!

Gottes ermutigende Bitte, sich heiligen und versöhnen zu lassen,[18] bringt die Menschen von Neuem dazu, Ihn zu bitten, Er möge ihnen die Kraft und die Aufmerksamkeit geben, Seine Bitte in der rechten Weise zu hören und auf sie einzugehen: Seine Heiligung möge sie zuinnerst ergreifen und verwandeln, damit Er in ihnen wohnen kann, damit sie zu Seinem heiligen Tempel werden. Es ist die Bitte um *Gottes Geist*, der den Tempel heiligt und zur leibhaften Gegenwart Gottes in der Welt macht, der in diesem Tempel wohnt und von ihm aus in die Welt hineinwirkt.[19] Die Bitte um den heiligen Geist blickt auf die Machtlosigkeit der Heiligung: Noch ergreift und verwandelt sie uns nicht machtvoll genug; kaum sind wir schon das „Einfallstor" der Heiligung in die Welt hinein, die Wohnung Gottes in ihr, von der Heiligung ausginge. Und die Welt ist noch nicht erfahrbar ergriffen von der Heiligung, die sie zu Gottes Herrschaft macht. Als Bitte um den heiligen Geist gilt die Heiligungsbitte definitiv nicht mehr dem Tempel – dem „heiligen", ausgegrenzten Bezirk –, sondern der Welt: Heilige Deinen Namen! Ergreife uns und die Welt, die sich Dir so folgenreich entzieht, machtvoller mit Deinem heiligen Geist, so dass sie nicht länger herausfällt aus der Heiligung Deines Namens; dass sie – so wie sie ist – nicht länger Deinen guten, heiligen Namen zweifelhaft macht!

Wie der Zweifel ins Beten eindringt – wie ihm vielleicht standzuhalten ist

Von Gott geht die Heiligung Seines Namens aus. Aber Er lässt Sich bitten, damit es endlich dazu kommt: dass die Glaubenden sich heiligen lassen und zu „Instrumenten" Seiner Heiligung werden. Ja, darum geht es in dieser Vaterunser-Bitte eben *auch*; und damit steht sie in der Tradition Israels: „dass wir nämlich in der Anrufung Gottes unsere ganze Existenz, unser gesamtes Leben so sammeln, dass wir mit unserer Identität für die Heiligkeit dieses Namens einstehen",[20] uns von Ihm zum Instrument der Heiligung Seines Namens machen lassen. Das heißt dann eben doch, das eigene Leben im Gehorsam gegen Seinen heiligen Willen dem Geschehen der Heiligung zur Verfügung zu stellen und nicht den eigenen Namen „heiligen" oder bewahren zu wollen.[21] Sein Name wird auch darin geheiligt, dass dieses Indienstgenommensein bezeugt wird – wenn es sein muss, gegen die Übermacht derer, die im eigenen Namen herrschen und Unheil verbreiten. Dass Gott es so entschieden auf die Menschen, auf ihr Beten und ihr Zeugnis ankommen lässt, ist kaum zu glauben. Sollte es tatsächlich auf sie – zumindest auf ihr Bitten um den heiligen Geist, aber doch auch auf ihre Bereitschaft zum Zeugnis – ankommen, dass Gott in der Welt da ist; darauf, dass sie Seinen Namen heiligen und sich von Seinem heiligen Geist heiligen lassen? Warum lässt Gott es darauf ankommen, dass Seine Weltgegenwart in denen scheitert, die Seinen Namen nicht durch ihr Leben heiligen? Warum lässt „Gott […] sich aus der Welt herausdrängen ans Kreuz"? Sollte Er so „ohnmächtig und schwach in der Welt" sein und nur so bei uns sein und uns helfen wollen?[22] Wenn Menschen solche Macht über Gott haben, was hat es da noch zu bedeuten, dass Er ihnen in all Seiner Ohnmacht *hilft*? Die Vermutung, der Verdacht liegt nahe, dass es wirklich nur noch auf die Menschen ankommt, dass sie sich auf Seine Hilfe nicht mehr verlassen können, weil Er überhaupt kein Dasein mehr hat – und es nie hatte.

In die Christentumsgeschichte der Neuzeit ist dieser Verdacht unauflöslich eingewoben; man kann ihm kaum entrinnen: Gottes Ohnmacht dokumentiert Seine Nicht-Existenz; und die Theologien der Ohnmacht Gottes drücken sich doch nur vor dieser letzten Konsequenz. Diesem Verdacht ist nur die Glaubens-Einsicht gewachsen: Gottes Ohnmacht ist die Kehrseite Seines leidenschaftlichen Hoffens auf die Menschen,[23] sie möchten auf *Seine* Bitte hören und auf sie eingehen, damit in dieser Welt und über sie hinaus Sein Name geheiligt werde; sie ist die Kehrseite Seiner Würdigung, in der Er es – auch für sich selbst – auf die Menschen ankommen lässt. Seine Bitten sind die Gebote Seiner Thora, die Er den Menschen anvertraut: als Sein Auftrag und als Seine Verheißung. Die Glaubenden dürfen sich ihrerseits Ihm anvertrauen, dem Auftraggeber, Dem, Der an den Auftrag Seine Verheißung knüpft, Er werde ihre Mitwirkung an der Heiligung Seines Namens nicht ins Leere gehen lassen. Sie heiligen Seinen Namen durch ihr Mitwirken wie durch ihr Zutrauen: als „Mandatare" Gottes, die sich gegenseitig in dieser Würde anerkennen, wie als endliche Menschen, die all ihr Beginnen dem göttlichen Vollender anheimgeben dürfen.[24]

Das ist die Glaubensperspektive, die sich freilich kaum dagegen abschotten kann, dass der Zweifel in sie „einsickert". Glaubende Menschen werden den Verdacht kaum noch los. Aber wenn sie ihn wenigstens mit ihrer Hoffnung zusammenhalten können, werden sie vielleicht mit ihm leben können. Die Heiligungsbitte hält sich an den in dieser Welt so ohnmächtigen Gott und setzt ihre Hoffnung noch einmal in Ihn: Er möge den Glaubenden und nach dem Glauben Suchenden durch Seinen heiligen Geist doch immer wieder neu Grund zu der Hoffnung geben, dass in dieser Welt die Heiligung Seines Namens im Gang ist und dass sie gerade durch mich und meinen Thora-Gehorsam, durch den Bruder und die Schwester in ihrer Hoffnung, durch die Gemeinschaft der Glaubenden und Ihm sich Anvertrauenden in Gang kommen kann.

Anmerkungen

[1] Martin Luther, Der große Katechismus, in: Luthers Werke in Auswahl, hg. von O. Clemen, Bd. 4, Berlin [6]1967, 1–99, hier 66.

[2] Dass der eigene Name in den Nachkommen weiterleben möge, das ist durchaus auch eine in der Bibel bezeugte Hoffnung; vgl. etwa Gen 48,16 und Ps 72,17, wo der über die Zeiten hinweg genannte Name mit dem Segen in Verbindung gebracht wird, der von dem hier rühmend Genannten ausgeht.

[3] Vgl. Joseph Ratzinger – Benedikt XVI., Jesus von Nazareth, 176.

[4] Vgl. die Bezugnahme und Ausdeutung dieser Geschichte in der ersten Meditation.

[5] Vgl. Martin Keller, Untersuchungen zur deuteronomistisch-deuteronomischen Namenstheologie, Weinheim 1996. Das Gegenbild zu dieser anrufbaren Präsenz JHWHs im Heiligtum imaginiert 2 Kön 23,27: Jerusalem, die zum Wohnort Seines Namens erwählte Stadt, wird verworfen, da Sein Name an Seinem Wohnort nicht in Ehren gehalten wird.

[6] In der Tempelrede Jer 7,1–15 ist die Vorstellung vom Auszug JHWHs aus Seinem Tempel – aus dem „Haus, über dem mein Name ausgerufen ist und auf das ihr euch verlasst" (V. 14) – dramatisch ausgestaltet. Anlass dieses Auszugs ist nach Jeremia aber nicht zuerst mangelnde kultische Sorgfalt, sondern die Ungerechtigkeit im Volk und die Unterdrückung der Notleidenden und der Fremden. Darin zeigt sich die Missachtung Gottes, der in den Notleidenden und durch Gerechtigkeit geachtet und geehrt sein will (vgl. V. 5).

[7] Vgl. das Buch von Georg Franck, Ökonomie der Aufmerksamkeit, Taschenbuchausgabe München 2007.

[8] Vgl. Albert Görres, Glauben – wie geht das?, in: W. Jens (Hg.), Warum ich Christ bin, Taschenbuchausgabe München 1982, 185–206, hier 185.

[9] Ebd.

[10] Diesem Gedanken ist von *Immanuel Kant* eine wirkungsgeschichtlich bedeutsame Prägnanz verliehen worden; vgl. seine „interpersonale Fassung" des kategorischen Imperativs in: Grundlegung der Metaphysik der Sitten, Kants Werke. Akademie Textausgabe, Berlin 1968, Bd. IV, 385–464, hier 428f. Man kann für die westlichen Anthropologien und Verfassungstraditionen geradezu von einer Sakralisierung der Personwürde sprechen; zum Hintergrund vgl. Hans Joas, Die Politik der Würde und die Sakralität der Person, in: ders., Braucht der Mensch Religion? Über Erfahrungen der Selbsttranszendenz, Freiburg – Basel – Wien 2004, 130–142.

[11] Einen lebendigen Eindruck von dieser kultischen Heiligkeits-Logik vermittelt Lev 16. Die beiden Söhne Aarons waren umgekommen, „als sie vor den Herrn hintraten" (Vers 1). Das Angesicht des Herrn sehen bedeutet ja sterben, es sei denn, das Hintreten vor den Herrn (hinter den Vorhang) ist kultisch genau geregelt, so geregelt, wie es Adonaj selbst angeordnet hat. So wird in Lev 16 nach diesem dramatischen „Kultfehler", der die Söhne Aarons umgebracht hat, die Einsetzung des Sühne-Rituals für den Großen Versöhnungstag berichtet, in dem der Hohepriester für das Volk vor Adonaj treten und das *Allerheiligste* betreten darf. Fromme Juden betreten bis zum heutigen Tag nicht den Tempelberg, weil man ja nicht wissen kann, wo das Allerheiligste des Tempels genau gelegen hat. Man könnte es beim Gang auf den Tempelberg mit Füßen treten und so *entheiligen.*

[12] Die im Sommer 2007 wieder aufgelebte Diskussion um die Fatwa gegen *Salman Rushdie* wegen der ihm unterstellten Entheiligung des Korans und des Propheten Muhammad bietet dafür nur ein leider immer noch aktuelles Beispiel.

[13] Vergleichbar die vergebliche Herbergssuche in der „Weihnachtsgeschichte" bei Lukas (2,7).

[14] Wenn man die angedeuteten Bezugnahmen der Passionsgeschichte auf ganz unterschiedliche alttestamentliche Traditionslinien in Rechnung stellt, wird auch der Bezug der Dornenkrone auf den brennenden Dornbusch nicht mehr zu weit hergeholt erscheinen.

[15] *Norbert Lohfink* sieht im Ezechiel-Buch und speziell in der Schlüsselstelle Ez 36,19–28 den alttestamentlichen Hintergrund, vor dem die Heiligungsbitte kanonisch-intertextuell gelesen und gebetet werden müsste; vgl. seinen wichtigen Aufsatz: Das Vaterunser, intertextuell gebetet, in:

Th. Klosterkamp – ders. (Hg.), Wohin du auch gehst. Festschrift für Franz-Josef Stendebach OMI, Stuttgart 2005, 73–97. Ich danke *Erich Zenger* für den Hinweis auf diesen Aufsatz.

[16] Die Mystikerin *Gertrud von Helfta* hat diese Entschlossenheit eindrucksvoll ins Gebet gebracht:

„... weder Beschämung noch Verachtung
kann Dich dahin bringen, Dich abzuwenden;
Du bist unermüdlich,
uns zu jenen Freuden zu ziehen,
die kein Auge gesehen,
die kein Ohr gehört hat
und die noch nie
in eines Menschen Herz gekommen ist"
(zitiert nach: Michael Schlagheck u. a. (Hg.), Zerreiß doch die Wolken. Ein Akademiebrevier, Freiburg – Basel – Wien 2007, 138).

[17] Das griechische παραχαλέω heißt ebenso ermutigen wie bedrängen (mahnen). Das kommt in den geläufigen Übersetzungen kaum zu Ausdruck.

[18] Das Motiv des bittenden Christus und des die Menschen in ihm bittenden Gottes hat *Eberhard Jüngel* nachdrücklich ausgearbeitet; vgl. Die Autorität des bittenden Christus, in: ders., Unterwegs zur Sache, München 1972, 179–188.

[19] Vgl. 1 Kor 3,16–17: Wisst ihr nicht, dass ihr Tempel Gottes seid und der Geist Gottes in euch wohnt? [...] Gottes Tempel ist heilig, und der seid ihr."

[20] Richard Schaeffler, Adiutorium nostrum in nomine Domini, a. a. O., 39.

[21] In der Verfolgungsgeschichte, der die Juden ausgesetzt waren und immer noch sind, konnte bzw. musste die Heiligung Seines Namen gerade auch im Blick auf das Martyrium wahrgenommen und als solche erlitten werden; vgl. Richard Schaeffler, ebd. sowie die Hinweise bei Gert Otto, Vater unser. Eine Auslegung für Menschen unserer Zeit, Mainz 1986, 30–36.

[22] Dietrich Bonhoeffer, Widerstand und Ergebung, Taschenbuchausgabe Hamburg [4]1967, 178 (Eintragung vom 16.7.1944).

[23] Vgl. Charles Péguy, Das Mysterium der Hoffnung, Wien – München 1952, 106f.:

„Er ist zuvorgekommen, er hat begonnen:
Gott hat auf uns gehofft –
soll es denn heißen, wir hofften jedoch nicht auf ihn?"

Vgl. Thomas Pröpper, Evangelium und freie Vernunft. Konturen einer theologischen Hermeneutik, Freiburg – Basel – Wien 2001, 321.

[24] Das deutsche Wort Gebot ist – wie *Richard Schaeffler* im Anschluss an Kant vermerkt – die Übersetzung des lateinischen *Mandatum*. Weil die Thora als Gottes Mandatum – so Schaeffler weiter – „das Vertrauen des Auftraggebers zum Ausdruck bringt, der uns diese Aufträge anvertraut (commendat), dürfen wir uns ihm hoffend anvertrauen. Es ist nie vergeblich, sich dem göttlichen Vertrauen anzuvertrauen. In diesem menschlichen Vertrauen auf das Vertrauen des göttlichen Auftraggebers dürfen wir gewiss sein, dass keine Tat, durch die wir diesen Auftrag zu erfüllen versuchen, vergeblich getan ist" (ders., Auf welche Weise denkt der Glaube? Von der eigenen Rationalität des Glaubens und vom kritisch-hermeneutischen Dienst der Philosophie und der Theologie, in: Theologie und Glaube 99 [2009], 2–26, hier 14).

III. Dein Reich komme
(Dan 2,31–45; 7,1–28; Lk 6,20–23)

> *„Heil euch, ihr Armen, denn euch gehört das Reich Gottes.*
> *Heil euch, die ihr jetzt hungert; ihr werdet satt werden.*
> *Heil euch, die ihr jetzt weint; ihr werdet lachen.*
> *Im Heil seid ihr, wenn euch die Menschen hassen*
> *und aus ihrer Gemeinschaft ausschließen,*
> *wenn sie euch beschimpfen und*
> *in Verruf bringen um des Menschensohnes willen"*
> (Lk 6,20b–22).

Menschen-Reiche kommen und gehen

Was soll denn noch kommen! Nichts, wonach man sich sehnen würde und worauf man wirklich neugierig wäre. So viel haben wir schon hinter uns. Haben wir tatsächlich noch etwas vor uns? So redet man in alt gewordenen „Reichen" und Gesellschaften; so reden bis ins Innerste alt gewordene Menschen. Man hat seine Illusionen verloren, sieht nur noch das gleichgültige Kommen und Gehen – und richtet sich *nolens volens* darauf ein, selbst gehen zu müssen. Die Dinge laufen an uns vorbei; wir sind zum Zuschauen verurteilt. Und was man mit ansehen muss, das ist zum Wegschauen.

Die Träume sind vielleicht noch nicht ganz ausgetrieben. Aber die Albträume mehren sich, Träume von hoffnungslosen Anfängen, vom Vergehen der eben noch vorsichtig keimenden Hoffnungen. *Nebukadnezzars* Traum, von dem das Buch Daniel berichtet, ist so ein Albtraum. Der Groß-König, Herr über die ganze bekannte Welt, weiß ihn nicht zu deuten. Bis ins Innerste unruhig sucht er die Ahnung des Unheils zu vertreiben. Vielleicht kann jemand den Traum so deuten, dass er kein Albtraum mehr ist: der Koloss, glanzvoll und furchtbar zugleich, das Haupt aus purem Gold, Brust und Arme aus Silber, Rumpf und Hüften aus Bronze, Beine und Füße zum Teil aus Eisen, zum Teil aus Ton. Wie kann dieser Koloss überhaupt stehen, so kopflastig, auf so schwachen Beinen? Ein Stein, der dahergerollt kommt, genügt, ihn zu Fall zu bringen. Und alles zerfällt, so dass nichts mehr bleibt von all der Pracht und Herrlichkeit. Da soll ein Groß-König nicht in äußerste Unruhe geraten!

Daniel, der Traumdeuter und Prophet, nimmt ihm diese Unruhe nicht. Nebukadnezzars glanzvolles Reich wird weit weniger glanzvolle zu seinen Nachfolgern haben. Schließlich wird ein Stein genügen, um die hohl gewordene Herrschaft der Diadochen zu „pulverisieren". Genauso ergeht es den vier schrecklichen Tieren, die Daniel selbst schaut: Mit „tierischer" Wut können sie ihre Herrschaft über den Erdkreis eine Zeit lang behaupten. Nichts bleibt von ihnen, wenn ihre Zeit da ist und sie gehen müssen. Für die grausamen Tiere und den prachtvollen Großkönig auf schwachen Beinen sind das Albträume. In denen, die den Zähnen und Klauen der Tiere ausgeliefert sind, stärken sie die Hoffnung, dass da noch etwas kommt. Es kommt der Menschensohn, der Messias. Und mit ihm die Herrschaft mit menschlichem Antlitz, ein Reich nach Menschenmaß, das den „bestialischen" Despotien, unter denen die Menschen bis aufs Blut zu leiden haben, für immer ein Ende macht:[1]

> *„Da kam auf den Wolken des Himmels einer wie ein Menschensohn. Er gelangte bis zu dem Uralten und wurde vor ihn geleitet. Ihm wurden Herrschaft, Würde und Königreich gegeben. Alle Völker, Nationen und Sprachen werden ihm dienen. Seine Herrschaft ist eine ewige Herrschaft, die nicht vergeht. Sein Königreich (ist eines), das niemals endet"* (Dan 7,13–14).

Aus diesem Stoff sind die Träume der Unterdrückten und Bedrängten, all derer, die von den bisherigen Reichen rein gar nichts zu erwarten hatten. Es waren keine Reiche, die auf sie groß Rücksicht nahmen. Arme und Machtlose wurden ausgebeutet und verheizt; man ging über sie hinweg, so wie es die Reichs-Räson gerade erforderlich machte. Nichts von Menschenmaß und Menschenwürde. Glänzende und hohle Kolosse, wilde Tiere waren ihre Herrscher, nichts weiter. Dass sie gehen müssen, so wie man sie kommen sah, war die einzige Hoffnung. Aber mit dem Messias, dem Menschensohn, würde es anders sein. Mit ihm würde kommen und anfangen, was nie aufhören sollte anzufangen: das Reich, in dem Menschen wirklich zu Hause sein dürften, nichts mehr entbehren, keine Angst mehr haben müssten vor den wilden Tieren.[2]

Das kommende Reich: Gottes eigene Herrschaft

Das ist die nicht umzubringende Hoffnung darauf, dass wir noch etwas Gutes vor uns haben, dass wir vor uns haben, was unsere tiefste Sehnsucht erfüllen und die bitteren Erfahrungen mit allen anderen Reichen und ihren Herrschern vergessen machen würde. Wer sich diese Hoffnung auf das Kommende – den Messias-Traum – zunutze machen konnte und es verstand, in die Rolle des Menschensohns hineinzuschlüpfen, der hatte mit seiner „Botschaft" leichtes Spiel: Ihr braucht nicht nach einem anderen auszuschauen; ich bin es doch, auf den ihr gewartet habt, dessen Reich ihr so sehnsuchtsvoll herbeigehofft habt. Was soll man angesichts einer Motivgeschichte, die sich bis zur Schreckensherrschaft des „Dritten Reiches" erstreckt, davon halten, dass Jesus von Nazaret um das Kommen des Reiches, Seines Reiches, gebetet hat und zu beten empfahl; dass Er davon sprach, es sei nahe herbeigekommen, ja mitten unter seinen Jüngern schon angekommen? Kann Herrschaft überhaupt etwas Gutes sein?

Die Menschen der Antike, auch des Mittelalters, wussten genau, wozu Herrschaft gut sein kann: Sie kann den Frieden unter den Menschen schützen und sie davor bewahren, zur

Beute des Stärkeren zu werden. Wenn es gut geht, sichert Herrschaft Verhältnisse, in denen man sich auf die elementaren Bedingungen des Überlebens einigermaßen verlassen kann; sie müsste nur selbst einigermaßen *gerecht* sein. Gerechter Herrschaft und gerechten Königen geht es um Verlässlichkeit; auch für die, die sich selbst nicht helfen können. Arme und Elternlose, die verlassenen oder verwitweten Frauen und ganz besonders die Alten sind auf die „guten Hirten" angewiesen, die in der Herde einen Ausgleich schaffen und niemanden verloren gehen lassen.

In dieser Rolle sehen sich die Herrscher des alten Orients. Sie sorgen für ihre „Schafe". Gerade die Not Leidenden können sich auf sie verlassen. Die Verlässlichkeit des Himmels repräsentieren sie mit ihrer königlichen Macht auf der Erde. Aber meist bleibt es bei Hirten-Ideologie und Hirten-Image-Pflege; auch in Israel. Der Prophet *Ezechiel* kündet eine Gottesbotschaft, in der JHWH die Geduld mit solchen Hirten ausgeht. Weil die von Ihm eingesetzten Hirten auf Kosten ihrer Schafe leben, weil sie „nicht nach meiner Herde fragten, sondern nur nach sich selbst und nicht meine Herde weideten", wird Er sich selbst Seiner Herde annehmen, damit sie nicht länger die Beute der schlechten Hirten sei: „Ich setze für sie einen einzigen Hirten ein, der sie auf die Weide führt, meinen Knecht David" (vgl. Ez 34,1–31), den Davidssohn. Die späte Apokalyptik der Zeit zwischen Altem und Neuem Testament sieht ihn zusammen mit dem Menschensohn, den Daniel schaut.

JHWHs Zorn richtet sich auch gegen die „Götter" – seien es die orientalischen Großkönige, seien es tatsächlich die Götter, mit denen sie sich identifizierten und als deren Stellvertreter sie zu handeln beanspruchten. In der dramatischen Szene, die der Psalm 82 im Gebet ausgestaltet, macht JHWH den Göttern den Prozess, weil sie auf der Welt keine Verlässlichkeit zustande brachten; „in Finsternis wandeln sie umher, so geraten alle Grundfesten der Erde ins Wanken" (V. 5). In Wirklichkeit sind sie „Nichtse"; sie haben kein Ohr für die Klage der Unterdrückten und engagieren sich nicht für eine gerechte

Ordnung. So haben sie ihr Anrecht auf Herrschaft verspielt; JHWH wird sie ihnen nehmen und selbst die Leerstelle ausfüllen, die die Untätigkeit der „Götter" aufgerissen hat. Und Sein Volk kann hoffnungsvoll zu Ihm rufen: „Steh auf, Gott, richte, regiere doch du die Erde, ja du, du sollst dein Erbe übernehmen bei allen Völkern" (V. 8).[3]

Wenn Gott selbst durch Seinen Erwählten die Herrschaft übernimmt, wird Sein Volk und wird die ganze Erde *Schalom* erfahren; wird sich auf der Erde ausbreiten, was die Herrscher und „Götter" dieser Welt doch nicht vermögen, weil sie kein Herz für die von ihnen Beherrschten haben: das gute Miteinander, in dem die Schwachen sich auf die Starken verlassen können und alle gerecht miteinander teilen, was ihnen geschenkt ist. Aber der *Schalom*, den der Weltenkönig JHWH durchsetzen wird, hat noch weitere Dimensionen. JHWHs Königsherrschaft erweist sich darin, dass Er die Blinden sehen lässt und die Gefangenen befreit, dass Er alle Gebeugten aufrichtet, Seine Hand öffnet und „alles, was lebt, mit Wohlgefallen" sättigt (vgl. Ps 146,7–9 und 145,14.16).[4] Der Schalom Seiner Königsherrschaft realisiert sich vollends, wo den Armen „Heil" widerfährt, jenes „Heil", das ihnen in der Bergpredigt (bzw. der Feldrede) Jesu von Nazaret zugesprochen wird: den Hungernden, die gesättigt werden; den Weinenden, die Grund zum Lachen haben; den Verfolgten und Ausgeschlossenen, die „im Heil" sein werden; allen Armen, ihnen gehört das Reich Gottes (Lk 6,20b–22). Matthäus nimmt die nach Gerechtigkeit Hungernden und Dürstenden hinzu, die keine Gewalt üben und die Friedensstifter – Söhne und Stellvertreter Gottes sind sie; und die mit dem reinen Herzen und dem reinen Blick – Gott schauen sie (Mt 5,5–9).

Sie alle haben Anteil an Gottes Herrschaft. Hier sind sie nicht mehr auf das wankelmütige Wohlwollen von Herren angewiesen; sie sind hier zuhause, gleichsam selbst die Eigentümer und Mitherrscher. Von welchem Herrschaftssystem in dieser Welt könnte man das schon sagen! Gott selbst hat den Armen diese Herrschaft zu eigen gegeben, in der und von der niemand mehr unterdrückt wird. Jesus Christus ist ihr „Herold" und ihr Sachwalter: Er kündigt an, dass sie im Kommen ist. Mit ihm kommt der königliche „Menschensohn", der sie zum Durchbruch bringt. In ihm sehen die Christen die Daniel-Vision erfüllt; in ihm, der sie zum Gebet um das Kommen der Gottesherrschaft anleitet.

Mit ihm kommt die Gottesherrschaft

Kann man das sagen von einem Gekreuzigten; kann man es anders sagen als im Rückblick auf einen Weg ins Scheitern: König der Juden? – Nein, allenfalls dies: Er hat gesagt, er sei der König der Juden! So läuft der Disput zwischen Pilatus, der den Titel am Kreuzesbalken anbringen ließ, und dem Hohenpriester, der keine Missverständnisse aufkommen lassen will (vgl. Joh 19,19–22). Jesu Königsherrschaft ist „nicht aus dieser Welt" (Joh 18,36), aber sie erscheint in dieser Welt. Das Kreuz zeigt die Herrlichkeit (die kabod; *Martin Buber* übersetzt mit „Machtglanz") seiner Königsherrschaft: die Herrlichkeit des Hirten und Königs, der sein Leben gibt für seine Schafe (Joh 10,11); eine so andere Herrlichkeit als die Großkönigsherrlichkeit des Ramses, der seine Feinde in der Schlacht von Kadesch in Grund und Boden besiegt (oder besiegt haben will). In der Regel sterben die Untertanen – und die Feinde – für den König. So erscheint seine Herrlichkeit. Auf Golgota aber stirbt der König für sein Volk. Der Gekreuzigte ist – so schaut es die Johannes-Tradition – der Christus-König in Seiner Herrlichkeit: „Nicht nur mit Worten, sondern mit Leib und Leben bezeugt dieser König die Wahrheit der göttlichen Liebe und wird so zum Leitbild christlicher Liebespraxis (vgl. 1 Joh 3,16)."[5]
Die synoptischen Evangelien – vor allem das Lukasevangelium – stellen ihren Lesern vor Augen, wie Gottes Herrschaft durch die Verkündigung Jesu und seine Reich-Gottes-Praxis in diese Welt hineinkommt und sie von Grund auf

verwandelt, so dass die Zusage des *Schalom* in den „Heil euch"-Rufen tatsächlich schon anfängt, inmitten der Macht-Wirklichkeiten dieser Welt wahr zu werden. Die Machttaten Jesu mögen uns heute eher befremden. Für diejenigen, denen sie zugute kamen und die von ihnen in der Verkündigung erfuhren, waren sie das Zeugnis einer befreienden Geist-Wirklichkeit, die sich gegen die dem „Satan" hörigen „bösen Geister" durchsetzt und Gottes Königtum mitten in der Lebensfeindlichkeit ihrer Herrschaft zum Vorschein kommen lässt. Die Verkündigung Jesu will den Blick öffnen dafür, dass Gottes Herrschaft tatsächlich schon ankommt, wenn Menschen aus dem Geist der Christusnachfolge „so ... handeln, als sei Gottes neue Welt bereits Realität, als gälten bereits die Regeln der Gottesherrschaft: Feinde werden geliebt und als Söhne und Töchter Gottes behandelt. Brot und Fisch werden geteilt, obwohl es davon viel zu wenig hat. Menschen erhalten den ganzen Tageslohn, obwohl sie nur eine Stunde gearbeitet haben, Aussätzige werden berührt, als wären sie rein und könnten niemanden anstecken ...'"[6]

Um das Kommen des Reiches beten?

Wenn Gottes Herrschaft schon da ist, wo Menschen sie jetzt zu leben wagen; wenn sie „zu euch (oder über euch)" gekommen ist, da der Menschensohn-Messias die Macht des guten Geistes aufbieten kann, Menschen von den bezwingenden Unheils-Geistern zu befreien (vgl. Mt 12,28), warum dann noch den Vater um ihr Kommen bitten? Die Bitte um das Kommen des Gottesreiches (oder des Reiches der Himmel) ist in Israel nicht singulär. Auch nach maßgeblichen Texten des rabbinischen Judentums – verfasst Jahrzehnte nach dem Auftreten Jesu und nach der Zerstörung Jerusalems – wird das Reich Gottes (oder der Himmel) betend im Hier und Jetzt empfangen. „Hier, bei den Betenden hat es seinen Ort."[7] Sie bereiten sich im Gebet, Gottes gutem, rettendem Willen in der Welt Raum zu geben, das „Joch seiner Herrschaft" auf sich zu nehmen.[8] Dieses Joch, das der Menschensohn Jesus seinen Gefährten auf die Schultern legt, ist leicht und drückt die Menschen nicht nieder (Mt 11,28–30), wenn es Gottes Herrschaft gleichsam „herbeizieht". Aber es braucht Mut, Phantasie und Konsequenz, unter dem „sanften" Joch der Gottesherrschaft zu gehen: gegen den Augenschein und gegen die Macht der Verhältnisse den Gottes-Schalom jetzt zu leben und so an ihm Anteil zu haben. Wäre es nicht viel Erfolg versprechender, sich auf die Machtverhältnisse dieser Welt statt auf Gottes neue Welt einzustellen, in der man jetzt schon sollte leben können?

Die Verwandlung unserer Welt beginnt, wo Menschen sie zu leben wagen, wo sie Versöhnung, Menschenfreundlichkeit, Freiheit von falschen Rücksichten, wo sie die Hoffnung über den Machtbereich des Hasses und des Todes hinaus gegen die Verhältnisse zu leben wagen. Das ist unwidersprechlich wahr; wer wüsste es nicht! Aber von woher haben sie so viel Mut, Phantasie und Konsequenz, dass ihnen dieses Joch leicht werden könnte? Sie haben es nach den Schriften des Neuen Testaments aus dem weiten, befreienden Gottes-Atem, dem Heiligen Geist, aus dem Jesus selbst – von allem Anfang an[9] – Gottes Herrschaft lebte; aus der er der Macht der „Aber-Geister" entgegentreten konnte, die die Menschen in Hoffnungs- und Mutlosigkeit gefangen hielten.

Die Taufe durch Johannes bringt ins Bild, wie Jesus aus diesem Geist zum Menschen- und Gottessohn des Übergangs in die Gottesherrschaft wird: Der Gottesgeist kommt in ihn. Und er kann die Berufung übernehmen, Gottes Herrschaft zu leben und offen zu halten; selbst da noch und gerade da, wo ihn seine Berufung ans Kreuz bringt, wo er zum Gegenbild der angemaßten Gottes-Stellvertreter und „gottgleichen" Hirten wird (vgl. Mk 10,44–45). Das Gotteswort, das über die Taufe Jesu gesagt wird – „Das ist mein geliebter Sohn, an dem ich Gefallen gefunden habe" (Mt 3,17 par) –, verbindet das Motiv des leidenden und zugrunde gerichteten Gottesknechts bei Deuterojesaja (Jes 42,1) mit der Ausrufung der

Gottessohnschaft über dem neu gekrönten König Israels (Ps 2,7): Es ist der Gottesgeist, der ihn zum „König" der Gottesherrschaft „salbt". Aber diese Salbung und diese Taufe sind gleichbedeutend mit der Salbung und der Taufe zum Tod am Kreuz (vgl. Lk 12,50; Mk 14,8).

Nachfolge Jesu bedeutet Nachfolge in dieser Taufe; so haben es die Jesusjünger von Anfang an gesehen. Und sie wussten sich der Frage ausgesetzt: „Könnt ihr den Kelch trinken, den ich trinke, und die Taufe auf euch nehmen, mit der ich getauft werde?" (Mk 10,38). Sie können es nur aus seinem, aus Gottes Geist. Er muss ihnen zu Hilfe kommen, wenn sie es wagen, in *dieser* Welt Gottes Herrschaft und ihren Schalom zu leben. Er muss in ihnen lebendig werden, damit sie in den Ausweglosigkeiten und Bedrängnissen dieser Welt ihren Mut und ihren Glauben an Gottes Zukunft und ihre Sehnsucht nach Gottes Herrschaft nicht verlieren.[10]

Gebet um den Geist der Gottesherrschaft

Die Bitte um das Kommen des Reiches wird vereinzelt auch als die Bitte um das Kommen des Heiligen Geistes überliefert: Er möge kommen und die Bittenden „reinigen", sie von den entmutigenden Einflüssen dieser Welt reinigen und taufen mit der Kraft, ihrem Herrn durch den Tod bis in die Auferstehung hinein nachzufolgen. Diese Überlieferungen mögen historisch sekundär sein.[11] Aber sie sprechen mit aus, was es für Jesus-Jünger bedeutet, um das Kommen des Reiches zu bitten. Und sie nehmen die Erfahrung auf, die in der Gebetsunterweisung Jesu nach dem Lukasevangelium festgehalten ist: Denen, die den „Vater im Himmel" bitten – es ist hier unmittelbar nach der Einführung in das Vaterunser nicht gesagt *worum* –, wird Er „den Heiligen Geist [...] geben" (Lk 11,13). Gottes Geist wird die Betenden stärken, in der Nachfolge Jesu Christi Gottes Herrschaft zu leben. Er wird ihnen an seinem Weg zum Vater (vgl. Joh 14,1–10) Anteil geben; er wird ihnen offenbaren, wie sie mit Ihm schon jetzt – im Mitwirken mit Seinem guten Willen – verbunden sind und der Verwandlung dieser Welt in Gottes Herrschaft dienen können. So wird er die Menschen nicht in der Hoffnungslosigkeit hängen lassen, in die sie angesichts der Übermacht der geistlosen Verhältnisse und gegen-göttlichen Mächte immer wieder hineingeraten.

Können Christenmenschen des 21. Jahrhunderts zu dieser Gebetshoffnung und Gebetserfahrung, auf die das Lukasevangelium Bezug nimmt und die auch die Rabbinen in ihrer Weise bezeugen, noch Zugang finden: zu der Erfahrung, der Hoffnung zumindest, dass Gottes Reich bei den Betenden seinen Ort hat, weil sie im Gebet von der göttlichen Macht ergriffen werden, die sie in die Gottesherrschaft hineinführt? Zumindest dies wird man den biblischen und außerbiblischen Zeugnissen „abnehmen" dürfen: Das Gebet um das Kommen Seines Reiches ist jene Lebensform des Glaubens, in der Menschen geistlich um die Reich-Gottes-Hoffnung kämpfen; in der sie darum ringen, dass die Verführungen zur Resignation und zur Komplizenschaft mit den Gewalt-Herrschaften dieser Welt bei ihnen nicht die Oberhand gewinnen.

Ist dieses Gebet dann aber mehr als ein Versuch, sich angesichts der widergöttlich-unmenschlichen Verhältnisse in der Hoffnung auf Gottes neue Welt zu verankern? Bittet es noch um ein Handeln Gottes in der Welt und an den Menschen? Die Vaterunser-Bitte lässt offen, wie geschehen soll, worum sie bittet. Das Tun des Einen ist hier das Tun des Anderen – wie in allen Beziehungswirklichkeiten:[12] Gottes Heiliger Geist steht für die Dynamik, in der das Tun der Einen – der Bittenden – zum Tun des Anderen – Gottes – und dessen Tun zum Tun der Bittenden wird. Menschen bitten um Gottes Geist, um Sein „Entgegenkommen", damit ihnen Gottes Herrschaft wirklich werde. Sie bitten um Gott, damit sie in der Gemeinschaft mit Ihm zum Leben kommen.

Schon ihr Bittenkönnen, die Sehnsucht nach dem, worum sie bitten, muss ihnen geschenkt werden, geschieht jedenfalls nicht ohne den Geist, um den sie bitten. Aber es geschieht eben auch nicht ohne sie. Dass sie bitten und worum sie bitten, kann ihnen nicht geschehen, wenn sie sich nicht ganz von dieser Sehnsucht ergreifen lassen und ihrer Hoffnung auf Gott – dem „Seufzen" des Gottesgeistes in uns (Röm 8,26) – Raum und einen Leib geben, sich von dieser Sehnsucht bestimmen lassen in allen Dimensionen ihres In-der-Welt-Seins. Gottes Entgegenkommen wird den Bittenden in ihrer Bitte wirklich; oft unerklärlicherweise so, dass sie dieses Entgegenkommen zugleich vermissen und es deshalb herbeizubitten, geradezu herbeizuziehen versuchen. Warum zögert Er mit Seinem Kommen? Sind es die Bittenden selbst, die noch nicht „bereit" sind? Die Bittenden wissen es nicht. Sie versuchen, ihr Nichtwissen über den Sinn des Ihnen-Geschehenen betend auf das Tun der Gottesherrschaft hin zu überschreiten. Sie tun, was *sie* jetzt tun können, damit Gottes Herrschaft Wirklichkeit wird – woher sie auch tun können, was sie da tun.

Zwei Reiche?

Es ist eine Bitte auf der Grenze. Mit ihr bitten die Betenden sich hinein in eine Gottes-Wirklichkeit, die ihnen ebenso widerfahren muss, wie sie sich in sie hinein überschreiten müssen. Für beides steht Gottes Heiliger Geist; und die Bitte um ihn, die von sich noch nicht einmal weiß, dass sie Bitte um den Heiligen Geist ist. Es ist nicht die Bitte auf der Grenze zwischen Diesseits und Jenseits, für die sie so oft gehalten wird, sondern die Bitte um Gottes Zukunft auf der äußersten Spitze – in den Zuspitzungen – unserer Gegenwart; um Gottes Zukunft, damit sie hineinkomme in unsere Welt, in die Reiche unseres von Selbstbehauptung und Ausbeutung wie von der Sehnsucht nach Menschengerechtigkeit bestimmten Miteinanders im Kleinen wie im Großen. Gottes Zukunft will und soll hineinkommen in unsere Gegenwart. Sie soll nicht erst *danach* kommen, im „Jenseits" unserer Gottes-Zukunfts-bedürftigen Menschenwelt.

Es ist ein abgründiges Missverständnis des Christlichen und des Betens der Christen, ihr Beten und Glauben als Sich-Hinwegglauben und Sich-Hinwegbeten aus dieser Welt zu deuten. Der Religionskritiker *Burkhard Müller* sieht es mit großer Selbstverständlichkeit genau so: Das Christentum bestehe – so der selbsternannte Christentumsexperte – „im Wesentlichen aus dem Mumm, sein ganzes Leben danach auszurichten, dass nach dem Tod die Ewigkeit kommt. Eigentlich ist es nicht einmal Mumm, sondern die Fähigkeit, die Existenz eines Jenseits als eine so unbestreitbare Realität zu erfahren wie Zahnschmerzen." Das aber schaffe – so Müller weiter – „außer ein paar Klosterbrüdern im Ernst keiner." Und so sei die Zeit des Christentums definitiv vorüber, denn: „Alles andere am Christentum hört, wenn dieses Zentrum vernichtet ist, auf, christlich zu sein und wird etwas völlig Anderes, das sich von seinem Ursprung abwendet." [13]

Wenn aber Jesu Gebet der Ursprung ist? Dann hätte sich das Christentum womöglich schon früh von *diesem* Ursprung „abgewendet", um eine reine Kirchen- *und* Jenseitsreligion zu werden: die Kirche verstanden als der nach außen abgedichtete Wartesaal auf ein heilvolles Jenseits? Viel scheint dafür zu sprechen – und so auch dafür, dass die Zeit des Christentums abgelaufen ist, da die Jenseitshoffnung den langsamen Tod einer jahrhundertelangen Auszehrung zu sterben scheint.

Aber so eindeutig lagen und liegen die Dinge doch nicht. Man könnte sich auf *Augustinus* berufen, der die Christentumsgeschichte nachhaltig und zwiespältig geprägt hat. Hat er nicht von den zwei Reichen gesprochen, der *Civitas terrena et diaboli* (dem Reich Satans, das hier auf Erden mächtig ist) und der *Civitas Dei* (dem Reich Gottes und seiner Seligen)? Er hat aber auch davon gesprochen, dass Gottes Reich in diese Welt hineinreicht und in ihr mächtig werden will. Die Lehre von den zwei Reichen markiert hier kein Nacheinander, sondern ein Ineinander.

Man mag auch diese Lehre noch als Selbststilisierung einer Kirche beargwöhnen, die für sich beanspruche, das Jenseits im Diesseits zu repräsentieren und so etwas wie eine Insel der

Seligen im Meer des Unseligen zu sein. Wie grausam hat sie das Bild der Christus-Nachfolgegemeinschaft im Hier und Jetzt selbst über die Jahrhunderte hinweg in Misskredit gebracht! Durchaus verständlich deshalb, dass man sich wieder der Erde zuwenden und *ihr* treu bleiben wollte, damit diese Erde – das „Erdenreich" – ein Ort freien, starken und lustvollen Lebens werde; dass man das Vaterunser mit seiner Bitte um das Kommen des Himmelreiches als kindisch abtat und das Reich der Erde mannhaft erobern wollte. *Nietzsches Zarathustra* schlug den beißend sarkastischen Ton an – um die Gefährten vor dem Rückfall in religiöse Geborgenheits- und Jenseitsillusionen zurückzuhalten:

> „*Wie doch einem jeden von euch das Herz zappelte vor Lust und Bosheit, darob, dass ihr endlich einmal wieder wurdet wie die Kindlein, nämlich fromm, –*
> *– dass ihr endlich wieder thatet wie Kinder thun, nämlich betetet, hände-faltetet und ‚lieber Gott' sagtet!*
> *Freilich: so ihr nicht werdet wie die Kindlein, so kommt ihr nicht in das Himmelreich … Aber wir wollen auch gar nicht in's Himmelreich: Männer sind wir worden, – so wollen wir das Erdenreich.*"[14]

Das Vaterunser und insbesondere seine Bitte um das Kommen des Reiches erwiesen das Christsein als Kinderkram. Das allein schien vielen in der Nietzsche-Nachfolge zu seiner Diskreditierung hinreichend; und das hat die Theologie nachhaltig aufgerüttelt, sich der Ursprünge neu *für die Gegenwart* zu vergewissern. War die Bitte um das Kommen des Reiches nicht heute ernst zu nehmen als das Sich-Hineinbeten in die Entschlossenheit, das Reich der Freiheit und der Gerechtigkeit in dieser Welt gegen die Mächte der Unterdrückung und Ausbeutung herbeizukämpfen? Vor allem die lateinamerikanische Befreiungstheologie hat die Grenze, auf der die Bitte um das Kommen des Reiches ursprünglich gebetet wurde, im Heute zu markieren versucht: Im Kampf gegen Ausbeutung und für

Gerechtigkeit kommt Gottes Herrschaft in dieser Welt an. Die Freiheit und die Güte, nach der die Glaubenden sich sehnen und die sie fördern wollen, eröffnet indes einen Horizont, der weit über die Kämpfe in der Menschengeschichte hinausreicht; der ihren Blick – ihre gläubige Hoffnung – weitet auf eine Vollendung hin, in der schließlich auch noch die Herrschaft des Todes überwunden sein wird.

Das Gebet auf der Grenze

Die Grenze, zu der die Bitte um das Kommen des Reiches führt, zieht sich mitten durch das Menschenleben und die Menschengeschichte. Das hat schon Augustinus ausgesprochen – auch dies ebenso wegweisend wie zwiespältig. Die beiden Reiche sind nicht gleichsam territorial voneinander abgegrenzt, sondern nach Augustins *De Civitate Dei* durch gegensätzliche Prinzipien bestimmt: Gottes Reich durch die *Gottesliebe*, in der sich die Menschen demütig vor dem absolut Guten neigen, das Gott ist – das Reich der Erde und des Teufels durch die *Selbstliebe*, in der sie hochmütig sich selbst zum Gott der Anderen und der Schöpfung machen.[15] Aber ist die Grenze, auf der das Gebet die Menschen halten will, ist der Grenz-Übergang, den es öffnen will, damit im Sinne des Vor-Beters Jesus Christus wie im Blick auf die Gebetserfahrung unserer Zeitgenossen genau genug und unmissverständlich markiert?

Für Augustinus und lange Jahrhunderte der Christentumsgeschichte war einigermaßen klar, dass es so ist: Bürger der Civitas Dei sind die Menschen hier auf der Erde, insoweit sie sich – im Gebrauch der Gnade bzw. durch das Wirkenlassen des Heiligen Geistes – von der hochmütigen Natur-befangenen Selbstliebe befreien und zu selbstloser Gottesliebe gelangen. Nach Nietzsche und Freud sind aber auch die Christen zu der demütigenden Selbst-Einsicht gezwungen, dass im Menschen und zwischen den Menschen nichts ohne Selbstliebe, ohne Selbst-Interessiertheit, geschieht. Das war vielleicht allzu lange der Hochmut der Glaubenden: dass ihnen, wenn auch mit Hilfe der Gnade, die selbstlose Gottesliebe möglich sei. Hat sich nicht gerade hier – in der Gottesliebe, die sich auf die ewige Gottesgemeinschaft Hoffnungen macht – die Selbstliebe am meisten eingenistet? Man liebt sich selbst so sehr, dass man an den glaubt, der der Selbstliebe über den Tod hinaus Erfüllung geben könnte. Und der Verdacht richtete sich schließlich auch auf die „selbstlose" Nächstenliebe, auf die Liebe überhaupt: Ist nicht auch sie letztlich angetrieben von einer animalischen Selbst-„Liebe", über die der Mensch sich gar nicht erheben könne, da er ein Lebewesen ist – und nichts als ein Lebewesen, das von den Zwängen des Lebens und Überlebens bestimmt bleibt?[16]

Ihre Nachblüte erlebt die Zwei-Reiche-Lehre ausgerechnet im Marxismus, eigentlich nur beim frühen *Karl Marx* selbst: Die Menschheit darf sich Hoffnungen machen auf den Sprung aus dem Reich der Notwendigkeit, in dem die Menschen von den Naturbedingungen und naturwüchsiger Vergesellschaftung unterjocht sind, in das Reich der Freiheit, in dem sie ihre Bestimmung finden und sich nach Überwindung des Privateigentums an Produktionsmitteln frei vergemeinschaften werden.[17] Die wahre Natur der Menschen wird zu ihrer Entfaltung kommen; der Streit „zwischen Existenz und Wesen, zwischen Vergegenständlichung und Selbstbestätigung, zwischen Freiheit und Notwendigkeit, zwischen Individuum und Gattung" wird hier aufgelöst werden:[18] nicht mit der Zuflucht bei einem himmlischen Jenseits, sondern durch eine radikale Umwälzung der Verhältnisse in *dieser* Welt. Wenn sie an der Zeit ist, wird sich ihr niemand mehr widersetzen können, wird sie das endzeitliche Reich der Freiheit auf dieser Welt erblühen lassen.

Von solchen spätidealistisch-revolutionsromantischen Anwandlungen will der gegenwärtige Naturalismus nichts mehr wissen. Für Naturalisten gibt es nur das Reich der Notwendigkeit, das *Reich der Natur* und der Natur-Lebewesen. Was der Mensch als *Geist* ansehen mag, hilft ihm doch nur, sich zur gegenseitigen Unterstützung zu vergemeinschaften und mit gut erfundenen Werkzeugen im Leben zu erhalten, da er auf sich allein gestellt und mit seiner allzu dürftig ausgefallenen Naturausstattung an Waffen für den Überlebenskampf kaum überleben könnte. Der „Geist" mache den Menschen jedenfalls nicht zum „Bürger" eines übernatürlichen und überweltlichen Gottes-Reiches, in dem er dann mehr wäre als ein Naturwesen. Die Bitte um das Kommen dieses Reiches sei der Kern einer Selbsttäuschung, mit der der Mensch sich über die abgründige Demütigung hinwegzutäuschen versuche, nichts weiter als ein Lebewesen im allumfassenden Reich der Natur zu sein. Kommen wird das Reich der Freiheit oder der im Geist lebendigen und ewig beglückenden Gottesgemeinschaft nie. Kommen wird vermutlich die Selbstzerstörung des Reichs der Lebewesen oder aber die gentechnische Optimierung des Lebewesens Mensch, die ihn von den Lebenseinschränkungen heilen wird, welche ihm jetzt noch die Sehnsucht nach einem „anderen Reich" einpflanzen.

Dieser Generalangriff der Naturalisten war lange vorbereitet. Die Christen waren nicht gut auf ihn vorbereitet. Sie müssten mit Selbstbewusstsein und aus der Geisterfahrung des Gebets heraus die Frage stellen lernen, weshalb es nahe liegend oder gar zwingend sein sollte, sich ins Gefängnis eines strikten Naturalismus einsperren zu lassen, wenn die Menschen doch von dieser „Dimension zuviel" wissen und mit ihrer Sehnsucht darin leben;[19] wenn sie nach „mehr" als all dem suchen, was sie als Lebewesen ausmacht.[20] Auch Friedrich Nietzsche wusste von ihr. Der Mensch lebt in der Dynamik der Selbsterhaltung und Lebenssteigerung, wird von ihr fortgerissen, ohne dass er wüsste, wie ihm geschieht, auf dem Rücken des wilden Tieres. Er lebt – meist – eingeschlossen in das Tier-Bewusstsein, das nur das Gesetz des Lebens und der Gier kennt. Aber er ist dazu fähig, gar verurteilt, *nicht nur darin* zu leben. Warum?

„Verschweigt ihm die Natur nicht das Allermeiste, selbst über seinen Körper, um ihn, abseits von den Windungen der Gedärme, dem raschen Fluss der Blutströme, den verwickelten Faserzitterungen, in ein stolzes und gauklerisches Bewusstsein zu bannen und einzuschließen! Sie warf den Schlüssel weg: und wehe der verhängnisvollen Neubegier, die durch eine Spalte einmal aus dem Bewusstseinszimmer heraus und hinab zu sehen vermöchte und die jetzt ahnte, dass auf dem Erbarmungslosen, dem Gierigen, dem Unersättlichen, dem Mörderischen der Mensch ruht, in der Gleichgültigkeit seines Nichtwissens, und gleichsam auf dem Rücken eines Tigers in Träumen hängend.“[21]

Warum sind dem Menschen die Augen des Selbstbewusstseins geöffnet für diese „Dimension zuviel", warum ist er nicht nur fortgerissen von den animalischen Lebensprozessen? Warum geht ihm auf, dass er – nur? – Lebewesen ist; warum bleibt es bei ihm nicht dabei, dieses Lebewesen nur Selbstbewusstseins-los zu sein? Weil er sich als Lebewesen annehmen und aus den Träumen gerissen werden muss, in denen er nicht weiß, wie ihm geschieht? Aber warum soll und will er nicht getäuscht werden? „Woher, in aller Welt, bei dieser Constellation der Trieb zur Wahrheit!"[22] Biologisch hat er keinen Sinn. Allenfalls diesen: Leben geplant optimieren und steigern zu können, damit ein Optimum von Leidfreiheit, Lust und Macht erreicht werden kann? Aber würden so nicht nur dem Tiger Beine gemacht? Der Gier, der Unersättlichkeit, der Rücksichtslosigkeit gegen die, die sich nicht auf ihm festhalten konnten? Und müsste der Mensch nicht auch dies – mit ansehen? Warum die Qual des Mitansehenmüssens? Wäre sie für das bloße Lebewesen nicht eine sinnlose Last, eine „nutzlose Leidenschaft" (*Jean Paul Sartre*), die seinem Lebenswillen in die Quere käme? Nietzsche war noch so ehrlich, sich diese Frage zu stellen.[23]

Der radikale Naturalismus nötigt auch die Glaubenden und nach dem Glauben Suchenden zu der Einsicht, dass sie durch und durch Lebewesen sind und ganz dem Reich der Natur angehören. Die animalische Selbstbehauptung und die Erfüllung, die sie bereiten kann, werden sie als Glieder dieses Reiches niemals hinter sich haben. Noch im forcierten Altruismus können – müssen – sie Selbstsucht und Egozentrik entdecken: *amor sui* im Sinne Augustins. Die vitale Dynamik des Lebenswillens ist ja die Kraft, die alles, auch die Liebe, auch den Glauben und die Suche nach Glauben, auch die Hoffnung lebendig und kraftvoll macht. Zu einer Liebe, die den Anderen *ganz und nur* um seiner selbst willen liebt, kann das Lebewesen Mensch sich nicht aufschwingen. Immer kann er wissen, wie sehr er sich darin auch selbst sucht. Noch in der Gottesliebe suchen die Menschen sich selbst, suchen sie – wenn man es so sagen will – die Befriedigung ihres Bedürfnisses nach einem Angenommensein, aus dem sie nicht mehr verstoßen werden.

Das Gebet um das Kommen Seines Reiches täuscht die Menschen nicht über ihre Zugehörigkeit zum Reich der Lebewesen. Aber es ruft sie nicht in diese Einsicht, um sie zu demütigen. Es ruft sie an die Grenze des Reichs der animalischen Selbstbehauptung und der Befriedigung in Unschuld und Sünde. An dieser Grenze dürfen sie wahrnehmen, dass sie dem Reich der Natur angehören – es nicht schon hinter sich haben –, aber nicht blind für das Jenseits der Grenze in das Reich der Lebewesen eingeschlossen sind. Auf der Grenze lernen sie die Sehnsucht nach dem Reich, in dem niemand mehr selbstsüchtig sein muss, weil niemand um sein Selbstsein auf Leben und Tod kämpfen muss. Auf der Grenze lernen sie zurückblicken – weil sie mit ihrer Sehnsucht schon jenseits der Grenze sind; lernen sie zurückblicken auf das Reich der Natur, lernen sie sich als Lebewesen annehmen und gleichwohl darum kämpfen, dass der Mensch nicht der Wolf des Anderen bleibt – und sich zum Moloch-Gott der Anderen aufwirft; fangen sie an zu entdecken, dass Menschen mehr füreinander sein können als die Befriedigung eines vitalen Bedürfnisses.

Wer um das Kommen Seines Reiches betet, lässt sich hineinrufen in die Möglichkeit, über das *Um-meiner-selbst-willen* hinauszukommen, hineinzukommen in eine Aufmerksamkeit für den Anderen, die tatsächlich ihn meint und nicht nur mich; die sich *an ihm* freut und nicht nur an meiner Freude über ihn; die ihm wohl will und nicht vor allem mir selbst Gutes tun will, die darin mit neben-absichtsloser Selbstvergessenheit Gottes gutes Werk in dieser Welt geschehen lässt, es mit-handelt.[24] Gottes Herrschaft wird erbeten und kommt in die Welt, wo das Unmögliche erbeten wird[25] und geschieht, unverfügbar, nicht einmal feststellbar: dass das Bedürfnis nach dem, was ich für mich selbst brauche, sich wandelt in den Wunsch, der so viel „mehr" ersehnt als das Bedürfnis; der das oder die Andere oder den Anderen erwünscht. Tatsächlich wünscht er das Jenseits des Möglichen: In dieser Welt schon möge das Andere geschehen, die Liebe, die nur wohl will und alles von Grund auf verändert, so dass wir es nicht wiedererkennen würden; so dass wir uns selbst als die von ihr Beschenkten und Verwandelten nicht mehr wiedererkennen würden; so dass der Raum – das Reich – geöffnet wäre, in dem alles anders und nach dem Willen dieses Wohlwollens einfach gut werden könnte. Die Bitte um das Reich erbittet das Unmögliche: das ganz Andere, dem wir uns nur glaubend-wünschend anvertrauen können, damit es uns ganz ändert, uns in Seine ganz andere Herrschaft hinein ändert.

Gottes Herrschaft – die Herrschaft Seines Wohlgefallens und Wohlwollens – kommt an, wo Menschen an Seinem Wohlwollen teilnehmen können, auch wenn sie immer noch die auf Selbstbehauptung „programmierten" Lebewesen bleiben, die sie nun einmal sind, und als solche „im Erdenreich" bleiben. Wie das geschieht? Im Beten, das letztlich nicht weiß, wie ihm geschieht und was es erbittet, wenn es das Unmögliche erbittet und wünscht; das aber genau weiß, warum es ihm geschieht: damit der Heilige Geist durch die um ihn Bittenden das Angesicht der Erde verwandle.

Reich-Gottes-Hoffnung: weit mehr als Heilsindividualismus

Wie schnell aber wurde und wird die Bitte um das Kommen Seines Reiches zur Bitte um *meine eigene* Heilszukunft „im Himmel"! *Heils-Egoismus* ist das Stichwort, mit dem diese Umdeutung von Religionskritikern immer wieder „aufgespießt" wird: Mitten in einer Religion, in der so viel von Nächstenliebe und Gemeinschaft die Rede ist, wohnt also doch das pure *Um-meiner-selbst-willen. Auguste Comte,* der Vater des „Positivismus" hat das Argument um die Mitte des 19. Jahrhunderts zum Generalangriff auf das Christentum angeschärft. Unbestreitbar sei,

> *„dass das theologische Denken seiner Natur nach wesentlich individualistisch und niemals direkt kollektivistisch ist. In den Augen des Glaubens, vor allem des monotheistischen, gibt es kein soziales Leben, weil es kein ihm eigentümliches Ziel gibt; die menschliche Gemeinschaft kann dann nur eine Anhäufung von Individuen darstellen, deren Vereinigung ebenso zufällig wie flüchtig ist, und die je ausschließlich mit ihrem eigenen Heile beschäftigt, die Teilnahme an dem des anderen nur als ein mächtiges Mittel auffassen, ihr eigenes umso besser zu verdienen, indem sie den höchsten Geboten gehorchen, die ihnen die Verpflichtung hierzu auferlegt haben."* [26]

Dieses Urteil mag kritisch überzeichnet sein. Und es diskreditiert die Sehnsucht nach dem eigenen Heilsein einseitig moralistisch als verwerfliche Egozentrik. Aber es wird zumindest darin im Recht sein, dass es den Hang zur Verzweckung der Nächstenliebe für die eigene Heilsperspektive ans Licht zieht. Ihm versucht schon das Endgerichtsgleichnis in Mt 25,32–46 zu begegnen. Nach dieser Parabel dürfen das Reich *die* „in Besitz nehmen", die die Not ihrer Mitmenschen gesehen und ihnen neben-absichtslos beigestanden haben – ohne zu wissen oder auch nur zu ahnen, dass sie darin Christus begegnen (Verse 37–40). Die Sehnsucht nach Gottes Herrschaft mag die Sehnsucht nach einer erfüllten Zukunft *für mich* immer wieder zu sehr in den Vordergrund rücken. Aber wenn die Bitte um das Kommen Seines Reiches ein Beten mit Jesus und in seinem Namen ist, wird es sich „mit den Schmerzen und Hoffnungen der Menschen, mit denen wir leben, identifizieren. Wir sprechen diese Schmerzen und Hoffnungen, diesen Hunger nach dem Reich Gottes aus als das, was uns unbedingt angeht' (Paul Tillich)."[27] Wir beten für uns und für alle, mit all jenen, die sich diesen Hunger nicht abgewöhnen ließen; die sich mit weniger nicht abspeisen ließen als mit der in dieser Welt so schmerzlich entbehrten Herrschaft göttlichen Wohlwollens.[28] In ihr sollen sich alle einfinden dürfen, sollen alle zusammenfinden zur endzeitlichen Gottesgemeinschaft.

Die Herrschaft Seines Wohlwollens

Die Vaterunser-Bitte um das Kommen Seines Reiches ruft die Betenden in dieses Wohlwollen hinein; ruft sie in den Glauben hinein, Gottes Wohlwollen sei die Macht, die schließlich allen Menschen zugute zur Herrschaft kommen wird. Wie können Menschen jetzt schon in den Machtbereich dieses Wohlwollens kommen? Die christliche Tradition nennt hier im Anschluss an Augustinus die Selbstlosigkeit, das Abtun der Selbstliebe (der *amor sui*). Von der Zwiespältigkeit dieses Gedankens war ausführlich die Rede. Vielleicht dürfte man im Anschluss an Mt 25,31–45 eher von *Selbstvergessenheit* sprechen.[29] Sich hineinrufen lassen ins selbstvergessene Dasein mit den Anderen und für sie, in die „Mitwelt" ohne Vorwelt und Nachwelt (Hermann Hesse), sich über die Grenze der Selbstbezüglichkeit rufen lassen, ohne zu wissen, was einem da geschehen ist – und wie es geschehen ist –, das bringt die Herrschaft des Wohlwollens Gottes ins Hier und Jetzt.[30] Die Selbstvergessenen begegnen, ohne es eigentlich zu *wollen*, dem Menschensohn, der sie in die Gottesherrschaft mitnimmt. Dass sie diesen Weg über sich hinaus als Lebewesen gehen, die der Befriedigung ihrer Bedürfnisse leben und ihre Selbstvergessenheit nicht auf Dauer festhalten können, das versteht sich von selbst. Man kann nicht festhalten, was mich über mich selbst hinausführt. Aber man kann es dankbar – hie und da – geschehen lassen. Und man müsste sich rufen lassen, damit es geschehen kann.[31]

Mit diesem Ruf fängt an, was Gott mit den Menschen in der Zeit anfangen will: Seine Herrschaft. Hier soll es anfangen und nicht aufhören anzufangen. Die selbstvergessene Aufmerksamkeit, die dem mir Widerfahrenden nicht um meinetwillen, sondern um seiner selbst willen geschenkt wird, gilt westlicher wie östlicher Mystik als das Urereignis der Befreiung, der Befreiung des Menschen von sich selbst für Gott oder für jene selbst-lose Unwillentlichkeit, die das Dasein des Menschen erfüllt und aufhebt. Biblisch geprägter Glaube erhofft eine Vollendung der Gottesherrschaft, die nicht nur von dieser Unwillentlichkeit gekennzeichnet ist, also nicht einfach gleichbedeutend mit dem Nirvana Buddhas, sondern als göttlich-menschliche „Mitwelt" geschehen wird: eine Lebensgemeinschaft, die die Willentlichkeit in ihrer kreatürlichen Bedürftigkeit so erfüllt, dass die Menschen das Sichselbst-Wollen hinter sich lassen können.

In der Selbstvergessenheit der Diakonie, aber durchaus auch des liturgisch-kultischen Spiels berühren sich Himmel und Erde; beginnt, was sich im ewigen Ineinander von Himmel und Erde vollenden soll – wenn das Irdisch-Leibhafte als selbstbezogen in sich selbst begrenzte Eigenwirklichkeit der Vergangenheit angehören, wenn der vitale Lebenswille vom unvorstellbaren Geschenk des Lebendürfens „überholt" sein wird. In die Selbstvergessenheit der Präsenz bei den Anderen zeichnet sich schon ein, „was wir sein werden" und wie wir werden, was wir dann sein werden.

Der leibhafte Tod ist das Ende kreatürlicher Selbstbezogenheit: Der Sterbende muss sich ganz aus der Hand geben, er muss sein Selbst verlieren. Dass er sich gewinnt, weil er sich in Gott hinein verliert und in Ihm ewig gegenwärtig sein darf, davon spricht die christliche Auferstehungshoffnung. Aber sie wird schweigsam, wenn es darum geht zu illustrieren, wie das geschieht. Sie kann ja nicht mehr erfassen, wie groß die Verwandlung sein wird, die dem Menschen widerfährt, wenn er durch den Tod ins Leben eingeht; wenn er in Gott hineinstirbt, um in Ihm zu leben, in *Ihm* – eben nicht nur in den eigenen Träumen und Taten[32] – ewig und vollkommen da zu sein.

Davon jetzt schon zu sprechen, heißt unvermeidlich, über dieses *Danach* im Medium kreatürlicher Erfahrungen zu sprechen. Das ist christlich legitim, weil Gott nach dem Glauben der Christen das Menschliche *angenommen* hat, um darin Sein Innerstes zu zeigen: in Jesus Christus. Von dieser Bereitschaft Gottes zum Annehmen des Menschlichen wird auch das Danach bestimmt sein: von einem Wohlwollen, das den in es Aufgenommenen alle Selbstsucht – alles Für-sich-haben-Wollen – erspart, es tatsächlich gegenstandslos macht. Weil die Menschen von Ihm gefunden und gewürdigt sein werden, können sie bei sich selbst sein, müssen sie nicht in allem sich selbst suchen und erringen. So können sie tatsächlich selbstvergessen mit anderen und auf sie hin da sein. Das mag dann der nicht vergehende Anfang einer „Mitwelt" sein, eines Daseins im Mitsein, in dem das darin Anfangende von allen selbstlos und absichtslos geteilt werden darf, weil nichts mehr *darüber hinaus* gewollt werden kann. Solches Stammeln über das Danach bleibt unvermeidlich hilflos, bleibt ein Stammeln der kreatürlichen Sehnsucht. Aber mehr bräuchte es gar nicht, um dem Danach jetzt schon auf der Spur zu bleiben.

Anmerkungen

[1] Vgl. Norbert Lohfink, Das Vaterunser, intertextuell gebetet, a. a. O., 77.

[2] *Kurt Marti* hat unter Rückgriff auf *Gustav Heinemann* einen Text geschrieben, der über die Reichs-Bitte des Vaterunsers mehr sagt als viele Kommentare:

„gustav heinemann:
die herren der Welt kommen und gehen – / unser herr kommt
der himmel der ist / ist nicht / der himmel der kommt
wenn / himmel und Erde / vergehen
der himmel der kommt / ist / das kommen des herrn
wenn / die herren der erde / gegangen" (ders., Namenszug mit Mond.
Gedichte, Zürich – Frauenfeld 1996, 33; den Hinweis auf diesen Text verdanke ich *Stefan Schreiber*).

[3] Vgl. die Auslegung des Psalms durch *Erich Zenger* (dessen Übersetzung ich übernehme) in: ders., Der Mosaische Monotheismus im Spannungsfeld von Gewalttätigkeit und Gewaltverzicht. Eine Replik auf Jan Assmann, in: P. Neuner (Hg.), Das Gewaltpotential des Monotheismus und der dreieine Gott, Freiburg – Basel – Wien 2005, 39–73, hier 70–73.

[4] Für weitere Aspekte des Motivs *Königsherrschaft Gottes* im Alten Testament sowie religionsgeschichtliche Hintergründe vgl. Bernd Janowski, „Ein großer König über die ganze Erde" (Ps 47,3). Zum Königtum Gottes im Alten Testament, in: Bibel und Kirche 62 (2007), 102–108.

[5] Joachim Kügler, „Meine Königsherrschaft ist nicht von dieser Welt" (Joh 18,36). Zur Veränderung der Gottesreich-Botschaft im Johannesevangelium, in: Bibel und Kirche 62 (2007), 94–97, hier 97.

[6] Daniel Kosch, Die Gottesherrschaft erreicht das Jetzt. Eine Annäherung an Mk 1,15 und Lk 11,2 par Mt 6,10, in: Bibel und Kirche 62 (2007), 85–88, hier 86f.

[7] Hanspeter Ernst, Reich Gottes im rabbinischen Judentum. Gegenwärtig in Israel und zukünftig in der Welt, in: Bibel und Kirche 62 (2007), 109–112, hier 109.

[8] Vgl. die Belege bei Hanspeter Ernst, Reich Gottes im rabbinischen Judentum, ebd.

[9] Das will das Bekenntnis zur Geistzeugung Jesu aus der Jungfrau Maria zum Ausdruck bringen.

[10] *Augustinus* hat die Bitte um das Kommen des Reiches aus diesem Nachfolge-Zusammenhang heraus verstanden. Er schreibt: „Wenn wir sprechen: ‚Zu uns komme Dein Reich!', so wird dieses Reich zwar kommen, ob wir es wünschen oder nicht, aber wir regen durch dieses Wort unsere Sehnsucht nach diesem Reiche an, damit es für uns komme und wir in ihm zu herrschen verdienen" (Epistola 130, XI, 21).

[11] Vgl. Marc Philonenko, Das Vaterunser. Vom Gebet Jesu zum Gebet der Jünger, dt. Tübingen 2002, 63–68; dort auch Belege und Parallelen.

[12] Vgl. das Buch des Psychoanalytikers Helm Stierlin: Das Tun des Einen ist das Tun des Anderen. Eine Dynamik der menschlichen Beziehungen, Frankfurt a. M. 1971.

[13] Burkhard Müller, Wir sind Heiden. Warum sich Europa nicht auf christliche Werte berufen sollte, in: SÜDDEUTSCHE ZEITUNG vom 24./25. April 2004, S. 13.

[14] Also sprach Zarathustra IV, Das Eselsfest 2, KSA 4, 393. Die fast schon sprichwörtliche Mahnung, der Erde treu zu bleiben – und sich vor den Giftmischern zu hüten, die „von überirdischen Hoffnungen reden", findet sich in Zarathustras Vorrede 3, KSA 4, 15.

[15] Vgl. etwa Aurelius Augustinus, De civitate Dei XIV, 28.

[16] Nietzsche hat diesen Verdacht gegen die Liebe bis ins Äußerste vorangetrieben. Zustimmend zitiert er Georg Christoph Lichtenberg mit dem Aphorismus: „Man liebt weder Vater, noch Mutter, noch Frau, noch Kind, sondern die angenehmen Empfindungen, die sie uns machen" (Menschliches, Allzumenschliches I, Aphorismus 133, KSA 2, 127).

[17] Vgl. Marx–Engels–Werke (MEW), Berlin 1956ff., Bd. 19, 226.

[18] Marx–Engels–Werke I (Ergänzungsband, der die sogenannten Frühschriften bis 1844 enthält), 536.

[19] Vgl. Hermann Hesse, Der Steppenwolf, in: ders., Die Romane und die großen Erzählungen. Jubiläumsausgabe zum hundertsten Geburtstag von Hermann Hesse, Frankfurt a. M. 1977, Bd. 5, 164ff. Menschen, die sich diese „Dimension zuviel" nicht verbergen oder sie als Verhängnis ansehen, „könnten gar nicht leben, wenn es außer der Luft dieser Welt nicht auch noch eine andere Luft zum Atmen gäbe, wenn nicht außer der Zeit auch noch die Ewigkeit bestünde", in der es „keine Nachwelt, nur Mitwelt" gibt. „Die Frommen nennen es Reich Gottes" (ebd., 165f.). Dass solche Ewigkeit mitten in der Zeit geschieht, wenn in der „Dimension zuviel" die Sehnsucht eine andere Luft atmet als die der Bedürfnisse und ihrer Befriedigung, und dass die Ewigkeit die Welt des Animalisch-Kreatürlichen nicht negiert, das will die Kurtisane Hermine den „Steppenwolf" lehren.

[20] Von dieser Suche spricht das Gedicht „Für mehr als mich" von *Günter Kunert* aus dem Jahre 1950:

„Ich bin ein Sucher / Eines Weges.
Zu allem was mehr ist / Als / Stoffwechsel / Blutkreislauf / Nahrungsaufnahme / Zellenzerfall.
Ich bin ein Sucher / Eines Weges.
Der breiter ist / Als ich.
Nicht zu schmal. / Kein Ein-Mann-Weg.
Aber auch keine / Staubige, tausendmal / Überlaufene Bahn.
Ich bin ein Sucher / Eines Weges.
Sucher eines Weges / Für mehr / Als mich" (ders., Schatten entziffern. Lyrik, Prosa 1950–1994, hg. von J. Richter, Leipzig 1995, 62).

[21] Ueber Lüge und Wahrheit im aussermoralischen Sinne I, KSA 1, 877.

[22] Ebd.

[23] Vgl. etwa: Menschliches, Allzumenschliches I, Aphorismus 109, KSA 2, 108f. und Nachgelassene Fragmente Herbst 1887, KSA 12, 368.

[24] Die große Mystik des Mittelalters ist in diesem Sinne eine Mystik des selbstvergessenen Gott-Handelns, des Aus-Gott-Handelns: „Ist, ohne jeden Nebenblick, Gott unser Ziel, fürwahr! so muss er der Täter unserer Taten sein" (*Meister Eckhart*, zitiert in: Dag Hammarskjöld, Zeichen am Weg, dt. München – Zürich 1965, 79).

[25] Nach *Denis Vasse* bedeutet Beten, „dass es dem Menschen möglich ist, das Unmögliche zu ersehnen", da es ihm geschenkt werden kann, den Wunsch nach dem Anderen und nach dem schlechthin Anderen zu hegen; vgl. von ihm: Bedürfnis und Wunsch. Eine Psychoanalyse der Welt- und Glaubenserfahrung, dt. Olten 1973, 41. Die Unterscheidung von Bedürfnis und Wunsch, auf die Vasse hier rekurriert, geht auf *Jacques Lacan* zurück.

[26] Auguste Comte, Rede über den Geist des Positivismus, dt. Hamburg 1994, 79.

[27] Dorothee Sölle, Das entprivatisierte Gebet, in: dies., Das Recht ein anderer zu werden, Darmstadt 1971, 130–138, hier 136.

[28] Dass die Bitte des einzelnen Beters um das Kommen des Reiches gleichwohl immer „in Gefahr [ist], das Übernächste vor dem Nächsten zu bevorzugen", dieses Übernächste an der Not der Nächsten vorbei herbeibitten und herbeiziehen zu wollen, dass sie so „stets in Gefahr [ist] – Gott zu versuchen", stellt der jüdische Denker *Franz Rosenzweig* heraus (Der Stern der Erlösung, Taschenbuchausgabe Frankfurt a. M. 1988, 301f.). Das liegt für ihn daran, dass das Gebet „dem Auge das fernste Ziel" zeigt und die Betenden so in die Versuchung bringt, die Nächsten auf das Übernächste und Letzte hin zu überspringen (vgl. ebd.). Gerade deshalb hat die Bitte um das Kommen des Reiches zu realisieren, dass das Ferne und Letzte nicht am Nächsten vorbei gewollt und erbeten werden kann. Die Brotbitte wird diesen spannungsreichen Zusammenhang noch einmal in den Blick rücken.

[29] *Selbstvergessenheit* wäre hier das Gegenbild – die Gegenwirklichkeit – des Sich-selbst-Vergessens, in dem die zornige Aggressivität der Selbstbehauptung das Selbst überrollt, so dass das dem Zorn ausgelieferte Ich es „vergisst". Im selbstvergessenen Gott-Handeln gewinnt Gottes Herrschaft und eben nicht die Natur-Herrschaft der Selbstbehauptung Macht über den Menschen.

[30] Solche Selbstvergessenheit ins Jetzt befähigt dazu, „‚nicht hinter sich zu schauen', ‚nicht für den anderen Tag zu sorgen'" (so *Dag Hammarskjöld*

mit Blick auf Lk 9,62 und Mt 6,25ff.: Zeichen am Weg, 8f. und 107f.); in ihr geschieht das „Überfließen der Kraft", die nicht mehr an sich halten und zu ihrem Ausgang zurückkehren muss, die Kraft der Liebe: *Caritas diffusiva sui* (vgl. ebd.).

[31] Dass die Menschen sich in diese Alternative zur biologisch programmierten Selbstbehauptung hineinbeten und hineinrufen, aber auch von ihr über bloß altruistische Neigungen zugunsten des eigenen Erbguts oder der eigenen Gruppe hinausrufen lassen können, dass diese Alternative ihnen als das wahrhaft Gute und eben nicht nur als das jetzt oder auf längere Sicht Nützliche vorstellbar wird, mag kein gering zu schätzendes Gegenargument gegen einen entschiedenen Naturalismus sein. Woher das Gute, die Sehnsucht nach der guten Alternative, die Erfahrung, dass sie mir hie und da zugänglich wird? Diese Frage soll neben der vielleicht ungleich dramatischeren *Woher das Böse?* ihr Recht behalten. Das aber wird ihr von naturalistischen Konzepten kaum eingeräumt.

[32] Darin sagt die Auferstehungshoffnung dann doch unausweichlich mehr als eine humanistisch-sozialistische Zukunftsperspektive, wie sie etwa *Günter Kunert* eindrucksvoll und anspruchsvoll genug zur Sprache bringt; vgl. seinen Text „Vom Vergehen" aus dem Jahr 1963:

„In den Träumen / Der noch Niedergedrückten und in den
Gedanken der bereits Aufrührerischen, wie / In den Taten /
Der sich schon Erhebenden
Findet ihr, was / Von uns bleibt" (ders., Schatten entziffern, 63).

IV. Dein Wille geschehe, wie im Himmel so auf Erden
(Jes 55, 10–11; Ez 36,26–27; Joh 4,34)

> *„Wie der Regen und der Schnee vom Himmel fällt*
> *und nicht dorthin zurückkehrt,*
> *sondern die Erde tränkt und sie zum Keimen und Sprossen bringt,*
> *wie er dem Sämann Samen gibt und Brot zum Essen,*
> *so ist es auch mit dem Wort, das meinen Mund verlässt:*
> *Es kehrt nicht leer zu mir zurück, sondern bewirkt, was ich will,*
> *und erreicht all das, wozu ich es ausgesandt habe"*
> (Jes 55,10–11).
> *„Meine Speise ist es, den Willen dessen zu tun, der mich gesandt hat,*
> *und sein Werk zu Ende zu führen"* (Joh 4,34).

Auf der Erde wie am Himmel?

Es ist aufschlussreich, diese Vaterunser-Bitte „von hinten" her zu lesen – wo sie uns (post-)modernen Menschen schon rätselhaft werden kann: Was ist denn im Himmel geschehen, was auf der Erde noch aussteht und hier endlich geschehen soll? Für einen Menschen im alten Orient, zumal in der Nachbarschaft Ägyptens, war das keine Frage: Der Himmel, das ist die eherne, klare Notwendigkeit und Verlässlichkeit der Sterne, der Sonne, der Kometen in ihrem Himmelslauf, der Umlauf-Perioden in ihrer „ewigen Wiederkehr". Und auf Erden? Da sind die Wechselfälle des Glücks und Unglücks, eines unberechenbaren Schicksals, die unvorhersehbaren politischen und sozialen Umwälzungen, die Launen der Herrscher und der Natur. Kann man dieses Erden-Chaos nicht an die so klar sichtbare und erkennbare Ordnung des Himmels „anbinden"? Könnte man es wenigstens einigermaßen in die himmlischen Rhythmen einbinden und ihm soviel an Ordnung auferlegen, wie in einem geordneten und die Menschen gut ernährenden Großreich aufrechterhalten werden muss?

Die altägyptische Religion hat diese Rückbindung der Erde – des Pharao-Reiches – an den Himmel zu gewährleisten versucht und viel Sorgfalt aufgewendet, um die ewige Ordnung des Himmels zu durchschauen: Religion aus dem Geist oder auf der Grundlage der Astronomie; die „Entdeckung des Himmels"[1] als Entdeckung der *Maat*, der „gerechten" Ordnung, die auch auf Erden gelten sollte. Wo die *Maat* auf Erden beobachtet und befolgt wurde, kam das Reich in den Genuss jener guten Notwendigkeit, jener fruchtbaren Zyklen, die die Menschen in der guten und ewigen, am Himmel vorgezeichneten und unfehlbar verwirklichten Ordnung leben ließen.

Hat die Vaterunser-Bitte um das Geschehen Seines Willens ihre Heimat in Ägypten?[2] Geht es in ihr um die Verankerung des Irdisch-Zeitlichen im Himmlisch-Ewigen? Es geht ihr – wie schon der vorangegangenen Bitte – um das Kommende; und um das jetzt ungeduldig Vermisste: darum, dass Gottes guter Wille endlich geschehe. Damit sind wir in einer anderen „religiösen" Vorstellungswelt; bei einer ganz anderen Bestimmung des Verhältnisses von Himmel und Erde.

Gottes Wille als Ursprung des Gesetzes

Die alttestamentlichen Zeugnisse sprechen von einem Gottes-Gesetz, das nicht zuerst in der ewigen Ordnung der Himmelskörper, sondern in der Willensoffenbarung JHWHs zugänglich wird und gesetzt ist. Der Gott Israels konfrontiert das Volk mit Seiner *Thora*, der Bundesurkunde, die das Volk davor bewahren soll, seine Freiheit im Gehorsam gegen andere Mächte und Gottheiten aufs Spiel zu setzen. Ihm, JHWH allein, soll der Gehorsam des Volkes gelten, keinem Gott neben Ihm, keiner irdischen oder himmlischen Macht, so sehr sie das Volk mit Wohlstand, mit imperialem Glanz oder militärischer Stärke faszinieren mögen. JHWH ist offenkundig ein eifersüchtiger Gott, Der Israel um jeden Preis für sich allein haben und deshalb allein Seinem Herrscher-Willen unterworfen sehen will.

Herrscher setzen ihren Willen durch. Ihre Macht beruht darauf, dass ihr Wille den Beherrschten Gesetz ist. Despoten kennen keinen Willen neben dem ihren. Solange sie Gehorsam für ihren gesetzgebenden Willen erzwingen können, sind sie an der Macht. Ist der Willens-Gott Israels nach diesem Herrscherbild modelliert? Diese Frage ruft all die Vorbehalte wach, die heute vielfach gegen den biblischen Monotheismus und andere Monotheismen ins Feld geführt werden.[3] Verglichen mit der Unterwerfung unter einen Willkürgott wäre die Beobachtung der ewig-unbeirrbaren Ordnung des Himmels doch eine befreiende, geradezu erlösende religiöse Perspektive. Wenn es wenigstens das muntere Durcheinander des griechischen Götterhimmels wäre, in dem verschiedene Götter je ihren Willen – im Himmel wie auf Erden – durchzusetzen versuchten und dafür Verbündete suchten, im Himmel wie auf Erden. Keiner von ihnen konnte seinen Willen souverän durchsetzen, zumal sie alle irgendwie von einem übergöttlichen Schicksal abhängig waren. Wo es im Götterhimmel viele Herrscher-Willen gibt, kann und muss man als Erdenmensch seine Loyalitäten einteilen, ist man nie *einem* Willen bis ins Letzte ausgeliefert. Wo viele Gehorsamsansprüche gegeneinander stehen, da begrenzen sie sich auch gegenseitig. Und es entsteht für die Untertanen, wenn sie sich geschickt auf die Machtverhältnisse „im Himmel" und in den Palästen einstellen, ein kleiner Freiheits-Spielraum. Aber wenn es nur noch den einen Gehorsamsanspruch gibt – und die eine göttliche Macht, von der in der religiösen Wahrnehmung Wohl und Wehe der Menschen abhängen? Wo vom Willen und von Willenssubjekten die Rede ist, da drängt es sich fast schon auf, an Sich-durchsetzen-Wollen zu denken und daran, dass die Schwächeren den Starken und Mächtigen zu Willen sein, dass sie ihnen gehorsam sein müssen. Nicht *ihr* Wille, sondern der Wille des Über-Mächtigen soll geschehen.

„Nicht wie ich will, sondern wie du willst" (Mt 26,39 par.) – wenn Du willst, gehe ich meinen Weg bis in den Tod: Das Ölberggebet Jesu von Nazaret ist offensichtlich nicht an einen

Despoten-Gott gerichtet. Aber es ist ein Gebet der Unterwerfung unter den Willen des Vaters. Von Anfang an war es die „Speise" dieses Gottesmenschen – Sinn und Nahrung für sein Leben –, den Willen Dessen zu tun, Der ihn gesandt hat, „und sein Werk zu Ende zu führen" (Joh 4,34). Und es sind ihm die am nächsten – Bruder, Schwester und Mutter –, die den Willen Gottes „erfüllen" (Mk 3,35; vgl. Mt 12,50). Bedeutet diese Hingabe an den Willen des Vaters das Opfer des eigenen Willens? Ist – am Ende – das Kreuz Jesu das schreckliche Vor-Bild jener „Selbstkreuzigung und Selbstschändung des Menschen", die in Nietzsches entlarvendem Blick das Christentum den „letzten Jahrtausende[n] Europa's" aufgezwungen hat?[4] Das Sündenregister, das dem Christentum seit den Entdeckungen der modernen Psychologie vorgehalten wird, beginnt mit diesem ungeheuerlichen Vorwurf und kommt immer wieder bei ihm an: es habe den Eigenwillen der Menschen von früh an brechen[5] und sie so Gottes Willen – in Wirklichkeit aber dem Willen Seiner irdischen Stellvertreter – gefügig machen wollen.

Wenn Gottes Wille geschieht oder geschehen soll, steht offenbar das Schlimmste zu gewärtigen: Es muss – nach Seinem „unerforschlichen" Willen und Ratschluss – gelitten und gestorben werden. Das schlimme Schicksal ist den Menschen von Gott „zugeschickt" und deshalb bereitwillig anzunehmen. Das scheint die Gottesbeziehung der Christen tief innerlich zu prägen und in eine schwer erträgliche, tiefe Ambivalenz zu stürzen: Der *liebe* Gott fügt Furchtbares zu; und ich muss im Blick auf das Kreuz Jesu daran glauben, dass auch mein Kreuz die Zufügungen Seiner Liebe sind, damit Er mir im Jenseits nicht noch Furchtbareres zufügt. Die mit so viel Ambivalenz, ja Widersprüchlichkeit, aufgeladene Gottesbeziehung mag vielen Menschen geholfen haben, schlimme Erfahrungen als Zumutungen eines unerforschlichen, aber im Letzten doch guten Willens anzunehmen und an ihnen nicht zu zerbrechen. Aber ist ihnen dabei nicht mitunter das Du eines unmissverständlich liebenden Gottes zerbrochen? Sind sie nicht zu einem Blick auf sich selbst gezwungen worden, der nur noch den gottwidrigen Eigenwillen und eine abgründige Strafwürdigkeit sah, welche die schwer lastende, züchtigende Hand der göttlichen Liebe von vornherein ins Recht setzte?

Dieser christentumskritische Verdacht ist nicht von der Hand zu weisen. Er wird vielfach auf selbst Erlittenes zurückgehen und geradezu notwendig (gewesen) sein, um diesem Leiden ein Ende zu setzen. Muss man der Ideologie des unerforschlich Leid schaffenden Gotteswillens nicht das selbstbewusste Bekenntnis zum guten, in sich gerechtfertigten Eigenwillen entgegensetzen, gar das Bekenntnis zu einem natürlichen Lebenswillen, der in allen Menschen sich selbst will – und in ihnen als *Willen zur Macht* stark werden will? *Friedrich Nietzsche* hat sich mit letzter, vielleicht erschreckender Entschiedenheit zu diesem rücksichtslos sich selbst wollenden Naturwillen zur Macht identifizieren und so die letzten Reste des Glaubens an einen in aller menschlichen Unterwerfung geschehenden Gotteswillen ausmerzen wollen.[6] Vielen Zeitgenossen mag die „ägyptische" Perspektive eines Willenlosen Kosmos im Vergleich dazu und im dennoch entschiedenen Widerspruch zur biblischen Tradition als weniger emphatische und dramatische Alternative erscheinen; zumal in der aufgeklärt-naturalistischen Version eines kosmisch-eigengesetzlichen Evolutionsprozesses, in dem die einzelnen Menschen wie die Menschheit überhaupt nur verschwindende Spuren hinterlassen werden. Vielleicht auch in einer „mystischen" Sicht, in der der Mensch sich dem Willenlosen hingibt: von seinem eigenen Willen und „von seinen Wünschen – sei es schlechterdings, sei es einen Schritt – zurücktritt und so versucht, einen Zustand des Seelenfriedens zu erreichen."[7] Wenn der menschliche Wille schon hingegeben werden muss – und da scheint es keine Ausflucht zu geben –, dann doch eher in vernünftiger Entsagung einer willenlos-ewigen, irgendwie „vernünftigen" Ordnung als einem Willens-Gott, der das Opfer des Eigenwillens verlangt und daran die verführerische Aussicht auf eine paradiesisch-umfassende jenseitige Befriedigung knüpft.

In diesem Widerspruch gegen den biblischen Gottesglauben findet eine tief zwiespältige Christentumsgeschichte ihr Echo, zeigt sich aber auch ein kritischer Punkt, an dem das christliche Gottesverständnis wie die Gebetspraxis von Juden und Christen auf dem Spiel stehen. Dass der Gott der Bibel ein Willens-Gott ist, unterscheidet Ihn von allen pantheistischen oder deistischen Konzepten eines göttlichen „Ein und Alles" oder eines von der Welt unberührten göttlich-ersten Prinzips. Es zeichnet diesen Gott tatsächlich aus, dass Er ein „Projekt" hat, und dass Ihm die Macht zugeschrieben werden darf, es zugunsten der Menschen – Seines erwählten Volkes – auf der Erde Wirklichkeit werden zu lassen. Dieser Wille ist Inhalt Seines Verheißungswortes; und Seinem Wort werden die Ihm entsprechenden Taten folgen (vgl. Jes 55,10f.).

Wille und Person

Ein menschlicher, Pläne verfolgender[8] und auf Sein Wort sich verpflichtender Gott tritt hier ins Blickfeld: Gott als Person. Der Wille macht die Person aus. Sie kann sich selbst bestimmen, sich zu allem ihr Gegebenen ins Verhältnis setzen und dieses Verhältnis so gestalten, wie es ihrem Wollen entspricht. Sie kann es zumindest versuchen und ihrer personalen Identität so einen mehr oder weniger authentischen Ausdruck verleihen. Sie kommuniziert ihre Identität, indem sie ihrem Willen eine zwischenmenschliche Realität und Greifbarkeit zu geben versucht. Genau dies ist die Urform von Kommunikation: Selbstmitteilung – sich selbst in dem wahrnehmbar und greifbar machen, was mich zuinnerst bewegt, was ich will. Alle anderen Formen der Kommunikation gehen auf diese Urform zurück. Für die Bibel ist Gott in diesem Sinne eine personale Wirklichkeit mit dem Willen zur *Selbst-Kommunikation*. Dies gilt auch für den christlichen Glauben an den drei-personalen Gott, der – wie noch sichtbar werden soll – den Gottes-Personalismus der Bibel nicht aufhebt, sondern differenziert.

Den eigenen Willen zu äußern kann der erste Schritt zur Überwältigung des anderen Willens sein: Er oder ich – also ich. So behaupte ich mich selbst, wenn der Wille des Anderen den meinen zu durchkreuzen droht, gleichgültig, *wer* hier *was* will. Gleichgültig? Wenn wir über das von uns jeweils Gewollte zu kommunizieren anfangen, so öffnet sich das weite Feld des Verhandelns: Was *sollten* wir eigentlich wollen? Da steht nicht mehr im Vordergrund, *wessen* Wille, sondern *welcher* Wille geschehen soll. Im Diskurs darüber, was jetzt und für die Zukunft gut wäre, kommen wir einander näher, sehen wir deutlicher, warum der Andere sich so leidenschaftlich mit *diesem* Gut identifiziert und sich von ihm in Anspruch nehmen lässt. Es ist vielleicht nicht meine Leidenschaft; mein Wille mag von einer anderen getragen werden. Aber nun kommunizieren wir darüber, worum es dir und mir geht – und wer wir deshalb *sind*. Es geht nicht mehr um den Machtkampf der Willen, auch wenn sie einander entgegengesetzt bleiben. Es geht – zumindest auch – darum, was geschehen soll und was wir beide dazu beitragen können. Ich bin dem Anderen begegnet, da ich auf seinen Willen gestoßen bin und an ihm wahrzunehmen begann, wer er ist.

Gottes Willensoffenbarung

Wenn Gottes Wille auf die Willen der Menschen trifft, wie geht es dann zu? Ist es der Beginn einer Unterwerfungsgeschichte, oder eine Etappe in ihr? Dann wäre es so: Der Mächtigere verlangt vom Ohnmächtigen, er müsse den Eigenwillen aufgeben. Und er verfügt über ein weitreichend-gefährliches Bedrohungspotential. Man gibt lieber klein bei. Ist es so? Nicht auszuschließen; vielleicht niemals auszuschließen, wenn man illusionslos auf das Durcheinander und Miteinander handlungs- und einstellungsleitender Motive blickt. Wie ist es in Israel gewesen, wo der personalistische Monotheismus seine Heimat hat?

JHWH gibt der Mose-Schar am Sinai Seine Thora. So schildert es das Buch Exodus (Kapitel 19–23). Wer nicht mehr in Ägypten wohnt, für den sind die Himmelslandschaft und ihr irdisches Pendant nicht mehr die alles ordnende und bestimmende Ortsangabe, das umfassend verpflichtende Gesetz, das jedem seinen Ort anweist. Der Weg führt durch die Wüste. Da ist keine Landschaft mehr, die Orientierung böte. Und auch der Himmel kann die Richtung nicht angeben, wenn man gar nicht weiß wohin. Auf dem Berg, der sich weithin sichtbar aus der Wüste erhebt, ist der Ort der Gesetzgebung, von dem nun alle Orientierung ausgeht.

Der Ursprung der Thora aber ist kein despotischer Selbstbehauptungswille: So will ich es; das soll euer Gesetz sein! Ursprung der Thora ist JHWHs leidenschaftlicher Einsatz für die aus Ägypten Herausgerufenen. Diese Freiheit darf nicht wieder untergehen in der Orientierungslosigkeit der Wüste. Die Gebote der Gottes-Thora schützen die eben erlangte Freiheit und geben dem Volk Israel den inneren Halt, der es den Verlockungen durch die „Völker" in der Sesshaftigkeit, durch ihre Königtümer und Reichtümer, ihre „Götzen" widerstehen lässt. Weil Er es in die Freiheit geführt, es aus dem Eigentum Ägyptens für sich „erworben" hat, will Er es vor dem Rückfall in die Knechtschaft bewahrt sehen. Das Volk liegt Ihm am Herzen. Es soll spüren lernen, wie Sein Herz für es schlägt und was es bewegt: das Wohl all derer, die Seinem Wohlwollen Dasein und Freiheit danken.

Die Thora zeugt von Seinem Wohlwollen. Sie gibt vor, wie in Israel die Schöpfung neu erblühen kann – so wie Er sie im Anfang und für alle Zeit gewollt hat. Sein Wille will den Segen der Schöpfung, den Er ihr zugesprochen hat, als Er sie ins Dasein rief: Und siehe, es war sehr gut (vgl. Gen 1,1–2,4). Nicht darum ist es Ihm zu tun, dass Er willenlos Abhängigen Seinen Herrscherwillen aufzwingt; sondern darum, dass der gute Wille, mit dem Er die Schöpfung gewollt hat, in dieser endlich zur Erscheinung kommt; jetzt endlich, da die von Ihm Erwählten nicht mehr dem Maat-Gesetz der Himmelskörper ausgeliefert sein müssen, da auch das Firmament als Seine Schöpfung für die Menschen wahrgenommen werden kann. So sucht Er das Volk von der Güte Seines Willens zu überzeugen und ihm das Gespür für diese Güte ins Herz zu senken.

Aber es gelingt so bedrückend wenig. Die Gesetze der Thora bleiben kalte Steintafeln, ein leidenschaftslos-lebloses, zu Stein erstarrtes Herz im Leib des Volkes. So muss ein neuer Bundesschluss kommen, der das innerlich ausgetrocknete und erstarrte Israel von Neuem mit der Gottes-Ruach ansteckt: Das im Exil vom Tempel und seinem identitätsstiftenden Kult abgeschnittene, vom bloßen Müssen der Thoragesetze nieder-gedrückte Volk soll von neuem Geschmack finden an der Güte des in der Thora geoffenbarten guten Willens; in seinem Her-zen soll es von JHWHs Leidenschaft für die Kleinen und Ent-wurzelten ergriffen und zuinnerst lebendig gemacht werden. JHWH wendet sich dem Volk von neuem zu und wirbt darum, dass es die Thora nicht nur als gemusste und darum grenzenlos überfordernde auf sich nimmt, sondern in ihrer Güte erkennt und sie zuinnerst mit-will, aus eigenem Antrieb will, dass das Gut- und Schönsein der Geschöpfe nicht länger niedergehalten und entstellt wird. Es ist dem erwählten Volk „gesagt, was gut ist" (Micha 6,8). Wenn der Bund erneuert ist, wird es ihm auch erfahrbar sein, so dass es von sich aus will, was JHWHs gutem Schöpferwillen entspricht. Das ist Ezechiels Perspektive der Bundeserneuerung, die von JHWH ausgeht und seine Thora als Ruach-erfüllte Willensenergie in den Herzen der Thora-Gehorsamen lebendig macht, als „Motivationskraft", das Gute zu wollen, weil man es in seiner unwidersprechlichen Güte selbst erfahren hat (Ez 36,26f.).

Der Personalismus der Bibel

JHWHs Willensoffenbarung wird sich – so Ezechiels Vision – darin erfüllen, dass Er Sein eigenes Herz öffnet, dass Er den von Ihm Erwählten offenbart und erfahrbar macht, was Ihn zuinnerst bewegt. So schenkt Er ihnen, selbst von dem „durchströmt" und bewegt zu werden, was Ihm von Herzen kommt. Das geschieht in der bewegenden Kraft der göttlichen Ruach, die die Thora in den Herzen der Menschen lebendig machen und ihnen Gottes Leidenschaft mitteilen wird. Neutestamentlich begegnet dieses Motiv dann dramatisch und christologisch konkret: Jesus, der Christus – der mit der Ruach *Gesalbte*, von ihr zum Leben Gezeugte – ist die lebendige Thora in Person. In ihm und an ihm geschieht Gottes Wille; in ihm teilt Er sich den Menschen mit: als Heraus-Forderung wie als Leidenschaft für das Gottesreich, in dem nichts mehr Gottes Willen vereiteln wird.

Dass Gottes Wille fast unbegreiflicherweise auch am Kreuz geschieht, dafür steht im Johannesevangelium das Bild vom durchbohrten Herzen des gekreuzigten Messias: Der Hauptmann öffnet es mit der Lanze, um sicherzugehen, dass der Gekreuzigte nicht immer noch qualvoll weiter leiden muss. Und es fließen aus ihm Blut und Wasser, Zeichen des schon eingetretenen Todes; Zeichen aber auch dafür, dass durch diesen Tod aus dem geöffneten Herzen Jesu, in dem Gottes eigenes Herz sich geöffnet hat, die belebende und heiligende Energie des Gottesgeistes auf die unter dem Kreuz Versammelten überströmt (vgl. Joh 19,33f.). Wer unter dem Kreuz zu Jesus Christus findet – und zu dem, den er bezeugt –, der wird von der drängenden Energie der Liebe Gottes ergriffen, die der mit ihr von Anfang an Gesalbte noch auf seinem Weg zum Kreuz bezeugt.

Darf man so menschlich von Gott sprechen, von Seinem Herzen, von der Leidenschaft, die diesem Herz – und dem Herz des Messias – entströmt, von der Energie Seines Willens, die die Herzen der Menschen erfüllen kann und sie dann mit der Leidenschaft für das Gut-Werden der Schöpfung ansteckt? Allzu willens- und menschenförmig werde Gott hier vorgestellt, so lautet der nahe liegende Einwand. Er liegt nahe, wenn Gott nur der Ewig-Alleine sein soll: zu vollkommen für eine Leidenschaft, die sich nach den Menschen und ihrer Mit-Leidenschaft sehnt; zu allmächtig, um es auf die Menschen und ihre von Herzen kommende Zustimmung zu Seinem guten Willen ankommen zu lassen. Die Bibel scheut sich nicht, von Gott so menschlich zu sprechen: als Liebhaber der Menschen und des Lebens; voller Sorge und Sehnsucht, dass die, denen Seine Liebe gilt, Seinen guten Willen in Seiner Güte mitvollziehen und mitwollen; voll Freude darüber, dass Er sich ihnen tatsächlich mitteilen kann und dass sie Seinem Herzen so nahe kommen können. So selbstverständlich personal und willensbestimmt kommt der Gott Israels in der Bibel vor. Und deshalb können die Menschen sich Ihm zuwenden, zu Ihm beten, auch darum, dass Sein guter Wille Kraft gewinne, die Menschen zum Guten zu bewegen und das leidzerfurchte Angesicht der Erde zu verwandeln. Ist das eine naiv-anthropomorphe, allzu menschenförmige Vorstellung, die durch den Begriff eines überwillentlichen, weil in sich unendlich vollkommenen Absoluten aufgeklärt werden muss? Oder ist Gott gerade darin vollkommen, dass Er es auf die Menschen ankommen lassen kann; darin anrührend vollkommen, dass Er die Menschen würdigt, das ihnen zugedachte Gute schätzen und deshalb an ihm mitwirken zu können? Ist Seine Vollkommenheit die Vollkommenheit Seines Beziehungswillens, der es vermag, in den Menschen die Freiheit zum Guten hervorzurufen und sie so zu „Teilhabern" an der Gottesherrschaft zu berufen?

Der Personalismus der Bibel imaginiert *diese* Vollkommenheit. Er kennt zugleich die unendliche schöpferische Macht JHWHs, die alles ins Dasein rief und Seinen guten Willen, es in der Liebe zu vollenden, mit den Menschen teilen will, zuletzt aber nicht vereiteln lassen wird. Der Gott der Bibel ist so vollkommen, dass der menschliche Gedanke sich schwer tut, beides zusammenzuhalten – und sich dazu doch immer wieder neu herausfordern lassen muss. Gott ist so vollkommen, dass Er als der Absolute der unendlich Beziehungswillige ist, der dem endlich-fehlbaren Menschen Frei-Willigkeit einräumt, ihn deshalb nicht als verschwindendes Moment eines apersonal abrollenden, alles überrollenden Prozesses verloren gehen lässt.

Das Wunder der Freiheit

Gottes Wille überwältigt nicht den Willen der Menschen; er setzt ihn in Freiheit. Das ist die erlösende Perspektive, die das Alte Testament mit der Exodus-Erzählung aufspannt und das Neue Testament mit dem Christus-Exodus aus der Sünden- in die Gottesherrschaft auf alle Menschen hin öffnet: Das neue und endgültig erlösende Pessachlamm besiegelt das endzeitlich-endgültige Befreiungswerk JHWHs und setzt es in Kraft. Nun fängt an, was nicht mehr aufhört anzufangen: der Exodus aus der Umklammerung der gottwidrigen Mächte in das „Land der Verheißung", in dem auch die Herrschaft des Todes noch überwunden sein wird. Die Christentumsgeschichte aber ist durchzogen von theologischen Konflikten, die immer wieder aufbrachen, wenn man versuchte, dieses Befreiungswerk als Befreiung der Menschen auf Frei-Willigkeit hin (vgl. Gal 4,1–5,1) zu *denken*.

Von welcher Freiheit sprechen die Schriftzeugnisse, wenn sie über Gottes Befreiungshandeln an den Menschen sprechen? Was ist das Wunder der Freiheit, das sich an ihnen ereignet, da Gott in Jesus Christus gehandelt hat und durch Seinen Heiligen Geist immer wieder neu an ihnen handelt? Alltägliche, wenn auch eher seltene, beglückende Erfahrungen können dem theologischen Verstehen hier den Weg bereiten. Freiheit, die diesen Namen verdient, ist nicht einfach eine Freiheit, die man hat. Die ist gewiss auch nicht zu verachten: die Freiheit, mehrere Möglichkeiten zu haben, zwischen denen man sich nach eigener Wahl entscheiden kann; die Freiheit „zuvor" schon, sich zu allem, was mich angeht, urteilend in Beziehung setzen zu können, ihm nicht distanzlos ausgeliefert zu sein. Aber Freiheit meint weitaus mehr.

„Auch anders zu können" macht noch nicht frei, wenn unter den Alternativen, die mir zur Wahl stehen, keine wirklich *gute* Alternative ist, wenn es nur um die Wahl des geringsten Übels gehen kann. Bei weitem nicht jede Wahl ist in diesem emphatischen Sinne eine *freie* Wahl; wer wüsste das nicht. Es müsste sich mir eine Alternative bieten, zu der ich uneingeschränkt ja sagen, mit der ich mich wirklich identifizieren könnte, die ich aus ganzem Herzen wollen könnte. Zu ihr gäbe es dann eigentlich keine Alternative mehr, nichts Vergleichbares, das es mit dieser so verheißungsvollen Alternative auch nur annähernd aufnehmen könnte. Es ist ein unschätzbares Geschenk, ja ein Wunder, diese Möglichkeit, uneingeschränkt ja zu sagen, vor mir zu sehen. Ich könnte vielleicht auch anders. Aber was heißt das schon! Hier ist mir tatsächlich nahe gekommen, worüber ich Größeres gar nicht erhoffen könnte.[9]

Man mag einwenden, diese Alternativlosigkeit nicht des Zwanges, sondern wahrer Freiheit sei menschlich kaum noch vorstellbar, kaum gegeben in der Welt des Endlichen, in der nichts so absolut erwünscht sein könnte, dass menschliches Wünschen hier tatsächlich alternativlos zu seiner Erfüllung käme. Aber geschieht es nicht doch in jeder Liebe, die ihren Namen verdient? Zeichnet es sich in ihr nicht zumindest ab? Menschlich-endliche Liebe mag immer wieder vom Zweifel heimgesucht werden, ob es nicht doch bessere Alternativen gäbe, gegeben hätte. Sie wird mehr oder weniger stark in Bindungen „gefangen" sein, um die sie selbst nicht einmal weiß und die sie deshalb auch nicht mit der Entscheidung für diesen Partner – für diese Partnerin – schon hinter sich hätte. Das spricht nicht gegen die Liebe der Menschen, in der immer schon so viel mehr geschieht und mitspielt, als sie selbst bewusst vollziehen. Aber in ihrer Liebe wird ihnen eben auch die Einsicht, zumindest die Ahnung zugänglich, dass es die höchste Erfüllung der Freiheit ist, auf eine Möglichkeit meines Lebens zu treffen, zu der ich aus ganzem Herzen ja sagen könnte, mit der ich mich in allem, was ich bin – was ich in die freie Entscheidung einzubringen vermag – identifizieren kann: Hier fängt das an, was für mich so unvergleichlich gut ist, dass es nie aufhören sollte – dass es nie aufhören sollte (mit mir) anzufangen.

Die Ahnung wenigstens, dass ich dazu unterwegs bin – und die Dankbarkeit dafür, dass ich davon schon ein wenig erfahren durfte –, sprechen in der menschlichen Liebe mit. Dass mir das so unbedingt Bejahenswerte widerfährt und mir den Anfang schenkt, in den ich mich mit allem, was ich bin, hineingeben möchte, das ist das Wunder der Freiheit; Wunder deshalb, weil man es kaum zu hoffen wagt und doch letztlich nichts anderes als dieses Wunder erhofft. Wenn es einem widerfährt – in den endlich-menschlichen Lebens- und Liebesverhältnissen –, dann allerdings sind Fähigkeit und Bereitschaft zur Alternativensetzung gefordert; dann geht es um Entscheidungen und um die Wahl zwischen Alternativen; um das Nein zu Alternativen, die dem Wunder der Befreiung untreu würden; um das Ja zu Handlungsmöglichkeiten, in denen meine Selbst-Identifikation mit dem mir widerfahrenen unvergleichlich Guten konkret durchgehalten werden muss.

Aus der mir zugänglich gewordenen vorbehaltlosen Bejahung wächst mir – wenn es gut geht – die Kraft zu, nein zu sagen und mich konsequent von allem zu distanzieren, was nicht wie bisher weitergehen darf: Es darf nicht fortdauern, weil es durchkreuzen würde, was mit mir so gut angefangen hat; ich darf ihm nicht länger verpflichtet bleiben. Ich muss nun in entschiedener Freiheit *kon-sequent* bleiben: dem Weg folgen, der sich mir wunderbarerweise geöffnet hat; die Irrwege meiden, auf denen ich dem guten Anfang nicht treu bleiben könnte: Gottes Willen treu bleiben, der sich mir als wahrhaft guter Wille erschlossen und mitgeteilt hat.

Auf Freiheit hin sind wir befreit[10]

Wenn Gottes guter Wille geschieht, fängt an Wirklichkeit zu werden, was Er uns zugedacht hat. Er will sich uns schenken und öffnet uns in Seinem Christus den Weg, auf dem wir Sein Geschenk annehmen und in Ihm frei werden können. Wenn sich mir ein Mensch verspricht und sein Versprechen von Herzen kommt, kann sich mir darin ein Weg öffnen, dessen größte Verheißung darin liegt, von diesem Geschenk in Besitz genommen zu werden[11] und als so Beschenkter in die Fülle des Lebens hineinzufinden. Es kann aber auch so sein, dass dieses Geschenk mir zu Last, gar zum Verhängnis wird, weil es mich mir wegnimmt. Es nimmt mich ein für ein Versprechen, das keine Verheißung für mich sein kann. Das Geschenk darf mir nicht gehören; ich darf ihm nicht gehören, weil es mir die Freiheit nimmt, statt sie mir zu eröffnen.

Der Weg des Glaubens ist der Weg, auf dem Menschen Zutrauen lernen zu Gottes Geschenk wie zu der Herausforderung, die sich ihnen darin erschließt – und verbindlich wird. Sie beginnen zu spüren, wie gut es für sie ist, sich diesem Geschenk anzuvertrauen und dem Versprechen zu glauben, das es ihnen macht. Sie lernen die Güte des Willens zu ermessen, der sie darin berührt und für sich gewinnen will. Sie lernen verstehen, dass er nicht nur ihnen gilt, sondern ebenso den Anderen, zumal den in Not Geratenen. Und sie lernen, dass man die Güte dieses Willens nur ermessen, sie nur erahnen kann, wenn man an ihm teilnimmt – wenn man ihn leidenschaftlich mit-will. Menschen, die sich diesen Weg in der Christus-Nachfolge von Gottes gutem Geist führen lassen, gewinnen Anteil an der schöpferischen Leidenschaft des Gottesgeistes und werden *erlöst* von ihrem geistlosen Un-Willen. Die Versteinerung ihres Herzens und Willens in der Fühllosigkeit gegen das Gute löst sich; Gottes Geist-Leidenschaft überwindet die Trägheit gegenüber dem guten Anfang, der uns jetzt für sich einnehmen will.

Dein Wille geschehe, nicht der meine?

Die Heilung von der Un-Willigkeit durch den Geist der Leidenschaft für Gottes Herrschaft hat nichts mehr von Überwältigung an sich.[12] Hier nimmt uns ein guter Wille für sich ein, um uns für das uneingeschränkt Bejahenswerte zu gewinnen. Ein guter Wille treibt nicht in die Enge und setzt nicht unter Druck, auch wenn er anspruchsvoll ist. In der Zwiespältigkeit endlich-menschlicher Willens-Verhältnisse liegt das aber oft so bedrängend ineinander: Die Partnerin meint es doch nur gut, wenn sie mich in die Richtung des von ihr – für mich – Gewollten zu „bewegen" versucht. Aber *ihr* Wille ist eben nicht, jedenfalls nicht in jeder Hinsicht, *mein* Wille geworden; er bleibt ein leiser Vorwurf an meine Unwilligkeit: Warum bist du nur noch nicht so weit, dass du dich mit dem identifizieren kannst, was ich will – weil es gut für dich wäre!

Keine Frage: Auch in der Gottesbeziehung wird dieser Druck spürbar; der Druck, der mich dazu bewegen soll, den Weg unter die Füße zu nehmen, der mir *jetzt* offen steht und mich in die Fülle meines Lebens hineinführt. Wo ich Druck empfinde, mobilisiere ich Gegendruck, den Gegendruck der Selbstbehauptung gegen die Zumutungen der Willens-Umkehr. Die Dramatik der in der Bibel bezeugten Beziehungsgeschichte zwischen JHWH und Seinem Volk resultiert gerade daraus, dass Er die Ihm so lieb gewordenen Menschen über die Selbstbehauptung gegen Seinen guten Willen hinausführen will, indem Er ihnen die Güte Seines Willens zeigt und sie ihnen darüber hinaus erfahrbar macht. Er hat ein Bild von denen, die Er liebt. Und wie wünscht Er sich, dass sie Ihm ähnlicher würden. Wo die Güte dieses Willens und Wunsches aufscheint, wo sie mich anrührt, da wird es unwichtig, ob es *dein* Wille ist oder *meiner* – oder *Seiner*. Er soll geschehen; und so wird er mir zur Herausforderung aus der Unwilligkeit meines engen, perspektivlosen Eigenwillens. Ich stehe nicht mehr vor der Zumutung, einem Anderen zu Willen zu sein, sondern vor der Herausforderung, mein Leben zu ändern, weil ich gesehen habe, was gut ist – weil ich weiß, dass ich diese Einsicht *beherzigen* und in den guten Willen einwilligen „muss", der mich hier anstecken will.[13]

Sein Wille will *mein* Wille werden; nicht weil es Sein Wille ist, sondern weil es ein guter Wille ist und er als solcher erkannt werden kann.[14] Ich bin gewürdigt, ihn mitzuwollen, und herausgefordert, Mitverantwortung dafür zu übernehmen, dass er auf der Erde geschieht: nicht an den Menschen vorbei, sondern so, dass sie sich mit ihm identifizieren und ihre Identität darin finden können, für ihn da zu sein; dass sie in ihrem Wollen frei, frei-willig Antwort sein können auf die Güte des ihnen geschehenen guten Willens.[15]

Aber da ist eben doch dieser schmerzliche Abschied von dem, was mein eigenes Wollen zutiefst antreibt, es entzündet: vom „sinnlichen Wollen", das die Lebens-Lust will, die Freude am Irdisch-Vergänglichen. Da ist der Abschied von *meinem* Wollen zugunsten eines Willens, der das für alle, für den Nächsten, Gute will und sich so mit Gottes gutem Willen vereinigt hat. Sein/Dein Wille geschehe, nicht der meine!? Die Zumutung dieses Abschieds lastet schwer auf allen Versuchen, sich in der Nachfolge Jesu mit dem guten Willen Gottes zu identifizieren, auf allen Versuchen, wie etwa Immanuel Kant eine konsequente Sollens-Ethik zu entwerfen und umzusetzen. Warum sollte das so sein, dass ich mir das vital zuhöchst Erstrebenswerte, das, woran mein Herz so sehr hängt, vom Herzen reißen müsste, damit Gottes guter Wille auch durch mich geschehen könnte. Gilt dieser gute Wille nicht auch mir, meinem Glück, bis in seine sinnliche Erfüllung hinein?

Schwer lasten auf den abrahamitischen Religionen und insbesondere auf dem Christentum die Schatten der „asketischen Ideale",[16] die Forderungen nach „Aufopferung" des Sinnlichen zugunsten des Himmlischen. Diese Last ist nicht einfach abzuschütteln; und dies schon deshalb nicht, weil das sinnliche Wollen offenkundig zutiefst ambivalent ist: schöpferisch-zerstörend, zerstörend-schöpferisch. Will oder kann man diese Ambivalenz nicht – wie in vielen Polytheismen – selbst vergöttlichen, so muss man daran arbeiten, sie auf den „reinen" guten Willen Gottes zu beziehen, mit ihm – so gut es geht – zu „versöhnen". Dass dies so oft allein zu Lasten des sinnlichen Wollens versucht wurde, hat die Leidensgeschichte der Menschen auch zu einer Geschichte des Leidens unter der Religion werden lassen. Wo Menschen die Versöhnung ihres Wollens mit dem göttlich guten Willen zu erzwingen versuchen, da üben sie Gewalt aus, nicht zuletzt gegen sich selbst: indem sie *Seinen* Willen zu *ihrer* Sache machen. Die Versöhnung aber ist Sein Werk; der Glaube daran, dass sie geschehen kann und geschieht, ist unsere tiefste Hoffnung. Wie und wodurch es geschehen kann, dass auch unser sinnliches Wollen nicht in Seinem guten Willen untergeht, das lässt sich kaum ausdenken. Vielleicht kann man es „ausprobieren", indem man sich nahe gehen lässt, wie Gottes guter Wille in Seinem Messias geschieht – nicht erst in der Selbsthingabe des Kreuzes; zuvor schon anrührend und bewegend.[17]

Wohlwollen

Was will dieser gute Wille, der *mein* Wille werden will, so wie er in Jesus, dem Christus, geschieht? Der gute Wille ist ja Sein guter Wille, einfach, unwidersprechlich gut; er ist Wohlwollen gegenüber allen und allem, denen bzw. dem dieses Wohlwollen zugute kommen kann.[18] Es ist unmittelbar einsichtig, dass ein guter Wille vom Wohlwollen bestimmt sein muss. Kein Wille dürfte *gut* genannt werden, der nicht vom frei gewährten, primär am Wohlergehen des Anderen interessiert-aufmerksamen Wohlwollen bestimmt wäre. Und es ist unmittelbar einsichtig, was es bedeutet, von diesem Wohlwollen bestimmt zu sein. Menschen haben Wohlwollen erfahren oder vermisst. Sie wissen intuitiv, was sie da berührt hat oder was ihnen verweigert wurde. Und sie ahnen, wie es wäre, wenn alles Wollen vom Wohlwollen „regiert" wäre. Es wäre der Himmel, wo das Wohlwollen ganz einfach wäre, einfach gelebt würde. Im Himmel geschieht es einfach, dass Wohlwollen auf Wohlwollen trifft, nicht abgemessen, nicht „klug verteilt" und begrenzt wird, nicht bedacht werden muss, was es im konkreten Fall hervorruft, was es bewirken kann und wie es vermutlich beantwortet wird – *wie* es deshalb gelebt und möglichst effektvoll eingesetzt werden müsste. Gottes Wohlwollen, Sein unbegrenztes Gutes-Wollen, geschieht ganz einfach im Himmel. Es ist der Himmel; es ist die Versöhnung, die die Menschen für sich ersehnen, da sie ihr Wollen als in Seinem Wollen geborgen erhoffen. Es ist das Wohlwollen, von dem der Messias Zeugnis gibt, da er den Anbruch der Gottesherrschaft *jetzt* lebt.

Aber wie bricht Gottes Herrschaft an? Wie geschieht Sein Wohlwollen auf der Erde? Mit dem Himmel auf Erden ist es alles andere als einfach. Wenn Wohlwollen auf Widerwillen, Unwillen und Selbstbehauptung trifft und auch selbst davon „kontaminiert" ist, wenn es als Schwäche ausgelegt oder als bequeme Nachgiebigkeit gelebt wird, muss genau überlegt werden, wie es seiner Intention gemäß zur Auswirkung kommen kann; muss ertragen werden, dass es oft nicht mit Wohlwollen beantwortet wird, sondern mit Aggressivität oder zynischem Vorteilskalkül. Wie sollen Menschen da Gottes Wohlwollen in den so unüberschaubaren Konfliktsituationen der Erde mitleben können! Wie das konkret erwiesene göttliche Wohlwollen Selbstbehauptung und Selbstrechtfertigung hervorruft und dann eben nicht als Einladung zum Einwilligen angenommen werden „kann", lässt sich an der Sendung Jesu, des Christus, bedrängend deutlich ablesen. Aber auch dies, dass der Vater „im Himmel" die Erde nicht sich selbst überlässt; dass Er nichts unversucht lässt, das Wohlwollen gegenüber dem von Ihm ins Dasein Gerufenen auch auf der Erde auszubreiten, weil alle Menschen „Menschen Seines Wohlgefallens" sind (vgl. Lk 2,14). Von diesem Wohlwollen angesteckt zu werden, heißt, das Wohlgefallen an den Menschen *Seines* Wohlgefallens zu entdecken – sich selbst des Wohlgefallens zu erfreuen, das man bei Ihm gefunden hat und bei den Mitmenschen findet; heißt, das Wohlgefallen zu leben bis in die sinnlichen Regungen des Leibes hinein – wenn es wirklich Wohlgefallen ist und nicht *nur* Wollust.

Warum gelingt das so wenig? Warum sind Jüngerinnen und Jünger in der Notlage, flehentlich darum zu bitten, es möge endlich auch auf der Erde so sein, wie es im Himmel ganz selbstverständlich ist – und womit sich die Menschen auf Erden in ihrem eigenen Wollen doch ebenso selbstverständlich identifizieren müssten? Ist Gott irgendwie daran gehindert, auf Erden zu erreichen, was Er ganz einfach will und was deshalb im Himmel immer schon geschieht? Kann Gott die Menschen denn nicht durch Seinen guten Geist „nachhaltig" mit Seinem Wohlgefallen anstecken?

Theodizee

Fragen so alt, wie der biblische Monotheismus: Wenn es keine göttliche oder widergöttliche Instanz neben dem *einen* Gott gibt, erscheint kaum nachvollziehbar, warum auf Erden nicht geschieht, was im Himmel Wirklichkeit ist. Ein Alleingott müsste seinem guten Willen auf der Erde Geltung verschaffen können. Kann oder will er nicht? Und warum? Ratlosigkeit und Erschrecken begleiten diese Fragen, wo immer sie gestellt werden:

> *„Woran liegt die Schuld? Ist etwa*
> *unser Herr nicht ganz allmächtig?*
> *Oder treibt er selbst den Unfug?*
> *Ach, das wäre niederträchtig."*[19]

Gott wäre ein Zyniker, wenn Er mit den leidenden Menschen Sein Spiel triebe. Glaubende können diese Möglichkeit nicht ernsthaft in Betracht ziehen. Ist Er etwa „nicht ganz allmächtig"? Oder *ganz anders* allmächtig als die nach menschlichen Maßstäben mehr oder weniger „Allmächtigen" auf Erden? Das Erschrecken wirft Fragen auf. In ihrer Glaubensnot ringen die Menschen um Antworten, um einigermaßen tragfähige Argumente, damit sie ihrer Ratlosigkeit Stand halten können. Die Argumente werden es ihnen zuletzt nicht ersparen, sich in den Glauben und seine Hoffnung hineinzuwagen, Gott werde sich als unbedingt gutwilliger Gott erweisen, der Seinen Geschöpfen kein „unnötiges" Leid auflädt. Aber das tief angefochtene Vertrauen kommt nicht ohne jegliche Argumente aus, wenn es mit den Anti-Gottesbeweisen der Religionskritiker konfrontiert ist, die angesichts des grausamen Leids auf der Erde die Nicht-Existenz eines gutwilligen Schöpfergottes für ausgemacht halten. Was ließe sich – allenfalls – dazu sagen?

Gottes von Wohlwollen erfüllter guter Wille teilt sich den Menschen-Willen mit, will von ihnen geteilt werden und trifft auf tief eingewurzeltes, unwilliges *Misstrauen*. Das Misstrauen sieht die anderen als Feinde, als Konkurrenten zumindest. Man muss vor ihnen auf der Hut sein, damit sie mich nicht schädigen, mir nicht streitig machen, was doch mir gehört oder zu mir gehören sollte. Evolutionsbiologen weisen auf den lebensförderlichen Sinn solchen Misstrauens hin. Es stärkt den Realitätssinn, die genaue Beobachtung unserer Umwelt. Ohne den wachen Verdacht gegen die Absichten der anderen wären wir deren Selbstbehauptungs-Strategien hilflos ausgeliefert, wären wir von vornherein die Verlierer. Wer – wie jedes Lebewesen – seine Gene weitergeben und seine Lebensmöglichkeiten optimieren will, der muss vielen anderen zuvorkommen, sich „clever" und nicht ohne effektiv eingesetzte Aggressivität gegen sie durchsetzen. Er muss freilich auch fähig sein zu bindungswilliger Kooperation, zu emotionaler Wärme und Hingabe, sonst gelingt es ihm nicht, sich andere Menschen zugeneigt zu machen, mit ihnen das Glück der Liebe und der Lebensweitergabe zu erleben. So ist die evolutionäre „Mitgift" für den Menschen von einem tiefen Zwiespalt durchzogen. Er müsste ihn so gestalten, dass das überlebens-notwendige Misstrauen das Wohlwollen nicht erstickt – und er scheitert regelmäßig an dieser Herausforderung. Regelmäßig setzt er darauf, sich die anderen untertan zu machen, damit sie ihm nicht schaden können. Und auch dabei scheitert er regelmäßig, jedenfalls auf mittlere oder längere Sicht.

Die großen Dramen der Weltgeschichte und der Literatur erzählen die Verstrickung in diese Zwiespältigkeit; im nüchternen Blick der Evolutionsbiologie tritt sie uns „nackt" vor Augen, wie ein *Fatum*, das die Menschengeschichte(n) im Großen wie im Kleinen durchzieht, allzu oft mit fatalem Ausgang. Hätte Gott keine andere Schöpfung, keine andere Lebens-Geschichte wollen können? Wir kennen nur *diese* Lebens-Geschichte, in der Wohlwollen und Misstrauen aneinander gekettet sind. Und wir kennen die leidenschaftliche Sehnsucht, dass es dabei nicht bleibt. Wir kennen Erfahrungen, in denen es nicht dabei blieb, in denen die Liebe und nicht das Misstrauen in die ganze Wirklichkeit einer Begegnung hineinführte, in denen sich der Himmel mitten in unserer Welt aufgetan hat. Und wir wissen, dass es auf Erden keine Insel der Seligen gibt.

Wir kennen nur *diese* Lebensgeschichte – können nur von *ihr* wissen, dass sie das schöpferische Wohlwollen möglich macht, in dem Gott uns an Seinem Wohlwollen Anteil gibt. Wir wissen nicht, ob Gott andere Möglichkeiten gehabt hätte, uns in Sein Wohlwollen, in die Teilhabe an Seiner Leidenschaft, an Seinem guten Willen einzuführen. Ob es Ihm nicht doch möglich gewesen wäre, uns das Übermaß der Naturübel zu erleichtern, die den Weg der Evolution säumen und oft genug durchkreuzen? Wir wissen schon einiges über Wechselwirkungszusammenhänge und Vernetzungen in der Genese unserer Welt. Das macht es uns schwerer, uns einfach eine *andere* Schöpfung vorzustellen, in der es gleichwohl zu dem hätte kommen können, was in der unseren unsere höchste Herausforderung ausmacht: die Berufung, an Gottes unbedingtem Wohlwollen teilzunehmen. Wir können nicht ausschließen, dass Gott keine bessere Alternative zu *dieser* Schöpfung hatte. Und wir können mit Staunen und auch mit Erschrecken erahnen, dass Gottes Allmacht für Ihn nicht bedeutet, „alles Mögliche" und vielleicht Ausphantasierbare zu können, sondern dies Eine zu wollen und hervorzurufen: dass die Menschen ihre Würde darin finden, frei mit zu wollen und mit zu tun, was Ihm am Herzen liegt und von Herzen kommt, das schlechthin Gute, über das hinaus Besseres gar nicht gewollt werden kann.

Wenn dies Sein Wunsch ist und Seine Leidenschaft, kann es Ihm nicht gleichgültig sein, wie Menschen unter der Zwiespältigkeit der Schöpfung und des Menschenwillens leiden; dann kann man Ihm „in den Ohren liegen" mit der Klage über die Hölle auf Erden, mit der Bitte, sie möge endlich ihr Ende finden, Seine Herrschaft möge endlich das Angesicht dieser Erde verwandeln und in den Menschen die Hoffnung stark machen, dass nicht einmal der Tod die Macht hat, Gottes Wohlwollen zu begrenzen.[20]

Die Hoffnung der Beter(innen) weiß davon, dass sie mit ihrem Menschenbruder Jesus von Nazaret bittet. Aber die Erde, auf der ihr Bitten so hilflos und ihr Wollen schwach bleibt, verurteilt sie zum Fragen; und wer weiß schon, ob sie dies Fragen in die Nachbarschaft zur Hoffnung führt:

„Ich weiß nicht, ob der Himmel niederkniet,
wenn man zu schwach ist, um hinaufzukommen"
(Christine Lavant[21]).

Wenn es so ist, dann ist dies die höchste Macht, die Macht Seines Wohlwollens: dass Er niederkniet, damit wir „hinaufkommen", dahin kommen, wohin unser hilfloses Streben sich sehnt; dahin, wo unser sinnlich-menschlich so hilfloses und zwiespältiges Wollen in Sein Wohlwollen eingeborgen ist.[22]

Anmerkungen

[1] *Harry Mulischs* Roman „Die Entdeckung des Himmels" (dt. München – Wien 1993) transponiert dieses Motiv in postmoderne Lebenswelten.

[2] *Eugen Drewermann* optierte immer wieder für eine christlich-hermeneutische Grundentscheidung zugunsten Ägyptens und gegen das Alte Testament; vgl. seine Spitzen- und Schlussthese: „In summa: Wir sind als Christen zu sehr alttestamentlich und zu wenig ägyptisch, um wirklich christlich zu sein" (ders., Religionsgeschichtliche und tiefenpsychologi-

125

sche Bemerkungen zur Trinitätslehre, in: W. Breuning [Hg.], Trinität. Aktuelle Perspektiven der Theologie, Freiburg – Basel – Wien 1984, 115–142, hier 142).

[3] Vgl. die heftige Diskussion, die sich an entsprechende Thesen des Ägyptologen *Jan Assmann* entzündet hat. Von Assmann ist zu nennen: Moses der Ägypter. Entzifferung einer Gedächtnisspur, München – Wien 1998; Die Mosaische Unterscheidung oder der Preis des Monotheismus, München – Wien 2003. Mit Assmanns Position habe ich mich auseinandergesetzt in meinem Buch: Gott verbindlich. Eine theologische Gotteslehre, Freiburg – Basel – Wien 2007, 151–171.

[4] Vgl. Zur Genealogie der Moral. Zweite Abhandlung, Aphorismus 23, KSA 5, 333.

[5] Vgl. etwa Hermann Hesse *Steppenwolf*, wo (a. a. O., 15f.) von einem Christsein die Rede ist, das mit dem „Vernichten der Persönlichkeit und Brechen des Willens" einhergeht.

[6] Nietzsche hat nie ein Hehl daraus gemacht, was dieses Bekenntnis zum Willen zur Macht alles einschließen muss. Vgl. etwa den Aphorismus 259 in *Jenseits von Gut und Böse* (KSA 5, 207f.); dort heißt es, der „leibhafte Wille zur Macht […] wird wachsen, um sich greifen, an sich ziehen, Übergewicht gewinnen wollen, – nicht aus irgend einer Moralität oder Immoralität heraus, sondern weil er *lebt*, und weil Leben eben Wille zur Macht *ist*." Leben aber ist für Nietzsche „wesentlich Aneignung, Verletzung, Überwältigung des Fremden und Schwächeren, Unterdrückung, Härte, Aufzwängung eigner Formen, Einverleibung und mindestens, mildestens, Ausbeutung".

[7] So *Ernst Tugendhat* in seinem Buch: Egozentrizität und Mystik. Eine anthropologische Studie, München 2003, 124.

[8] Vgl. Norbert Lohfink, Das Vaterunser, intertextuell gedeutet, a. a. O., 79; zum Terminus „Gottes Wille" im Vaterunser: Gottes „Wille im Vaterunser ist […] zweifellos sein Plan für den Gang der Dinge, sein Geschichtsentwurf. Ihn möge Gott endlich durchsetzen – das ist der Sinn der Bitte." Lohfink nennt im Folgenden intertextuelle Bezüge, die das Motiv alttestamentlich profilieren. Das theologische Konzept Deuterojesajas spielt dabei eine besondere Rolle.

[9] Die Formulierung ist der bekannten „Gottes-Definition" des *Anselm von Canterbury* nachempfunden, wonach Gott das sei, worüber Größeres nicht gedacht werden könne. Darüber hinaus müsste man – so Anselm – sogar sagen, Gott sei größer als alles, was gedacht werden könnte (vgl. Proslogion 2 und 15). Ähnlich wäre hier zu sagen: Gott und seine Herrschaft sind größer und erhoffenswerter als alles, was menschlich erhofft werden kann.

[10] Vgl. Gal 5,1, wo es von den Glaubenden heißt: „Zur Freiheit hat uns Christus befreit."

[11] Hier öffnet sich die Freiheit, die – wie Martin Heidegger sagen kann – den Menschen „besitzt" (ders., Vom Wesen der Wahrheit, Frankfurt a. M. [6]1976, 17). Vgl. das Kapitel „Freiheit als Passion" bei Norbert Bolz, Die ungeliebte Freiheit. Ein Lagebericht, München 2010, 10–17.

[12] Eine solche Leidenschaft ist nicht von außen auferlegt; sie macht vielmehr einen emphatisch bejahten „lebensbestimmenden Willen" in seiner „befreiende[n], identitätsbildende[n] Kontinuität aus" (vgl. Peter Bieri, Das Handwerk der Freiheit. Über die Entdeckung des eigenen Willens, Frankfurt a. M. [2]2004, 424f.). So ist sie die Leidenschaft der Freiheit, die sich von dem Wozu der Freiheit getragen, ja hervorgerufen weiß. Diese innere Verbindung von Freiheit und Leidenschaft steht im Gegensatz zum Selbstbestimmungs-Begriff der Freiheit, wie ihn die Aufklärung entwickelt und Kant gültig ausformuliert hat. Hier gilt die Leidenschaft als „eine Neigung [...], die die Herrschaft über sich selbst ausschließt" (Immanuel Kant, Die Religion innerhalb der Grenzen der bloßen Vernunft, in: Kants Werke. Akademie Textausgabe, Bd. VI, Berlin 1968, 1–202, hier 29 Fn.). Die Leidenschaft der Freiheit ist nicht bloße Neigung oder Getriebensein, sondern die Leidenschaft der wohlerwogenen Identifikation mit dem alternativlos zur Entschiedenheit Herausfordernden, dem der Mensch sich in „wholeheartedness" (Harry Frankfurt) stellt, das ihn über jede „Halbherzigkeit" hinausführt und seinen Willen ganz erfüllt. Vgl. Norbert Bolz, Die ungeliebte Freiheit, 12–15; meine eigenen Überlegungen zum Thema habe ich ausgeführt in: Gott verbindlich. Eine theologische Gotteslehre, Freiburg – Basel – Wien 2007, 446–476.

[13] So wird die Willensbitte in mystischer Auslegung zur Ermutigung und zur Bitte um die Unio mystica im Sinne der Willenseinung. „Geben wir uns" – so *Teresa von Ávila* – „in seine Hände, damit sein Wille an uns geschehe" (Wohnungen der Inneren Burg, 6. Wohnungen 9,16) und damit wir es vermögen, unseren Willen „auf den Willen Gottes einzustimmen" (2. Wohnungen 1,8). Wo das geschieht, kommt der Himmel auf die Erde, als der „kleine Himmel der Seele", die sich Gottes Willen verbunden hat (vgl. dies., Wege der Vollkommenheit 47,2).

[14] Das ist der bleibende Ertrag der Aufklärungskritik an der Vorstellung eines Willkürgottes, die unbestreitbar auch in der Bibel Spuren hinterlassen hat. Man kann diesen Ertrag mithilfe einer Alternative formulieren: Ist das Gute gut, weil Gott es will? Oder will Gott es, weil es gut ist? Antwort: Gott kann gar nicht anders als das Gute und nur das Gute zu wollen. *Martin Luther* hat das noch anders gesehen. Ein Text aus *De servo arbitrio* dokumentiert den Paradigmenwechsel vom souveränen Willensgott zu einem Gottesverständnis, das auch Gott der Selbstverständlichkeit des

Guten verpflichtet sieht: „Er ist Gott, und für seinen Willen gibt es keine Ursache noch Grund, die ihm als Richtschnur und Maß vorgeschrieben werden könnten, da es nichts gibt, das ihm gleich oder über ihm ist. Sondern sein Wille ist Richtschnur für alle Dinge. Denn wenn es für ihn irgendeine Richtschnur und Maß gäbe oder eine Ursache oder einen Grund, so könnte er bereits nicht mehr Gottes Wille sein. Denn nicht deswegen, weil es ihm ziemt oder ziemte so zu wollen, ist richtig, was er will, sondern im Gegenteil: weil er selbst so will, deswegen muss recht sein, was geschieht" (Weimarer Ausgabe 18, 712; Übersetzung: Luther deutsch. Die Werke Martin Luthers in neuer Auswahl für die Gegenwart, hg. von K. Aland, Bd. 3, Stuttgart – Göttingen [3]1961, 280).

[15] Darin zumindest kommt der biblische Willensgott mit den Göttern Ägyptens überein; vgl. Erik Hornung, Der Eine und die Vielen. Ägyptische Gottesvorstellungen, Darmstadt [5]1993, 211: „Das ist ja die Antwort, welche die Götter [Ägyptens] brauchen, und hier schließt sich der Kreis unserer Betrachtung, welche vom Wirken der Götter ausging. Die Götter bedürfen keiner materiellen Gaben, aber sie bedürfen der Antwort des Menschen auf ihre Existenz, sie wollen sich im Herzen der Menschen ereignen, erst dadurch erhält ihr Schöpfungswerk seinen bleibenden Sinn. Antwortlosigkeit und Schweigen sind Existenzformen des Nichtseins, zum Sein gehört der lebendige, nicht abreißende Dialog zwischen Gott und Mensch, eingespannt in die Polarität zwischen Liebe und Furcht. Was bei der Schöpfung von den Göttern kam, die Maat, kehrt aus der Hand des Menschen zu ihnen zurück [...]."

[16] Friedrich Nietzsche, Zur Genealogie der Moral. Dritte Abhandlung: was bedeuten asketische Ideale?, KSA 5, 339–412.

[17] Der Inkarnationsglaube hat seine Sinnspitze, wie sie sich in der höchst elaborierten Lehre von der hypostatischen Union erkennen lässt, gerade darin, dass der menschliche Wille (Jesu Christi) im göttlichen nicht untergeht, sondern zu seiner Erfüllung kommt. So ist christologisch klargestellt, was auch anthropologisch und gnadentheologisch zur Geltung zu bringen ist. Der Philosoph *Norbert Bolz* sagt es provozierend einfach (freilich in einer höchst anfechtbaren Interpretation der Lehre Luthers vom „unfreien Willen"): „In der christlichen Freiheit berühren sich Gott und Mensch. Als wahrhaft frei gilt demnach der Mensch, der im Einklang mit sich selbst und Gott steht" (ders., Die ungeliebte Freiheit, 24).

[18] Dass dieses Wohlwollen auf *Wohlgefallen* ausgerichtet ist, arbeitet Heinz Schürmann heraus (Das Gebet des Herrn als Schlüssel zum Verstehen Jesu, Leipzig [7]1990, 80): „Gottes Wille ist sein ‚Wohlgefallen‘, das von Gott seit jeher Gewollte und Geplante, an dessen Realisierung und Durchsetzung er seine Freude hat."

[19] Heinrich Heine, Lazarus, in: Sämtliche Werke. Kritische Ausgabe, hg. von E. Elster, Leipzig 1887–1890, Bd. 2, 91f.

[20] Zur Irritation des Bittgebets durch die Theodizee vgl. ausführlicher meinen Aufsatz: Hört Gott mich, wenn ich zu ihm rufe? Notizen zu Bittgebet und Theodizee, in: Internationale Katholische Zeitschrift *Communio* 37 (2008), 587–600.

[21] Aus dem Gedicht „Es riecht nach Schnee." Den Hinweis auf dieses Gedicht verdanke ich *Vera Krause*. Die Frage ist wenig „fromm", nicht ohne Trauer, wenn sie als Frage ernstgenommen wird. Christine Lavant lässt da keinen Zweifel: „Ein wenig trauriger bin ich als gestern / doch lange nicht genug, um fromm zu sein" (ebd.). Beten könnte der Ort sein, wo die Trauer „fromm" wird und die Frage hoffnungsvoll. In dieser Hoffnung wird es immer wieder neu versucht.

[22] Am Ende dieses Kapitels darf zurückverwiesen werden auf die Theologie der griechischen Kirchenväter und deren erstaunliche Grundüberzeugung: Gott wird in Jesus Christus Mensch, damit wir durch den Heiligen Geist vergöttlicht werden können. Ich habe diesen Satz trinitätstheologisch für heute auszulegen versucht in: Gott verbindlich, 544–554.

V. Unser tägliches Brot gib uns heute
(Mt 4,4; 6,25–26.31–34; Mk 6,8–9)

> *„Er aber antwortete:*
> *In der Schrift heißt es: Der Mensch lebt nicht nur vom Brot,*
> *sondern von jedem Wort, das aus Gottes Mund kommt"*
> (Mt 4,4).
> *„Und er gebot ihnen,*
> *außer einem Wanderstab nichts auf den Weg mitzunehmen,*
> *kein Brot, keine Vorratstasche, kein Geld im Gürtel,*
> *kein zweites Hemd und an den Füßen nur Sandalen"*
> (Mk 6,8–9).

Gebets-Alltag

Eben noch ging es um Gottes Herrschaft, darum, dass Sein Wille geschehe. Jetzt treten *wir* ins Blickfeld, die Beter(innen) des Vaterunsers, unsere alltäglichen Bedürfnisse und Sorgen. Das Vaterunser wird zum Wir-Gebet – und es geht ums tägliche Brot. „Aufs Heute wendet sich nun das zukunftsvolle Auge zurück."[1] Die Bedrängnis der Jüngerinnen und Jünger war auch in den Bitten zuvor nicht verschwiegen worden. Wenn Gottes guter Wille – endlich – geschieht, wenn Gottes Herrschaft das Angesicht der Erde verwandelt, geschieht den Glaubenden, wonach sie sich sehnen und was ihnen jetzt so sehr fehlt. Der Brot-Bitte geht es indes um den heutigen Tag und seine Sorge. *Wir* verschweigen sie nicht, auch wenn uns gesagt ist, der Mensch lebe nicht nur vom Brot, „sondern von jedem Wort, das aus Gottes Mund kommt" (Mt 4,4). Aber er lebt hier und jetzt auf Erden auch vom Brot. Darf das in der Zuwendung der Betenden zu ihrem Vater im Himmel eine Rolle spielen? Ist Er „zuständig" für diese Alltagssorge; Er, der im Himmel solcher Sorgen ganz und gar enthoben ist? Müssten nicht auch die Glaubenden „über sie hinaus" sein?

131

Ein Jesus-Wort der Bergpredigt scheint ganz und gar nicht zu passen zur theologischen Bedenkenlosigkeit, mit der Gott hier in die Sorge um das tägliche Brot hineingezogen wird:

„Sorgt euch nicht um euer Leben und darum, dass ihr etwas zu essen habt, noch um euren Leib und darum, dass ihr etwas anzuziehen habt. Ist nicht das Leben wichtiger als die Nahrung und der Leib wichtiger als die Kleidung? Seht euch die Vögel des Himmels an: Sie säen nicht, sie ernten nicht und sammeln keine Vorräte in Scheunen; euer himmlischer Vater ernährt sie. Seid ihr nicht viel mehr wert als sie?
Macht euch also keine Sorgen und fragt nicht: Was sollen wir essen? Was sollen wir trinken? Was sollen wir anziehen? Denn um all das geht es den Heiden. Euer himmlischer Vater weiß, dass ihr das alles braucht. Euch aber muss es zuerst um sein Reich gehen und um seine Gerechtigkeit; dann wird euch alles andere dazugegeben. Sorgt euch nicht um morgen; denn der morgige Tag wird für sich selbst sorgen. Jeder Tag hat genug eigene Plage" (Mt 6,25f. 31–34).

Das Kommen der Gottesherrschaft ist so viel wichtiger als die Nahrung heute oder morgen, wie könnte das tägliche Brot bei den Jüngern der Gottesherrschaft da nachhaltig Aufmerksamkeit finden? So redet der Jesus der Bergpredigt aber erstaunlicherweise nicht. Er stellt zunächst Prioritäten innerhalb unserer Lebenswelt klar: Das Leben ist wichtiger als das Essen hier und heute, der Leib ist wichtiger als die Kleidung, die Menschen sind wichtiger als die Vögel des Himmels. Der Vater im Himmel sorgt für all das: für das Wichtigere, auch für das im Vergleich dazu weniger Wichtige. Dann kommt es freilich doch noch: Die erste Priorität ist die Gottesherrschaft und ihre Gerechtigkeit. Diese Priorität muss im Blick bleiben. Und wieder die Frage: Müsste die Sorge für sie nicht alle anderen Sorgen außer Kraft setzen oder gegenstandslos machen? Nein, sie sind ja von der Sorge des Vaters im Himmel mit umgriffen: die Sorgen um das „Heilsnotwendige" wie die um das Lebensnotwendige. Und so kommen sie jetzt auch im Vaterunser vor.

Alltags-Sorge

Nach all dem, was Jesus in der Bergpredigt über rechtes und falsches Sorgen sagt, dürften die Jünger sich bei der Brotbitte freilich selber ins Wort fallen: Sorge Du für das Brot, das wir heute brauchen. Aber Du sorgst ja von Dir aus dafür. So brauchen wir uns um nichts anderes als um das Gegenwärtigwerden der Gottesherrschaft zu sorgen. Ist die Brotbitte in diesem Sinne von einem umfassenden Gottvertrauen überholt, vom Vertrauen darauf, dass Er das Reich und seine größere Gerechtigkeit herbeiführen wird? Das Vaterunser geht nicht über das Brot für heute hinweg. Die Spannung ist da. Und sie reicht – nicht erst für die Beter von heute – noch viel tiefer. Was soll man von der Sorge des Vaters im Himmel halten, wie kann man sich ihr anvertrauen, wenn sich der Hunger auf der Erde ausbreitet; wenn sogar kleine Kinder das Brot nicht haben, das sie für heute sättigen und morgen heranwachsen ließe?

Dass neben und nach der nahe gekommenen Gottesherrschaft das Brot für heute eben doch der Rede – und des Gebets – wert ist, dass es dem Vater im Himmel wichtig ist, weil Ihm die Not auf Erden zu Herzen geht, das mag für Menschen von heute gleichwohl eine erste Motivation sein, in die Brot-Bitte einzustimmen. Wie sollten sie den göttlichen Vater nicht mit ihren Alltags-Ängsten und Sorgen behelligen, wenn sie daran glauben, dass Er ihnen liebend zugewandt ist. Aber erbitten sie tatsächlich von Ihm, dass Er ihnen das fehlende Lebensnotwendige nicht vorenthält?

Vom Brot und dem Lebensnotwendigen ist nicht nur *nach* der Gottesherrschaft die Rede, sondern *zusammen mit ihr*. Das meint: Wenn sich die Gottesherrschaft endlich ausbreitet, so wird auch der Hunger nach dem Lebensnotwendigen gestillt sein. Wo Sein Reich auf der Erde Raum gewinnt, machen sich

Menschen das Brot nicht mehr streitig; da teilen sie, was ihnen *jetzt* geschenkt ist, für heute. Sie leben in der Gottesherrschaft – oder auf dem Weg zu ihr – so miteinander, dass keinem und keiner etwas Lebensnotwendiges fehlt. Gottes Reich und seine Gerechtigkeit werden all das mit sich bringen. So hat ihnen die erste Sorge zu gelten. Wenn Menschen sie herbeibitten, wenn sie darum bitten, möglichst schon heute in der Gottesgemeinschaft – in der Gottesherrschaft – zu leben, dürfen sie in diese Bitte freilich auch ihre Sorge um das Brot für heute hineinlegen.[2]

Zwischen Gestern und morgen

Gottes Herrschaft ist nahe, zum Greifen nahe. Die um sie Bittenden spüren förmlich, wie sie nach ihnen greift – und wie sie dann doch von allen „guten Geistern" verlassen scheinen. Im Heute fühlen sie sich hängen gelassen zwischen dem Gestern, als sie die Botschaft von Gottes Heils-Zukunft erreichte, und dem Morgen, da die Bitten erhört sein werden und die Sehnsucht nach dem Reich Gottes gestillt wird. Wer gestern aufbrach und für morgen das Ziel vor sich sieht, der hat das Heute zu erleiden, in dem die Hoffnungen brennen und die noch unerfüllte Zeit sich unerträglich dehnt. Das Heute ist die Wüste der unerfüllten Sehnsucht, aber auch der nicht gestillten Bedürfnisse nach dem Lebensnotwendigen. Die Mose-Schar, die über vierzig Jahre – eine ganze Lebenszeit – durch die Wüste irrte; die Wandercharismatiker, die in der Jesusnachfolge heimatlos wurden, als sie in die Gottes-Zukunft hinein aufbrachen: sie erleiden am eigenen Leib, sie erleben an der Not ihres eigenen Körpers, was es heißt, zwischen gestern und morgen in der Wüste zu leben und überleben zu müssen. Sie können das Heute vor dem Morgen nicht leicht nehmen. Für sie sind der Hunger und der Durst – Hunger und Durst nach Gerechtigkeit, aber auch der Hunger nach dem Bissen Brot und der Durst nach dem Schluck Wasser – keine relativierbaren Größen. So halten sie sich an Gott fest, Er möge sie

nicht in dem Heute der Not und der Entbehrung hängen lassen; Er möge ihnen in der Bedrängnis durch den Hunger nach
Brot und den Durst nach Wasser auf ihrem Weg in die Gottesherrschaft entgegenkommen. Die Jesusjünger erinnern sich an
das Manna, das die Moseschar in der Wüste von Tag zu Tag
nährte. Und sie erbitten, dass auch sie *heute* nicht körperlich
und geistlich verhungern und verdursten müssen. Sie vergessen
den leibhaften Hunger und den brennenden Durst in der Hitze
des Tages nicht. Sie haben ja erfahren, wie er die Not Leidenden entwürdigt, wie er sie unfähig machen kann, über den
nächsten Bissen Brot und den Schluck Wasser für ihren aus-
gedorrten Leib hinauszudenken und hinauszufühlen;[3] wie sie
darin auch von geistlicher Dürre und Lebensnot heimgesucht
werden.

Wenn die Menschen der Gottesherrschaft *gewürdigt* werden sollen, in Gott ihr Leben zu finden, so kann ihre Entwürdigung im Hier und Heute – die Entwürdigung durch den
ungestillten Hunger nach dem Lebensnotwendigen, aber auch
den ungestillten Durst nach elementarer Gerechtigkeit – im
Gebet um die Gottesherrschaft nicht als nachrangige Priorität
übergangen werden. Das Heute verlangt sein Recht, auch
wenn die Bittenden nicht wissen, was ihre Bitte ausrichten
kann, damit es zu seinem Recht kommt. Gottesherrschaft ist
keine Utopie, für die das Heute geopfert werden müsste. Sie
will schon heute anfangen, unser Leben zu verändern; sie soll
uns schon heute zugute kommen. So darf das Heute nicht verloren gegeben werden; auch von Gott nicht. So bedrängen Ihn
die Beterinnen und Beter, ihre Not heute zu wenden, wenigstens zu lindern, auch wenn sie nicht wissen, wie das von Gott
her geschehen kann. Sie ziehen Ihn in ihre Sorge für das Heute
hinein, weil Er sie vor dem Morgen der sich erfüllenden Gottesherrschaft in das Heute gerufen hat.

Wo liegt dann aber die Bedeutung der Brot-Bitte für Zeitge-
nossen, die ihr Heute – in der Lebens-Sattheit Mittel- und
Westeuropas – selten vom Hungern und Dürsten nach dem
Überlebensnotwendigen bestimmt erleben werden?

Die Würde des Heute

Auch „Wohlstands-Christen" des 21. Jahrhunderts, die durch den Ruf in die Gottesherrschaft kaum in eine ungeschützte, unsichere Gegenwart herausgerufen und zur Bitte um das tägliche Brot „gezwungen" sein werden, hätten sich von der Würdigung des Heute in Anspruch nehmen zu lassen, wie sie in der Brot-Bitte ausgesprochen wird – und von der Lebens-Not derer, die das Heute als Wüste erleben müssen, ohne dass sich ihnen der Zugang in ein „gelobtes" Morgen schon abzeichnet. Wo das Heute komfortabel ist, kann das Morgen warten. Wo das Heute ausweglose Not bedeutet und das Morgen nicht kommen will, da ist die Sorge für ein würdiges Heute dran, auch für die, denen es jetzt gut geht. Die Leidenschaft für die Gottesherrschaft im Morgen darf das Heute nicht überspringen. Wer von ihr ergriffen ist, der ist im Heute für die Notleidenden da. Das war ein Herzensanliegen schon der ersten Christen. Und gerade darin wussten sie sich dem Vater im Himmel verbunden, Der ein Herz hat für Arme und Verlassene auf der Erde. Wohlstandschristen des 21. Jahrhunderts werden sich hier auf Erden bitten lassen, wenn sie den Vater im Himmel um das Lebensnotwendige für heute bitten. Gebet und Diakonie gehören zusammen, wo Betende die Möglichkeit haben, an dem von Gott Erbetenen selbst mitzuwirken.

Wenn die Bitte – wo das möglich ist – nicht ohne das eigene Tun bleibt, verliert sie den Alibi-Charakter, der sie heute oft so unglaubwürdig macht. Wenn sich der eigene Einsatz auf die Bitte hin öffnet, ordnet er sich ein in das Geschehen des guten Gotteswillens, der allen Menschen Gottes Wohlwollen erweisen will. Im Vaterunser beten sich die Jünger und Jüngerinnen Jesu, die mit ihm dieses Gebet sprechen, in den guten Willen des Vaters hinein, den der Sohn hier auf Erden lebte. Sie identifizieren sich mit der Sehnsucht, dieser gute Wille möge endlich geschehen und so allen Gottes Wohlwollen erfahrbar werden lassen. Und deshalb wissen sich die Betenden nach ihren Möglichkeiten dafür in die Mitverantwortung genommen, dass Gottes guter Wille heute schon auf der Erde geschehen kann.[4] Dass das gerade auch für die Linderung der Überlebens-Not gilt, bringt die Brot-Bitte irritierend konkret zum Ausdruck.

Brot für heute

Es ist schon erwähnt worden, dass die Speisung der Mose-Schar mit dem Manna während des Wüstenzuges (vgl. Ex 16 und Ps 78,24f.) den Erinnerungs-Hintergrund der Brot-Bitte mit ausmacht. Von diesem Hintergrund her erschließt sich der genaue Sinn der Bitte um das *tägliche* Brot, das Brot also *für heute*.[5] Das „Brot vom Himmel" ist den Israeliten in der Wüste nur für heute gegeben. Jeder soll nur soviel sammeln, wie er heute zum Essen braucht. Mose gebot dem Volk, nichts bis zum nächsten Morgen übrig zu lassen, also nicht auf Vorrat zu sammeln (vgl. Ex 16,19); und er gerät in Zorn, als dies doch geschieht und das Himmelsbrot verdirbt.

Auch die Bitte des Vaterunsers bezieht sich auf das für heute Lebensnotwendige. So trifft *Heinz Schürmann* den im Griechischen schwierig zu eruierenden Wortsinn wohl so genau wie möglich, wenn er übersetzt: „Unser Brot, das notwendige, gib uns heute!"[6] Dann ergibt sich aber eine überraschende Querverbindung zu den Worten vom rechten und vom falschen Sorgen in der Bergpredigt, die zur Brotbitte in Spannung zu stehen schienen. Auch hier wird ja in der „Conclusio" die auf das Morgen vorausgreifende Sorge abgelehnt: „Sorgt euch nicht um morgen, denn der morgige Tag wird für sich selbst sorgen" (Mt 6,34). In der Plage des heutigen Tages aber richtet sich der Blick auf den Vater im Himmel: Er möge die Seinen nicht in ihr versinken lassen. Man kann in dieser Bitte eine Reminiszenz an das riskierte Leben der Wandercharismatiker in der Nachfolge Jesu erblicken, die wegen ihrer eschatologischen Sendung nicht selbst für ihr tägliches Brot sorgen können – nicht einmal dafür sorgen dürfen (vgl. Mk

6,8) – und darauf angewiesen sind, dass es ihnen von denen geschenkt wird, zu denen sie kommen. Dann richtet sich die Bitte ursprünglich an den Vater in der Erwartung, Er werde die von Ihm zum endzeitlichen Exodus der Reich-Gottes-Verkündigung Herausgerufenen nicht „unterwegs" ohne das Lebensnotwendige untergehen lassen.[7] In ihrem Leben darf aber die längerfristige Leib-Sorge keinen Raum haben. So bitten sie um das Auskommen nur für den Tag, der gerade vor ihnen liegt. Ist diese Bitte um das Brot, das heute nicht fehlen möge, für Beter(innen), die nicht diese apostolische Sendung außerhalb der sesshaft-bürgerlichen Ordnung übernommen haben, damit belanglos oder „weniger aktuell" geworden?

Gottes Sorge und Menschen-Sorge

Die ersten Beter(innen) der Brot-Bitte haben das für jetzt Lebensnotwendige im Blick. Sie erbitten es von Dem, Der sie in ihre Sendung gerufen hat. Der selbstverständliche Glaube daran, dass Gott für sie auch in den Nöten des Heute sorgen wird, da Er ihnen durch Seinen Christus geboten hat, ihre Sorge für das Heute Ihm anheim zu stellen, mag uns fremd geworden sein. Zu viel Not, zu viel Brot-Losigkeit hält Menschen heute gefangen, bringt sie ums Leben, ehe sich ihnen die Tür zur Gottesherrschaft morgen oder übermorgen oder irgendwann öffnet. Auf das Morgen der Gottesherrschaft hin zu leben in der Gebetsgewissheit, dass es heute am Nötigsten nicht mangeln wird; in der Hoffnung wenigstens, dass man in der Wüste nicht umkommen wird, die heute zu durchqueren ist, das mag in der apokalyptischen Naherwartung der frühen Christen eine herausfordernde und ermutigende Perspektive gewesen sein. Nach zweitausend Jahren weiter andauernder Not und Entbehrung wird man die Sorge fürs Überleben kaum noch mehr oder weniger sorglos dem Vater im Himmel anheim stellen. Er ist nicht der „Ersatzmann" für Versäumnisse und die Unersättlichkeit von Menschen, die andere hungern lassen, um selbst im Übermaß konsumieren zu können. Sich auf Seine Sorge zu verlassen, das kann man Hungernden jedenfalls nicht anraten, ohne sich als Zyniker zu outen.

Man tut gut daran, selbst dafür zu sorgen, dass Brot da ist; mitzusorgen, damit sich niemand um das Brot für heute und morgen sorgen muss. Die Menschen haben die Verantwortung dafür übernommen, dass der Hunger nach dem Brot und allem Lebensnotwendigen gestillt wird. Erreicht haben sie wenig. Und dennoch werden auch die Frömmsten nicht geneigt sein, Gott wieder für das tägliche Brot in die Verantwortung zu rufen. Am Versagen Seiner Fürsorge und „Vorsehung" kann es doch nicht liegen, dass die Sorge ums tägliche Brot für einen Großteil der Weltbevölkerung die Hauptsorge ihres Lebens geblieben oder wieder dazu geworden ist.

Das elementare Gebetsvertrauen der Jüngerinnen und Jünger in ihrer heimatlosen „Heute-Existenz" hat sich in Langzeitperspektiven übersetzen und bewähren müssen. Dabei hat es sich in die diakonische Mitverantwortung dafür übersetzt, dass die Wir-Bitte tatsächlich als *Wir*-Bitte glaubhaft wird: dass die mit uns Betenden – schließlich alle Menschen – in Lebens- und Überlebensnot nicht allein gelassen sind. Es hat sich freilich – unter dem Einfluss antiker Philosophie und Lebenslehre – auch zu einem Geschichts-umgreifenden Vorsehungsglauben ausgebildet, der Gottes Fürsorge an allen Widerfahrnissen, auch den schlimmsten noch, in ihrer unerforschlichen Weisheit am Werk sah. Das Heute-Vertrauen wurde zum Allzeit-Vertrauen ausgeweitet und verallgemeinert. Damit war es angesichts der weltgeschichtlichen Katastrophen, die seit dem Dreißigjährigen Krieg immer bedrängender die Jahrhunderte durchzogen, hoffnungslos überfordert. Auschwitz konnte gewiss zu nichts mehr gut gewesen, es konnte doch nicht mehr von Gottes Vorsehung umgriffen sein. Wie aber könnte man sich klagend und bittend in einem Gott festmachen, Dem nicht zugleich eine alles im Letzten bestimmende Geschichtsmacht, zumindest die Fähigkeit und der Wille zugetraut würde, heute zugunsten der von unsäglicher Not Heimgesuchten einzugreifen?

Das „unbändige und grenzenlose *Vertrauen*, aus dem die Brotbitte gesprochen sein will",[8] wird sich nach der Erfahrung vieler Zeitgenossen in elementarer Lebensnot kaum noch darauf richten, durch Gottes Einwirken oder Veranlassung das Brot zu erlangen, das sie im Heute überleben lässt. Die Brot-Bitte ist zum Gebetsort geworden, an dem vielfach Abschied genommen wird von der Erwartung einer materiell-physischen Lebens-Hilfe durch Gottes konkret fürsorgliche „Vorsehung". Sie ist christlich gleichwohl Bitte darum geblieben, das Nahekommen der Gottesherrschaft möge in der Alltagsnot *heute schon* konkret greifbar werden – auch dadurch, dass die Menschen nicht in allem, was sie sind und wonach sie verlangen, auf das jetzt Entbehrte fixiert bleiben; dass sie jetzt schon das „Mehr" der Gottesherrschaft „schmecken", berühren und feiern können, wie Jesus von Nazaret es mit den Seinen gefeiert hat. Wo Brot und Wein fehlen, die freudige Erwartung der Gottesherrschaft zu feiern, da verlieren die Menschen den Lebens-Kontakt zum Jetzt, in dem Gott sie berühren und in Seine Zukunft einführen will. So bitten die von der Reich-Gottes-Hoffnung bewegten Menschen darum, Er möge uns so im Jetzt entgegenkommen, dass wir nicht im ungestillten Verlangen nach dem Überlebensnotwendigen untergehen müssen, dass wir Seine Schöpfung als Verheißung für die Gutheit und Schönheit erspüren dürfen, zu der Er das von Ihm Geschaffene beruft.

Der Abschied von der Erwartung, Er selbst stelle zur Verfügung, was die Menschen fürs Leben an Nahrung und Befriedigung brauchen, schneidet tief in die religiösen Erwartungen der Menschheit hinein. Er beendet die Geschichte der Fruchtbarkeitskulte, in denen Gottheiten – etwa durch Rückerstattungsopfer – dazu motiviert werden sollten, die Fruchtbarkeit der „Mutter Erde" je neu zu stiften und zu sichern. Die Unverfügbarkeit der Ernten bleibt gewiss auch in Zeiten gentechnologisch aufgerüsteter Agrarindustrien ein „Unsicherheitsfaktor". Aber sie kann nicht mehr auf eine freigiebig spendende oder missgünstig vorenthaltende, vielleicht auch durch Missernten

„gerecht strafende" Gottheit zurückgeführt werden. Gott ist nicht mehr für den Ernteertrag zuständig. Was Menschen konkret von den Ernten haben, darüber bestimmen längst die, die je nach Marktlage über die Erträge disponieren.

Wenn Menschen Gott heute in ihre Sorge um das Lebensnotwendige hineinziehen, so tun sie es im Wissen um die Zwiespältigkeit von Menschen-Macht und Menschen-Sorge, die oft Sorge um den eigenen Vorteil bleibt – und im Letzten nicht sichern kann, was das Leben nährt und lebenswert macht. So werden die Betenden ihr Betroffensein vom Scheitern der Menschen in *ihrer* Verantwortung fürs täglich und immer wieder Notwendige vor Gott bringen. Sie werden es einbringen in die Bitte um Gott und Seine Herrschaft, in der es mit der Entwürdigung auch durch den Hunger nach dem Lebensnotwendigen und die vorenthaltene Gerechtigkeit ein Ende haben wird. Sie werden Gott bitten, ohne sich vorstellen zu können, wie Er ihnen hilfreich-konkret entgegenkommen kann, um ihnen Seine Herrschaft jetzt schon greifbar zu machen: in ihrer Not, das Lebensnotwendige entbehren zu müssen; in der Not ihrer abgründig überforderten menschlichen Verantwortung, die sie an der Sorge um das Lebensnotwendige für alle immer wieder scheitern lässt.

Nur für heute

Hat die Entwürdigung der Menschen nicht auch entscheidend damit zu tun, dass den Not Leidenden das Heute streitig gemacht wird von den Mächtigen, die ihre vorausschauende Selbstsorge eigen-*süchtig* ins Ungemessene und völlig Unverhältnismäßige hinein ausdehnen? Macht zu haben bedeutet über die Mittel zu verfügen, nicht nur im Heute gut existieren, sondern auf unabsehbare Zukunft hin im Überfluss leben zu können; bedeutet die Macht, Lebensrisiken aller Art so weit wie möglich durch Lebens-Überfluss im Voraus „überholen" zu können. Das mag sich als hoffnungslos illusionär herausstellen; im Gleichnis vom reichen Kornbauern (Lk 12,15–21[9]) wird diese abgründige Fehlkalkulation geradezu brutal ans Licht gezogen.[10] Aber die Motivation, sich durch den Überfluss gegen die Unverfügbarkeit des Morgen zu sichern, blieb die Triebkraft der Akkumulation von Lebensmitteln bis grotesk weit über das Lebensnotwendige hinaus, wie man sie der grenzenlosen und demonstrativen Verschwendung der Superreichen in allen Jahrhunderten ansehen kann.

Die Bitte um das Leben-ermöglichende Nahekommen der Gottesherrschaft schließt die Bitte um *das heute Lebensnotwendige* ein. Sie ist im Sinne Jesu. Niemand soll entbehren, was er jetzt zum Leben braucht: die Lebensmittel für den Leib; aber auch die Nahrung für die Seele: Anerkennung, Zuneigung, mitmenschliche Solidarität. Für heute – und nur für heute – zu bitten, lehrt die mit Jesus Betenden, die eigene Unersättlichkeit in den Blick zu nehmen. Vielleicht wird man heute satt am Brot für den Leib. Aber morgen und alle Tage danach soll es ebenso sein! Die Manna-Geschichte durchkreuzt die Sorge nach Mehr, nach dem Mehr-als-jetzt-Nötigen. Für die Mose-Schar ist das Brot vom Himmel nur für heute „genießbar". Die Seele scheint noch unersättlicher als der Leib, was ihre Alltagsbedürfnisse angeht: Sie denkt an übermorgen, ans nächste Jahr. Man kann gar nicht genug vorsorgen, nie genug Liebesbeweise, nie genug Seelen-Nahrungsmittel bekommen. So treibt die Unersättlichkeit von Leib und Seele in die gnadenlose Konkurrenz um die notorisch knappen Lebens- und Überlebensmittel.

Die Knappheit müsste nicht so groß sein, wenn jeder und jede die Bedürfnisse des Leibes und der Seele auf das Lebensnotwendige ausrichten und ins Heute konzentrieren würde. Weil den Unersättlichen diese Konzentration aus dem Blick geraten ist, nehmen sie den anderen weg, was diese für heute lebensnotwendig brauchen; horten sie in immer größeren „Scheunen", womit sie ihr Leben gar nicht mehr nähren können, sondern nur noch vollstopfen. Ihre Selbst-Vorsorge ist offensichtlich entgleist. Sie nehmen sich heraus, was sie „kriegen" können – ohne Rücksicht darauf, was sie zum Leben brauchen oder auch nur genießen könnten und was andere entbehren müssen.[11] Entgleiste, lebens-beherrschend gewordene Selbstsorge *nimmt sich zu viel heraus*. Wer sich von ihr beherrschen lässt, wird den anderen Menschen und der Menschenwelt zum Schicksal – und zum Fluch. Wer sich zu viel herausnimmt, bringt andere in Not; bringt sich selbst in Schuld. Auch davon wird im Vaterunser ja noch die Rede sein.

Um die Gottesherrschaft bitten heißt: nach der „größeren" Gerechtigkeit verlangen, die indes die Gerechtigkeit in der Verteilung des Lebensnotwendigen und Lebensförderlichen keineswegs als minder bedeutsam übergeht und so auch die „Schuldfrage" nicht einfach auf sich beruhen lässt.[12] Auf dem Weg in die Gottesherrschaft soll es heute schon gerecht zugehen und soll so jetzt schon spürbar werden, wohin der Weg führt. Damit tritt das heute Notwendige in den Blick; tritt in den Blick, dass es heute für alle da sein soll, so dass sie auf das Morgen zugehen können, in dem Gottes Herrschaft unsere Lebenswirklichkeit von Grund auf verwandeln und der Konkurrenzkampf um Lebensmittel von gestern sein wird.

Präsenz leben

Gottes Herrschaft wird gegenwärtig, wo Menschen Zeugen ihrer Gegenwart werden und ihren Segen bezeugen: wo sie *Präsenz* leben, wo sie wahrnehmen und beherzigen, was sie jetzt tun können und lassen müssen, um den Brüdern und Schwestern ein menschenwürdiges Leben zu ermöglichen (vgl. Mt 25,31–46). So ruft die Brot-Bitte die Bittenden selbst in die Präsenz – dass sie nicht aus dem Heute fortgerissen werden ins Morgen und Übermorgen, in die Unersättlichkeit einer maßlosen Selbst-Sorge. Die Sorge für das jetzt Notwendige für mich und für die Nächsten und Fernsten, denen es so oft heute weggenommen und morgen fehlen wird, muss der Maßstab aller Zukunftssorge sein.

Gezielte Vorsorge ist unerlässlich geworden, seit die Generationensolidarität im Familien- und Clanverband das menschenwürdige Leben der Kinder und der Alten nicht mehr sicherstellt. Die „naturwüchsigen" Solidaritätsmechanismen werden in spätkapitalistischen Gesellschaften mehr oder weniger weitgehend ersetzt von formalisierten und entpersonalisierten sozialen Sicherungssystemen. In sie und darüber hinaus in die „private" Vorsorge zu investieren, gebietet die Klugheit. Aber wenn die mitmenschlich-mitgeschöpfliche Präsenz im Heute – die Mit-Leidenschaft für die Not der Nächsten und Fernsten – als Maßstab vorausschauender Selbst-Sorge aus dem Blick gerät, wird der heutige Tag zum Kampffeld, auf dem Claims abgesteckt und die nachwachsenden Generationen um ihre Lebenschancen gebracht werden.

Die Brot-Bitte des Vaterunsers übt in segensreiche Präsenz ein. Gottes Herrschaft kommt ins Heute, wenn die Zwangsherrschaft der Lebensnot gebrochen wird, wenn Menschen einander zum Segen werden, weil sie sich das tägliche Brot gönnen: die notwendige Nahrung für Leib und Seele, Brot und Wein, Anerkennung, Dabeiseindürfen, Lebensfreude, einen unbestrittenen, nicht von Expansionsgelüsten bedrohten Raum fürs einfache Dasein. Das alles gönnt der Vater im Himmel den Menschen auf Erden. Und es wird nicht irrelevant auf dem Weg in Gottes Herrschaft.[13] Die apokalyptische Ungeduld, der strahlende Morgen der Gottesherrschaft möge endlich anbrechen, darf es nicht aus dem Blick verlieren. So wird die Nahrung „für unterwegs" im Vaterunser der Sorge Gottes anheim gestellt, aber nicht auf Ihn abgeschoben. Sie wird Ihm anheim gestellt, damit wir sie mit Ihm teilen und so zu Zeugen für Seinen guten Willen werden.

Wie Jesus beten?

Die hier versuchte theologische Meditation der Brotbitte war genötigt, immer wieder hin und her zu gehen zwischen der Gebets-Intention, die die Jünger Jesu ihr in der unmittelbaren Nachfolge als Wandercharismatiker beigelegt haben mögen, und der Intention, die wir als Beter(innen) zu Beginn des 21. Jahrhunderts mit ihr verbinden könnten. Jesu Gebetsglaube wie das Beten seiner ersten Jünger bleibt für uns Heutige irritierend und befremdlich. Wir können uns die von ihnen geteilte, apokalyptisch eingefärbte Erwartung der „letzten Dinge", die bald bevorstehen, kaum ohne tief greifendes Umdenken und Umempfinden zu eigen machen und in erster Person Singular (oder Plural) im Gebet aussprechen, auch und gerade dann, wenn wir den Vorstellungs-Horizont der Verkündigung Jesu wie seiner Reich-Gottes-Praxis mit historischen Methoden so sorgfältig wie möglich ausleuchten. Der historische Nachvollzug konfrontiert uns mit Befremdlichem[14] – und mit der Zumutung, im Befremdlichen das Herausfordernde zu erkennen.

Das sollte den christlichen Inkarnationsglauben freilich nicht aus der Bahn werfen. Jesus Christus war – das ist Kernbestand des kirchlichen Christusbekenntnisses – wahrer Mensch; und das heißt: ein Mensch *seiner* Zeit, nicht unser Zeitgenosse; ein Mensch, der in seiner Zeit lebte, dachte und verkündigte und den Gottesglauben seiner Zeit und seines Volkes neu zur Sprache brachte. Seine Verkündigung und sein Beten rufen in den Menschen seither einen Gottes- und Gebetsglauben wach, der seinen Ort wie seine geschichtliche Ausprägung in ihrer je eigenen Glaubenssituation findet und sich dennoch – wie sie glauben dürfen – auf den gleichen Gott richtet, von dem Jesus gesprochen und zu dem er gebetet hat. Glaubensverkündigung und Theologie haben die Aufgabe, diese Korrespondenz zwischen Jesu Verkündigung und der Gestalt des Glaubens, in der sie heute gehört und gerade auch im Beten beherzigt wird, kritisch auf ihre Authentizität zu befragen, herauszuarbeiten, wo sie verfehlt wird und wie man ihr näher kommen kann, so dass Jesus – der Mensch aus einer uns ganz fremden Zeit – wirklich als der Gott authentisch aussagende Logos in unsere Glaubenssituation hinein sprechen kann.

Die Brot-Bitte des Vaterunsers stellt uns Jesus als einen Beter vor Augen, der den himmlischen Vater kennt, von Dem er seine Sendung hat, und der die Armen kennt, weil er mit ihnen lebt. So kann er sich gar nicht vorstellen, dass der gute Wille des Vaters nicht auch den Armen in ihrer all-täglichen Lebensnot gilt und ihnen hier zugute kommen will. In unserer Glaubenssituation mag dieser Gebetsglaube so lebendig werden, dass wir uns selbst vom guten Willen des Vaters im Himmel für die Notleidenden auf Erden in Anspruch genommen wissen – aber auch darin, dass wir uns Ihm in unserer eigenen Armut und Lebensnot zumuten, ohne uns vorstellen zu können, wie sie heute und morgen von Ihm gewendet werden könnten. So wird die Brot-Bitte auf das im Vaterunser zuvor Erbetene zurückkommen, auf die Bitte darum, der Weg in Gottes Zukunft möge uns in der Not und den Ausweglosigkeiten unseres Lebens und Sterbens immer wieder neu und schließlich endgültig geöffnet werden.

Brot und Wein – Wie Jesus feiern

Wie Jesus selbst gebetet hat? Das Vaterunser zeigt es uns, lässt es zumindest durchscheinen. Die Evangelien stellen es zwar durchweg so dar, als habe Jesus immer allein zu *seinem* Vater gebetet und die Jünger beten gelehrt. Hat er nicht doch auch mit denen gebetet – auch um das ihnen Lebensnotwendige gebetet –, mit denen er gelebt, gebangt und gefeiert hat? Das würde zusätzliches Licht auf den Beter Jesus werfen. Im Vorübergehen war davon schon die Rede: von der Lebensfreude, die Jesus mit den Seinen geteilt und auch zu den Sündern getragen hat. So muss er sich vorhalten lassen, er sei ein „Fresser und Säufer, dieser Freund der Zöllner und Sünder" (Mt 11,18f.)[15] – ganz anders als der Asket Johannes, den man den Täufer nannte. Brot *und Wein* sind die Zeichen, in denen er Zukunft und Gegenwart der Gottesherrschaft vergegenwärtigt: *das Lebensnotwendige* – er bittet mit den Not Leidenden und ohne Lebenssicherheit Umherziehenden darum, dass es nicht fehle; *der Lebensreichtum*, der gefeiert werden will und die ersehnte Zukunft jetzt schon erspüren lässt. Mit denen, denen er an seiner Lebensfreude Anteil gibt, feiert Jesus die Glaubens-Gewissheit, dass Gott Zukunft gibt, eine Zukunft, die schon begonnen hat und vom Vater im Himmel offen gehalten wird, was auch immer geschehen mag. So feiert Jesus diese Zukunft der Gottesherrschaft mit den Seinen tatsächlich noch im Angesicht des eigenen Todes: Ich werde „nicht mehr essen, bis das Mahl seine Erfüllung findet im Reich Gottes […]. Von nun an werde ich nicht mehr von der Frucht des Weinstocks trinken, bis das Reich Gottes kommt" (Lk 22,16.18).

Die Feier mit Brot und Pessachlamm, aber auch mit dem Wein der Vorfreude, dem Kelch des Segens und des Dankes am Vorabend seines Todes wird zum Voraus-Bild der christlichen *Eucharistia*, der Feier des Dankes im Blick auf den unzerstörbaren Anfang der Gottes-Zukunft, in den uns die Auferstehung des Gekreuzigten mit hineinnimmt. Die Bitte um das Brot für heute, um Abwendung des Hungers, und der mit der Erhebung des Bechers zum Ausdruck gebrachte Dank für die „Öffnung des Himmels" in der Auferweckung Jesu Christi gehören seither zusammen. Die Not wird durch die Feier nicht gegenstandslos. Die Eucharistie aber wird auch in der Lebensnot gefeiert. Auch Wein und Brot gehören seither zusammen, Dank und Bitte, Lebensfreude und der Hunger nach dem Lebensnotwendigen, „Kommunion" und Vaterunser.[16]

Wer sich auf dieses spannungsreiche Zusammengehören nicht einlassen will, der wird es auseinander reißen und der christlichen Nachfolgepraxis wahlweise asketische Weltflucht oder ein naives Gottvertrauen und den Kult einer bürgerlich-verantwortungslosen Zufriedenheit mit den Verhältnissen in dieser Welt vorhalten. In der Bitte um das tägliche Brot aber wird Gott – Seine alles verändernde Herrschaft – in diese Welt hereingerufen. Im Erheben des Segensbechers wird gefeiert, dass Gott sich aus unserer Welt nicht hinausdrängen ließ, dass Er uns in ihr den Himmel offen hält. Unter dem offenen Himmel ist unserer Selbst- und Lebens-Sorge ein weiter Horizont aufgespannt, in dem wir sie nun auf Gottes Zukunft hin sehen und wohltuend re-lativieren, aber keineswegs übergehen dürfen.

Anmerkungen

[1] Norbert Lohfink, Das Vaterunser, intertextuell gedeutet, a. a. O., 80.

[2] Jede Gebetslehre, ja jedes Gebet im Sinne Jesu, hat sich deshalb der Aufgabe zu stellen, die „Balance zwischen der Forderung, ihn (sc. Gott) um seiner selbst willen zu suchen, und der Einladung zur Bitte um die Lebensgüter" einzuüben; so Gottfried Bachl, Thesen zum Bittgebet, in: Th. Schneider – L. Ullrich (Hg.), Vorsehung und Handeln Gottes (Quaestiones Disputatae 115), Freiburg – Basel – Wien 1988, 192–207, hier 193.

[3] Der Zug der Moseschar durch die Wüste, wie er im Pentateuch vom Buch Exodus an erzählt wird, ist nach *Norbert Lohfink* der „Hypotext", der die Bitten im zweiten Teil des Vaterunsers als Weg der Entbehrung, der Erprobung und der Rettung in ihrem Zusammenhang verständlich macht. So kann und muss der Beter das „‚Heute', aus dem heraus die Bitten dieses zweiten Teils des Gebets gesprochen werden […] für sich selbst in Analogie zur Situation Israels während der 40 Wüstenjahre konzipieren"; in Analogie dann auch zur Wüstenerprobung vor dem Einzug in das verheißene Land; vgl. Norbert Lohfink, Das Vaterunser, intertextuell gebetet, a. a. O., 80ff., Zitat 86.

[4] *Papst Benedikt XVI.* erinnert an die Vaterunser-Auslegung des *Cyprian von Karthago*, in der darauf aufmerksam gemacht wird, dass um *unser* Brot für heute gebeten wird. Benedikts Konsequenz: „Wir beten um unser Brot – also auch um das Brot für die anderen. Wer Brot im Überfluss hat, wird zum Teilen gerufen" (Joseph Ratzinger – Benedikt XVI., Jesus von Nazareth, 186).

[5] Vgl. die Belege für jüdische Auslegungen des Manna-Motivs in den ersten beiden Jahrhunderten bei Marc Philonenko, Das Vaterunser, 81ff. Die Konsequenzen, die Philonenko für die Ausdeutung der Brot-Bitte zieht, kann ich nur begrenzt nachvollziehen.

[6] Heinz Schürmann, Das Gebet des Herrn als Schlüssel zum Verstehen Jesu, 94. Vertreten werden zwei unterschiedliche Übersetzungen des nur hier vor-

kommenden Wortes *epiousios*: für *heute* oder für *morgen* notwendig. Die Intention der Bitte bleibt bei beiden Übersetzungen im Wesentlichen die gleiche, auch wenn sie jeweils auf unterschiedliche soziale Situationen und Herausforderungen zielen würde. Die Übersetzungs-Verlegenheit wird aber schon früh sichtbar, vielleicht sogar fruchtbar: Im Lateinischen sagte man für epiousios *super-substantialis*, so dass sich die Deutung auf das „übernatürliche" Brot der Eucharistie fast aufdrängte. Liegt in ihr nur eine spiritualisierende Metaphorisierung, die an der Zumutung der „Buchstäblichkeit" verzweifelte? *Theodor W. Adorno* hält dies der christlichen Überlieferung vor: „Dass im Angesicht der Existenz von Brotfabriken die Bitte um unser täglich Brot zu einer bloßen Metapher und zugleich zur hellen Verzweiflung geworden ist, besagt mehr gegen die Möglichkeit des Christentums als alle aufgeklärte Kritik am Leben Jesu" (Minima Moralia, Gesammelte Schriften hg. von R. Tiedemann, Bd. 4, Taschenbuchausgabe Frankfurt a. M. 2003, 124f.). Ich danke *Reinhard Feiter* für wertvolle Hinweise auf die in dieser Fußnote angesprochenen Probleme.

[7] In diesem Sinne deutet Schürmann, a. a. O., 97f.

[8] Vgl. ebd., 102.

[9] Im Lukas-Evangelium geht dieses Gleichnis unmittelbar den Worten vom falschen und rechten Sorgen voraus (12,22–32), die oben in der matthäischen Fassung zitiert wurden.

[10] Auf diese fehlgeleitete Vor-Sorge nehmen auch die Worte vom falschen Sorgen in Mt 6 Bezug: „Wer von euch kann mit all seiner Sorge sein Leben auch nur um eine kleine Zeitspanne verlängern?" (Vers 27). Die Lebensverlängerung mag zwar inzwischen medizinisch herbeigeführt werden können, aber in den seltensten Fällen wird damit erreicht, worum man sich sorgte: erfülltes, „lebenswertes" Leben.

[11] Die Manna-Perikope Ex 16,1–31 sieht es als Misstrauen gegen JHWH an, wenn das Volk (mit Ausnahme des „Freitags", an dem für den Sabbat Vorsorge getroffen werden soll), mehr Vorräte anlegt, als für den jeweiligen Tag gebraucht werden. Man traut es JHWH nicht zu, auch für die Sättigung in den folgenden Tagen zu sorgen. *Erich Fromm* deckt in der entgleisenden Vorsorge die Hamster-Orientierung des modernen Menschen und dessen kapitalistisch geformten, „anal-hortenden" Charakter auf. Seine Analysen mögen allzu pauschal angelegt sein. Aber sie treffen vielleicht doch Entscheidendes; vgl. von ihm etwa: Psychoanalyse und Ethik, dt. Stuttgart – Konstanz [2]1954, 80ff.

[12] *Martin Luther* sieht durchaus in diesem Sinne das „rechte Regiment" der Welt in die Brotbitte eingeschlossen, da diese alles umfasst, was zum geordneten und auskömmlichen Leben in der Welt gehört: „Nun gehört nicht allein zum Leben, dass unser Leib Futter und Decke und andere Notdurft habe, sondern auch, dass wir unter den Leuten, mit welchen

wir leben und umgehen im täglichen Handel und Wandel und allerlei Wesen mit Ruhe und Frieden hinkommen. In Summa alles, was das häusliche oder bürgerliche Wesen und Regiment angeht" (Der große Katechismus, Luthers Werke in Auswahl, Bd. 4, 71).

[13] Im Angewiesensein auf das tägliche Brot erfahren sich die Menschen – so *Simone Weil* in ihrer Vaterunser-Auslegung – als „Wesen, die ihre Energie fortwährend von außen hernehmen, denn in dem Maße, wie wir sie empfangen, verbrauchen wir sie in unseren Anstrengungen. Wird unsere Energie nicht täglich erneuert, werden wir kraftlos und unfähig, uns zu regen. Außer der eigentlichen Nahrung, im buchstäblichen Sinn des Wortes, sind alle Anreize Energiequellen für uns. Das Geld, die Beförderung, das Ansehen, die Auszeichnungen, die Berühmtheit, die Macht, die Wesen, die wir lieben, alles, was uns zum Handeln befähigt, ist wie Brot" (Simone Weil, Betrachtungen über das Vaterunser, in: dies., Zeugnis für das Gute, dt. Olten – Freiburg i. Br. 1976, 61–70, hier 65).

[14] Von dieser Befremdlichkeit Jesu gerade für den historischen Blick hat *Albert Schweitzer* schon 1906 eindrücklich gesprochen. Die historische Forschung löste Jesus – so Schweitzer – gewissermaßen von den Fesseln, in die ihn die kirchlich-dogmatische Verheutigung geschlagen hatten. Sie „freute sich, als wieder Leben und Bewegung in die Gestalt kam und sie den historischen Jesus auf sich zukommen sah. Aber er blieb nicht stehen, sondern ging an unserer Zeit vorüber und kehrte in die seinige zurück. Das eben befremdete und erschreckte die Theologie der letzten Jahrzehnte, dass sie ihn mit allem Deuten und aller Gewalttat in unserer Zeit nicht festhalten konnte, sondern ihn ziehen lassen musste" (Geschichte der Leben-Jesu-Forschung, 2 Bde., Taschenbuchausgabe Gütersloh [3]1977, 620).

[15] Keine Spur von den „asketischen Idealen", von dem „priesterlichen" Ressentiment, alles, was das Leben hier und jetzt kraft- und lustvoll macht, müsse auf dem Weg ins wahre Leben überwunden und abgetötet werden. *Friedrich Nietzsche* bringt dieses „Ressentiment", dieses Gegen-Gefühl gegen das Leben, auch eher mit den priesterlichen Nachfolgern des Paulus in Verbindung als mit Jesus selbst. Diese seien der Prototyp des Asketen, „der fleischgewordene Wunsch nach einem Anders-sein, Anderswo-sein, und zwar der höchste Grad dieses Wunsches" (Zur Genealogie der Moral. Dritte Abhandlung: Was bedeuten asketische Ideale, Aphorismus 13, KSA 5,366). Jesus Christus, die Fleisch gewordene Selbstzusage Gottes, wollte *da* und nicht anderswo sein, mitten im Leben, um hier und jetzt greifbar zu machen, wie Gottes gute Herrschaft sich anfühlt. Dass dieses Dasein auch asketische Züge tragen kann, mag sich religiös Unmusikalischen nicht sofort erschließen. Aber kann und soll Askese nicht gerade das Zeugnis für ein Leben in Präsenz sein? Konzentriert auf das Heute in dem Bewusstsein, dass alle Konzentration dem

Heute gelten darf, weil jeder Tag für sich selbst sorgen wird; das Zeugnis der Armut als Zeichen einer Sorglosigkeit, die Raum gibt für die Zuwendung zu denen, die heute auf meine Aufmerksamkeit angewiesen sind; das Zeugnis des Sich-Enthaltens im Blick auf bestimmte Formen vitaler Lebenslust als Zeichen der Berührbarkeit, die noch andere Dimensionen des Lebens an sich heranlässt? Solche Askese widerspricht nicht der Feier eines Lebens, das Zukunft hat, eine Zukunft über die Logik des Fressens und Gefressenwerdens hinaus.

[16] So ist es der Sache nach doch theologisch legitim, wenn die Kirchenväter die Brotbitte des Vaterunsers „praktisch einmütig" im Zusammenhang mit der Eucharistiepraxis der Kirche sahen; vgl. Joseph Ratzinger – Benedikt XVI., Jesus von Nazareth, 189ff. Neben der „Energie", die wir täglich in uns aufnehmen müssen, um in dieser Welt handlungsfähige Wesen zu bleiben, ist in christlicher Gebetspraxis hier eben auch eine „transzendente Energie [angesprochen], deren Quell im Himmel entspringt, die in uns einströmt, sobald wir es begehren"; „wirklich eine Energie", die „Taten [vollbringt] vermittels unserer Seele und unseres Leibes. Diese Nahrung sollen wir erbitten [...] Es soll uns unerträglich sein, sie auch nur einen Tag lang entbehren zu müssen" (Simone Weil, Betrachtungen über das Vaterunser, in: dies., Zeugnis für das Gute, 65f.).

VI. Und vergib uns unsere Schulden, wie auch wir vergeben unseren Schuldnern
(Micha 6,1–8; Lk 7,36–50)

> *„Er sagte zu ihr: Deine Sünden sind dir vergeben.*
> *Da dachten die anderen Gäste:*
> *Wer ist das, dass er sogar Sünden vergibt?*
> *Er aber sagte zu der Frau:*
> *Dein Glaube hat dir geholfen.*
> *Geh in Frieden!"*
> (Lk 7,48–50).

Verzeihen und vergeben können?

Das ist vielleicht die äußerste Herausforderung an die Menschlichkeit mitmenschlichen Zusammenlebens: wenn eine(r) dem anderen (der anderen) etwas zu vergeben hat und sich fragen muss, ob er (sie) das übers Herz bringt; ob er (sie) es sich damit zu leicht oder zu schwer macht. Fast alltäglich – wie eine Redensart – geht einem das „Verzeihung" über die Lippen. Es ist nicht ernst gemeint, nur so dahingesagt, wenn man durch eigene Unaufmerksamkeit jemanden berührt hat oder in den Weg getreten ist. „Macht nichts!" – ist dann die adäquate Antwort. Macht wirklich nichts; ist kaum der Rede wert.

„Verzeihung, dürfen wir uns zu Ihnen setzen?" Eine gut besetzte Wirtschaft, in der ich mit meinem Studienfreund noch einen Platz suchte; so kam es mir über die Lippen bei einer kleinen Gruppe, an deren Tisch noch einige Stühle frei waren. „Nein, ich verzeihe nicht, denn es liegt keine Schuld vor", gab der Leiter der Gruppe lächelnd zurück; ein Theologenkollege, wie sich später herausstellte. Er hatte mich bei meiner so oberflächlichen Redensart ertappt. Ein wenig betreten setzten wir uns an ihren Tisch.

Schlimmer noch wird es, wenn das „Verzeihung!" zielbewusst, geradezu taktisch eingesetzt wird, um einer peinlichen Situation zu entgehen. Ein Konflikt, bei dem man nicht gut ausgesehen hat, wird „runtergebügelt", indem man den Beleidigten möglichst schnell um Verzeihung bittet, so dass der gar nicht anders kann, als darauf einzugehen, wenn er nicht als nachtragend angesehen werden will. Im politischen Bereich „tut es einem leid" – die Bitte um Verzeihung erscheint da schon zu viel an Bußfertigkeit zu signalisieren –, wenn man missverstanden worden ist, und man bedauert Missverständnisse, zu denen man eigentlich gar keinen Anlass gegeben hat. Man hat vielleicht ein klein wenig missverständlich geredet. Im Grund aber gibt es nichts zu verzeihen, noch weniger zu vergeben; eine kleine Fahrlässigkeit allenfalls – und der Vorwurf an die „Übelnehmer", nicht genau und verständnisvoll genug zugehört zu haben.

Wenn es ernst wird, todernst, ist man mit der Vergebung schnell am Ende. Wer sie erbittet, steht im Verdacht, sich bequem aus der Affäre ziehen und möglichst billig davonkommen zu wollen. Und die „Beleidigten" finden sich schnell in der Zwickmühle vor, auf der Unverzeihlichkeit des Geschehenen zu beharren, weil sie sich nicht zu Schlussstrich- und Verdrängungskomplizen machen lassen wollen,[1] oder eine Vergebung auszusprechen, für die sie innerlich noch nicht bereit sind.

Da zeigt sich dann auch, wie viel anspruchsvoller das Vergeben gegenüber dem Verzeihen doch ist. Verzeihen meint, jemanden nicht mehr eines Vergehens zu „zeihen", es ihm nicht länger vorzuwerfen. Wer darüber hinaus *ver*-gibt, lässt nicht nur von der Beschuldigung ab, sondern auch von der Neigung *zurück*-zugeben, was ihm widerfahren ist. Wie auch wir vergeben denen, die Schulden bei uns haben – wie auch wir darauf verzichten zurückzufordern, worauf wir doch ein Recht haben? Wenn es nur so wäre! Wenn es doch nur gelänge, da, wo es wirklich darauf ankommt, wo nur noch die Vergebung weiterführt, wo nur noch Vergebung eine Beziehung heilen könnte!

Vergeben leicht gemacht

Aber was soll schon dabei sein, wie Jesus in der Geschichte von der Sünderin (Lk 7,36–50) einem Menschen zu vergeben, der *an mir* gar nicht schuldig geworden ist. An vielen Menschen mag sich die öffentliche Sünderin des Dorfes vergangen haben, die die Tradition mit Maria Magdalena identifiziert; einigen mag sie das Vertrauen ins Leben und in die Liebe zerstört haben. Jesus ist davon nicht betroffen. Was kostet es ihm schon zu vergeben, wo er doch gar nichts zu vergeben hat? Kommt seine Vergebung nicht seltsam „von außen"?

Der Ernstfall des Vergebens, das wäre doch die Vergebung durch den Betroffenen: Ein Mensch hat mich rücksichtslos behandelt, sich hinweggesetzt über das, was mir zusteht, über meine Absichten und Wünsche. Er ist in meinen Lebensraum eingedrungen und hat sich darin gegen meinen Willen breit gemacht. Sollte ich ihn einfach gewähren lassen und mich zurücknehmen, nur damit er sich seines Vorteils erfreuen kann? Andererseits: Ist es mir wirklich so wichtig, was da vorgefallen ist? Ich kann vielleicht darüber hinweggehen. Ver-geben: das Erlittene nicht zurückgeben; sich nicht dem Stress aussetzen, mit dem zu streiten, der mir Unrecht getan hat. Vergeben und vergessen; es rentiert sich nicht. Resignation ist der einfachere Weg. Das nächste Mal werde ich besser auf der Hut sein.

Vergeben schwer gemacht

Wäre da nur die resignierte Hinnahme, hätte man sich Vergebung leicht gemacht, zu leicht: Dieses Spiel ist nun mal verloren. Das nächste Mal werde ich besser aufgestellt sein. Manchmal rentiert es sich wirklich nicht. Und man tut dann gut daran, sich nicht zu „verkämpfen".

Aber das hat nichts mit Vergebung zu tun. Die ist erst gefordert, wenn ich nicht mehr darüber hinweggehen kann, weil es mich zu tief getroffen hat: der Vertrauensbruch, das kalte

Machtkalkül, das mich nur noch als Posten in einer knallharten Kosten-Nutzen-Rechnung berücksichtigt hat. Man hat mich kostengünstig entsorgt und Vorsorge getroffen, dass ich möglichst wenig „Probleme" mache. Das kann ich nicht hinnehmen. Ich will doch als ich selbst vorkommen. Der oder die andere, sie sollen merken, wer ich bin; und dass man über mich nicht so hinweggehen kann. Sie sollen zu spüren bekommen, dass sie das mit mir nicht machen können. – Vergebung oder Zurückgeben? Ist es da nicht schon zu spät für Vergebung?

Die Vergebung schließt gerade nicht aus, dass ich auf meinem Recht bestehe, wahrgenommen und gewürdigt zu werden. Die Frage ist nur: Wie soll ich das anstellen? Der andere soll sehen, wer ich bin und was er mit mir nicht machen kann. Wie öffne ich ihm die Augen? Vergebung wäre diese durch und durch kreative Leistung. Sie will Augen öffnen. Mit bloßer Selbstbehauptung ist das nicht zu erreichen. Diese Einsicht versucht die Bergpredigt ins Wort zu bringen, wenn sie so missverständlich davon spricht, man solle nach dem Schlag auf die rechte Wange auch noch die linke hinhalten und den Leibrock dem nicht verweigern, der einem schon den Mantel weggenommen hat: Logik der Unterbrechung durch Nicht-Mitmachen und kreative Überraschungen.

Nicht zurückgeben?

Die Logik der Selbstbehauptung würde es erfordern, auf Vergeltung bedacht zu sein: Wie du mir, so ich dir! Du hast mich hilflos und „klein" gemacht; ich war dir unterlegen. Jetzt werde ich *dich* klein machen und *dir* eine Niederlage beibringen! Aber diese Logik ist alles andere als logisch. Sie ist vielleicht menschlich verständlich. Die Niederlage ist so schwer auszuhalten. Dass ich unterlegen bin und dass der andere (die andere) mir das zeigt – mit „erlaubten oder unerlaubten" Mitteln; dass ich es erleben muss, so „vorgeführt" zu werden, das schreit nach Richtigstellung. Es darf nicht so stehen bleiben.

Wer kennt dieses brennende Gefühl der Beschämung nicht: Man hat mich klein gemacht – und ich konnte mich nicht dafür schadlos halten. Die Stärke des anderen hat meine „Schwäche" bloßgelegt und ich kann nichts dagegen tun.

Oder doch dies: ihn durch meinen „Großmut" beschämen, indem ich „vergebe", das Erlittene nicht zurückgebe? Vergebung als letzte, „tiefenwirksame" Waffe, weil sie den, dem vergeben wird, als den moralisch Unterlegenen dastehen lässt: so könnte es sein; oft wird es wohl auch so sein. Aber ist damit wirklich etwas ver-geben? Oder wird es nicht auf besonders subtile Weise zurückgegeben, so dass es weiterwuchert und weiteres Unheil nach sich zieht?

Die Kunst der Vergebung läge tatsächlich darin, das Kleingemachtwerden nicht zurückzugeben, sondern den Kreislauf des Einander-klein-Machens durch Vergeben zu unterbrechen. Kleingemachte müssen klein machen; Geschwächte müssen versuchen, ihre Schwäche durch das Schwächen anderer zu kompensieren. Das ist fast ein „Natur-Gesetz".[2] Wie gelingt es mir, mich nicht schwächen zu lassen vom Übergriff des anderen, sei er moralisch schuldhaft oder nicht? Wie gelingt es mir darüber hinaus, ihn durch meine Vergebung nicht meinerseits schwächen, sondern ihn stärken zu wollen, damit jeder von uns eine gute Zukunft hat und wir vielleicht sogar eine gemeinsame gute Zukunft haben können? Das sind die Fragen, an denen sich entscheidet, ob es tatsächlich zur Vergebung kommt.

Stärken und Schwächen vergeben

Was haben wir einander – und uns selbst – wirklich zu vergeben? Die kleinen oder großen Schwächen? Darum kann es gehen; und das kann sehr schwer werden, etwa wenn ein Mensch mich verraten hat, weil er den für ihn jetzt leichteren oder auch nur angenehmeren Weg gehen wollte. Noch viel schwerer kann es aber werden, dem anderen seine Stärken zu vergeben, an denen ich mich selbst als schwach und „klein"

erlebe.[3] Wie elementar ist hier die Versuchung, ihm das heim-
zuzahlen, ihn so klein zu machen wie mich selbst, mindestens.
Ich müsste es mir erst selbst vergeben, dass ich jetzt unterlegen
bin, nicht so „groß" wie er oder sie. Ich müsste mir meine
Endlichkeit vergeben, ehe ich ihm oder ihr die Größe vergebe,
die mich demütigt. Weil all das selten gelingt, deshalb beginnt
es so oft gerade hier mit dem Herunterziehen und Kleinma-
chen, im Vormoralischen gewissermaßen, ehe ein schuldhafter
Übergriff zu vergeben wäre.

Ich sollte mir vergeben können, dass ich *ich* bin – und dem
anderen vergeben, dass er so irritierend anders ist, stark, wo
ich schwach bin, und schwach, wo ich mich stark fühle. Wenn
das tatsächlich gelänge, könnte ich ihm entgegentreten, von
ihm einfordern, dass er mich würdigt und nicht einfach über
mich hinweggeht; könnte ich aber auch von dem Bedürfnis
Abschied nehmen, ihn klein zu machen – weil ich mich ihm
gegenüber nicht mehr klein fühle. Und ich könnte ihm vielleicht anbieten, nach einer gemeinsamen neuen Basis zu
suchen, wenn die „alte" durch seinen Übergriff zerstört oder
schwer geschädigt ist. Ich könnte Abschied nehmen vom
Zurückgegebenwollen, ohne mir selbst etwas schuldig bleiben
zu müssen, ohne mir in diesem Sinne etwas zu „vergeben".

Das gelingt selten auch nur ansatzweise. Wer hätte es nicht
erlebt. Aber ein klein wenig haben wir doch erfahren, dass es
so gehen und dann auch gelingen könnte; und vielleicht nur so.
Das ist das Geheimnis und die Kunst der Vergebung: dass
Menschen, die dem anderen oder einander etwas zu vergeben
haben, einander nicht klein, sondern stark machen, damit sie
wieder gut miteinander leben können.

Wem vergeben werden muss, der bräuchte so einen Menschen, der ihn nicht klein, sondern stark macht, der ihm keine
weitere Niederlage beibringt – auch wenn er ihm seine Grenzen
zeigen muss –, sondern Zukunft gibt. Wie groß ist doch die
Sehnsucht nach solcher Vergebung! Nach Menschen, die sie
„übers Herz bringen", denen sie von Herzen kommt! Das muss
dann tatsächlich nicht nur der Geschädigte sein, der noch einen

langen eigenen Weg vor sich haben mag, ehe er vergeben kann. Es kann auch ein Mensch sein, der mir als zunächst Unbeteiligter heraushilft aus einer Schuld, aus der abgründigen Selbstmissachtung, die aus der Einsicht kommt, der Vergebung zu bedürfen. Ein Mensch, der mich stark macht – und es nicht darauf abgesehen hat, gleich wieder zuzuschlagen oder zuzugreifen; der mich so stark macht, anders zu wachsen, anders *ich* zu sein.

Jesus und die Sünderin

Die Sünderin im Haus des Pharisäers: Wer könnte sich elender und kleiner fühlen! Alle wissen darum, wie viel ihr vergeben werden müsste. Und sie zeigt ihre Sehnsucht nach Vergebung leibhaft „ungebremst", so wie sie es eben kann; so wie vielleicht nur sie es kann. Ja, das kann sie: ihren Leib einsetzen, berühren und ganz leibhaft die Zuneigung leben, so sehr sie dabei auch in die Irre gegangen sein mag. Auf diese Stärke spricht Jesus sie an: Viel hat sie geliebt. Viel ist ihr zu vergeben. Und es wird ihr vergeben, gerade wegen der Liebe, in der sie doch so stark ist – wenn nicht von den Menschen, dann doch von Gott. Es wird ihr vergeben. Ihre Stärke führt sie geradewegs in die Gottesherrschaft hinein, wo Menschen einander nicht mehr klein machen müssen, weil Gott selbst sie stark macht, mehr zu wagen als das ärmliche Misstrauen, nur ja nicht zu kurz zu kommen. Verglichen mit solch ärmlichem Misstrauen ist die Sünderin reich, reich an wagemutiger Liebe, reich an Hoffnung auf die Vergebung. Genau damit hat sie ihren Platz in Gottes Herrschaft. Und diesen Platz stellt Jesus ihr vor Augen: Dein Glaube ist stark; deine Liebe ist so stark. Sie retten dich in den göttlichen Schalom hinein. So bist du nicht fern vom Himmelreich, in dem genau diese Stärken endlich zur Geltung kommen dürfen.

Ob es Jesus leicht gefallen ist, der Sünderin zu vergeben, die ihm nichts getan hatte; vor den versammelten Ehrenmännern des Dorfes, die ihr – offiziell – den Zugang in ihre Häuser nie erlaubt hätten? Wer will das wissen. Vielleicht ist das auch gar nicht wichtig. Hauptsache ist, dass dieser Frau vergeben wurde; dass ihr gegeben wurde, die Kraft ihres Glaubens und ihrer Liebe neu zu erleben. So hat Gott selbst sie angerührt – Er, Der wahrhaft vergeben und den Schalom geben kann, wie Er uns in der Vergebung berührt. Diesen berührenden und berührbaren, versöhnlichen, stärkenden Vater-Gott bezeugt Jesus der Sünderin – und den Dorfältesten, die gar nicht verstehen können, wie man sich von einer öffentlichen Sünderin so berühren lassen kann. So kommt Gott ins Spiel, Er, von Dem sie sagen: An Ihm allein ist es, Sünden zu vergeben. Aber warum sollte allein Gott „zuständig" sein für die Sündenvergebung?[4] Werden Menschen denn Ihm gegenüber schuldig – und nicht eher, ja ausschließlich Menschen gegenüber? Wieso also sich an Ihn wenden: Vergib uns unsere Schulden?

Ein erster Antwortversuch: Weil es unendlich schwer, vielleicht unmöglich wäre, sich selber zu vergeben, wenn nicht Gott mir vergibt. Das Sich-selber-vergeben-Können ist die Hürde, über die das eigene Herz kaum hinüberkommt; über die einem auch die Vergebung derer, an denen ich schuldig geworden bin, beileibe nicht immer hinweghilft. Ich hätte mir selbst *das Zuwenig* zu vergeben: dass ich meinem Selbstbild so unendlich viel schuldig geblieben bin – meinem eigenen Anspruch, meinem Lebensentwurf, meiner Sehnsucht. Die Schulden mir selbst gegenüber, die meine Selbstachtung aufzehren, so dass alles, was ich zu ihrer Rettung und Heilung aufbringen kann, viel zu wenig ist und mich nicht aus dieser „Schuldenfalle" befreit: Die öffentliche Sünderin trägt schwer an ihnen, an der Beschämung beim „Blick in den Spiegel", nicht erst durch den Blick der Dorfältesten, die sie mit hochgezogenen Augenbrauen hereinkommen sehen. Aber ihre Liebes-Sehnsucht ist stark geblieben; und sie hat *den* gefunden, der ihr die brennende Scham der Selbstmissachtung wegnehmen kann, weil er ihre Stärke sieht; den Mann Gottes, der mit seiner Zuwendung fast buchstäblich die Schulden „tilgt", die ihr niemand sonst abnehmen kann.

Der Blick in den Spiegel ist unbestechlich, so sehr man sich das eigene Ansehen auch zurechtschminken mag. Er erlässt es mir nicht, mein Zuwenig anzuschauen und kritisch zu werden gegen alle meine Versuche, dieses „Defizit" zu kompensieren. Ich bleibe im Soll, so sehr ich mich auch abstrample. Es ist Sein Blick – der Blick der Männer und Frauen Gottes –, der mich anders sieht: der mir die Schulden wegnimmt, die zu tilgen wären, die mich in der „Schuldenfalle" meiner Selbstmissachtung einsperren; der die brennende Scham des Zuwenig wegnehmen kann.

Der Wortlaut des Vaterunsers führt uns jedoch noch tiefer in diese im Gebetszusammenhang so befremdliche Vorstellung des Schuldenhabens und des Schuldenerlasses hinein. Für das Gottesverhältnis und das Gottesbild vom Menschen, die das Vaterunser heute beten, ist das Hineingezogenwerden in dieses Vorstellungs-Umfeld vermutlich keine einfache Sache. Aber es erschließt uns ein Metaphernfeld, auf dem oft verschwiegene und höchst spannungsreiche Erfahrungen zur Sprache kommen können; Erfahrungen, die im Vaterunser vor Gott gebracht und betend durchgearbeitet werden.

Vergib du uns

„Erlass uns unsere Schuldigkeiten (oder Schulden)", so steht es ja tatsächlich bei Matthäus. Lukas spricht – indem er einen anderen Akzent des vermutlich im Aramäischen zugrunde liegenden Wortes aufnimmt – bereits von „unseren Sünden". Die Vorstellung der Schulden Ihm gegenüber[5] ist vielleicht nicht so schwierig, wenn man voraussetzt und darauf Bezug nimmt, dass die Menschen ganz und gar Gott gehören und deshalb Ihm alles schuldig sind: was sie sind, was sie zustande bringen. Das Neue Testament spricht vielfach in diesem Sinne vom Verhältnis der Menschen zu Gott als einem Verhältnis des (Sich-)Schuldig-Seins: Gott fordert sogar über das hinaus zurück, was Er gegeben hat; der sorgsam-ängstlich das ihm

161

Anvertraute hütende Knecht ist Ihm auch das schuldig, was er von Ihm gar nicht empfangen hat (vgl. Mt 25,24ff.). Und auch der Knecht, der alles getan hat, was man ihm auftrug, ist nur ein „unnützer Knecht" (Lk 17,10). Der unfruchtbare Baum, der den Bauern die Frucht schuldig bleibt, wird ausgehauen (Lk 13,6–9); die unfruchtbare Rebe wird ausgeschnitten und verbrannt (Joh 15,1ff.). Die vom Alten Testament getragene und inspirierte Frömmigkeit der Juden ist ganz und gar bestimmt vom Bewusstsein, JHWH alles zu verdanken und es Ihm deshalb schuldig zu sein, „Frucht zu bringen", die *Thora* einzuhalten: das Grundgesetz des Bundes. Gottes Thora ist der Inbegriff des guten Willens, der Israel erwählte und allen Menschen eine lebenswerte Schöpfung gewährte, die freilich nur lebenswert bleibt, wenn die Menschen Gottes Thora mitwollen.[6]

Wie viel die Menschen JHWH schuldig bleiben, da sie auf eigene Kosten – in Wahrheit auf Kosten der anderen – leben, da sie „selbstbestimmt" schalten und verfügen wollen, das steht Israel und so auch Jesus und denen, die sich ihm anschließen, lebhaft vor Augen. Sie bleiben JHWH so viel schuldig, dass die Geschichte fast zwangläufig zur Katastrophe wird und auf den „Bankrott" hintreibt, dass nur noch JHWH selbst die Menschen aus ihrer Schuldverfallenheit retten kann – indem Er diesem von der Schuld zerfressenen Äon ein Ende setzt und den neuen Äon endzeitlichen Friedens und endgültiger Versöhnung heraufführt. Das ist die Perspektive der *Apokalyptiker*, von der Jesus selbst nicht unbeeinflusst ist und der er – gerade im Vaterunser – gleichwohl widerspricht. *Jetzt* soll um Gottes Vergebung gebetet werden; *jetzt* ist die Zeit der Vergebung, der Schuldentilgung, nicht erst am Ende, nach dem katastrophalen „Bankrott" der Sündenherrschaft auf der ganzen Erde. Gottes Vergebung jetzt: die Befreiung aus der Schuldenfalle. Gottes Vergebung: Er lässt nach, was sich an Schulden aufgehäuft hat, an alles erdrückender und zerstörender Sündenlast; Er ermöglicht den neuen Anfang, unbelastet von den Schulden, die kein Mensch hätte abzahlen können, auch das ganze Menschengeschlecht nicht. Er zerreißt die Schuldscheine (vgl. Kol 2,14).

Die Hoffnungsperspektive, die die Vergebungsbitte des Vaterunsers öffnet, steht auch den heutigen Betern klar vor Augen. Aber ist sie noch nachvollziehbar? Können sie sich noch in diese Perspektive hineinfühlen, hineinbeten? Oder steht ihnen die Vorstellung eines Gottes im Wege, Dem man „alles" schuldig ist und Der alles (zurück-)fordert; eines Schuld-Gottes, vor Dem man sich nur rettungslos in Schuld sehen könnte – wenn Er nicht selbst in Seinem Sohn für diese unabgeltbare Schuld aufkäme?

Schulden gegen Gott?

Friedrich Nietzsche steht nicht am Beginn, aber er ist gewiss der Protagonist einer Religionskritik gewesen, die sich diesen Schuld-Gott – diese Schulden-Religion – vornahm und darin die Ausgeburt eines feigen Verrats am Menschen und seiner Würde zu entlarven suchte. Die Wurzeln dieses Verrats am Menschsein liegen nach Nietzsche in der „Überzeugung, dass das (Menschen-)Geschlecht durchaus nur durch die Opfer und Leistungen der Vorfahren *besteht*, – und dass man ihnen diese durch Opfer und Leistungen *zurückzuzahlen* hat"[7]. Nichts ist umsonst. Da man aber nichts aus sich selbst hat, da alles, was man ist und wessen man sich erfreuen kann, mitgegeben ist und aus dem Einsatz der anderen herstammt, wächst die Schuld ins Ungemessene. Menschen leben auf Kosten der anderen, die ihnen das Leben ermöglichen, all derer, die leiden und sich hingeben mussten, damit neues Leben sein kann. Eltern werden ihre eigenen Erfahrungen damit haben.

Aber Nietzsche legt nach: Wer sich dieser Schuld nicht gewachsen zeigt, indem er selbst Leben hervorbringt und ermöglicht, wer sich selbst als wenig lebenstüchtig und lebensmächtig erfährt, für den wird das Gefühl Schulden gegenüber den Ahnen zu haben übermächtig. Und so wird auch die Furcht gegen den „Gläubiger" übermächtig. Der Gläubiger selbst wird übermächtig. Aus dem Ahnherrn wird der (all-)mächtige Gott, den man durch Opfer und Gebete davon abhalten muss, sich gewaltsam zurückzuholen, was ihm „zusteht". Das „Bewusstsein, Schulden gegen die Gottheit zu haben", breitet sich aus, es „wächst polypenhaft in jede Breite und Tiefe [...] bis endlich mit der Unlösbarkeit der Schuld auch die Unlösbarkeit der Busse, der Gedanke ihrer Unabzahlbarkeit (der ‚ewigen Strafe') concipirt ist"[8]. Das Christentum geht dann – so Nietzsche – noch diesen einen genialen und verheerenden Schritt weiter: „Gott selbst sich für die Schuld des Menschen opfernd, Gott selbst sich an sich selbst bezahlt machend, Gott als der Einzige, der vom Menschen ablösen kann, was für den Menschen unablösbar geworden ist"[9] – der sich selbst opfernde Gott, der für die Menschen eintritt, da sie ihrer Schuld selbst nicht mehr gewachsen sein können.

Hat Nietzsche nicht endlich begriffen, was es mit den Schulden auf sich hat, die die Menschen sich Gott gegenüber meinen zugezogen zu haben – und wie sie sich Gott gegenüber entwürdigen, schließlich zu den aberwitzigsten Vorstellungen greifen müssen, um ihrem „schlechten Gewissen" Linderung zu verschaffen? Auch viele Christen werden die Vorstellung einer vom Gottessohn selbst getilgten Schuld des Menschengeschlechts gegen Gott heute nicht mehr nachvollziehen wollen. Sie können sich auf genauere Kenntnisse zum biblischen Sühnedenken berufen, das – wie man heute weiß – mit dem Gedanken einer stellvertretenden Schuldtilgung wenig gemein hat.[10] Aber es wird ihnen damit noch nicht leichter gemacht, sinnvoll von den „Schulden" zu sprechen, die die Menschen Gott gegenüber hätten, und um deren Nachlass sie im Vaterunser bitten.

Was wir Ihm schulden

Es mag tatsächlich weithin so sein, dass Religionen dem menschlichen Impuls Raum geben, Gott oder den Göttern das ihnen „Zustehende" zu geben, damit sie sich als wohlwollend erweisen und sich von den Menschen nicht zurückholen, was diese ihnen nicht von sich aus opfern. Und es mag sein, dass die Schuld Gott gegenüber mitunter als so drückend erlebt wird, dass es zu regelrechten Opfer-Exzessen kommt – oder eben zu der Vorstellung, nur Gott selbst könne abzahlen, was hier zurückzuzahlen ist. Aber die Bibel wehrt sich auch immer wieder gegen das Unangemessene dieser Vorstellung. Besonders bedeutsam ist hier die Szene *Micha 6,1–8*, weil sie diese Vorstellung aufgreift und zugleich ad absurdum führt. Gestaltet ist die Szene nach dem Vorbild eines Gerichtsprozesses, in dem JHWH Sein Volk zur Rechenschaft zieht. Er hat alles für Sein Volk getan, ihm alle denkbaren Wohltaten erwiesen. Das erwählte Volk aber hat Ihm die Treue aufgekündigt, hat nicht getan, was es Ihm schuldig gewesen wäre. Die Anklagerede JHWHs bringt das Volk zur Besinnung. Es erkennt seine übergroße Schuld: „Womit soll ich vor den Herrn treten, wie mich beugen vor dem Gott in der Höhe?" Und es bietet JHWH unendliche Mengen von Opfertieren, Bäche von Öl an, ja sogar die Erstgeborenen jeder Familie. Das zutiefst über seine Schuld erschütterte Volk will JHWH zurückzahlen, damit es nicht zum schrecklichen Strafgericht kommt. Der aber denkt gar nicht an Zurückzahlung. Er will von Seinem Volk „nichts anderes als dies: Recht tun, Güte und Verlässlichkeit lieben, in Ehrfurcht den Weg gehen mit deinem Gott."

Das Volk soll gerecht teilen, was es empfangen hat, soll weitergeben, was ihm an Wohltaten zuteil geworden ist. Es soll den Weg JHWHs gehen, an dem alle erkennen können, wie den Menschen Gottes guter Wille geschehen soll. Nichts anderes *schuldet* es JHWH. Dies aber schuldet es ihm – und schuldet es denen, denen Gottes guter Wille erfahrbar werden, denen er in ihrer Bedürftigkeit konkret zugute kommen soll.[11] So ist es in der Thora festgehalten. Wo sich hier „Schulden" aufhäufen, da sind sie nicht gegenüber JHWH, sondern denen gegenüber abzutragen, denen hier und jetzt etwas vorenthalten wird oder denen in Zukunft fehlen wird, was man ihnen jetzt schon wegnimmt. JHWH aber, der sich in Jesus Christus mit den geringsten Schwestern und Brüdern identifiziert (vgl. Mt

25,31–46), fordert diese Schuld *für sie* ein. Er erlässt sie nicht, denn die Rückzahlung muss ja konkret denen zugute kommen, die jetzt darauf angewiesen sind und in Zukunft darauf angewiesen sein werden, dass wir nicht behalten, was uns nicht gehört.

Und dennoch: Erlass uns unsere Schulden?

Die Vergebungs-Bitte des Vaterunsers kann nicht zum Gegenstand haben, sich die „leichte" Vergebung von Gott zu erbitten, damit uns das allzu schwere Zurückgeben dessen erspart bleibe, was anderen Menschen geraubt wurde und noch weggenommen wird. Nicht dass Gott unbetroffen und dass Er nicht in Mitleidenschaft gezogen wäre von dem, was Menschen einander schuldig bleiben. Aber es geht gerade nicht darum, *Ihn* zu versöhnen, sondern allein darum, dass die in Schuld Geratenen wie ihre „Gläubiger" das Ihre dazutun, dass auf Erden Versöhnung geschehen kann. Dazu müssen sie den apokalyptischen Bann überwinden, der sie angesichts der aufgehäuften Schulden hilflos und fatalistisch macht und nur noch auf das Ende schauen lässt, auf das alles zutreibt. An diesem Ende steht für die postmodernen Apokalyptiker kein endzeitlicher Umsturz in Gottes Herrschaft hinein, sondern die Selbstzerstörung des Menschengeschlechts. Wer könnte dem Überhandnehmen der „Schulden" und dem Menschheits-„Bankrott", der unentrinnbar scheinenden Konsequenz, die all das mit sich bringen muss, noch Einhalt gebieten? Die Vaterunser-Bitte war schon zu Zeiten Jesu und seiner Gefährten eine Bitte gegen diesen apokalyptischen Bann, der die Welt den bösen Mächten und Dynamiken preisgibt. Sie setzte auf Tilgung der unabzahlbaren Schuld hier und jetzt und so entscheidend darauf, dass der Bann der Heil- und Zukunftslosigkeit gebrochen ist, dass mitten in dieser Welt ein von Gott her die Menschen ergreifendes versöhntes Dasein möglich ist und sich ausbreiten kann.

Für Menschen der Gegenwart ist die Vorstellung der Tilgung der Menschheits-Schulden durch Gott endgültig zur
Metapher geworden, zu einem herausfordernden Bildwort: Es
verheißt, dass der apokalyptische Bann von uns genommen ist
und die Menschen auch unter den übelsten Verschuldungs-
zusammenhängen, an denen sie selbst mitwirken oder von
denen sie betroffen sind, das *jetzt* Hilfreiche tun können, um
den Weg in Gottes gute Herrschaft hinein zu beschreiten.

Entschuldung

Der Schuldennachlass ist alttestamentlich das Erfahrbarwerden
der JHWH-Verbundenheit Israels; paradigmatisch das *Jobeljahr*
(Lev 25,28), an dem im Volk die guten Schöpfungsverhältnisse
wiederhergestellt werden sollen. Dass alles sehr gut und sehr
schön geschaffen ist, das gilt je länger desto mehr nur noch für
die, die sich der Schöpfungsgüter erfreuen können, nicht mehr
oder kaum noch für die, die von den Mächtigen und Besitzen-
den um ihre Lebensgrundlage gebracht wurden. Sie haben exis-
tenzbedrohende Schulden. Die Schöpfung bezeugt ihnen nicht
mehr einen freigiebigen Schöpfergott, sondern die zerstörerische „Lebensweisheit“: Fressen oder Gefressenwerden. Weil
sich Israel von JHWH mit Freiheit und fruchtbarem Land
beschenkt weiß, deshalb begeht es in jedem fünfzigsten Jahr
die Rückkehr zu Lebensverhältnissen, in denen die Schulden
nachgelassen sind und die Wohngemeinschaft mit JHWH wieder als Reich der Freiheit, der Gerechtigkeit und der Solidarität
erlebt werden kann.[12]
    Schuldenerlass konnte dem einzelnen in Not Geratenen der
Goël erwirken: der besser gestellte Verwandte, der das in
Schuldknechtschaft geratene Familienmitglied mit seiner
Ersatzleistung „auslösen“ durfte (vgl. Lev 25,23–28). In Aus-
weitung dieses Entschuldungs-Modells wird JHWH schließlich selbst als der Goël des unschuldig Leidenden (Ijob 19,25a)
und des ganzen Volkes erlebt und angerufen (vgl. Jes 43,3f): Er

lässt sich in Pflicht nehmen, das Volk aus den Knechtschaften herauszuholen, in denen es alle Möglichkeiten für ein menschenwürdiges Leben eingebüßt hatte. JHWH „bezahlt" für die Lasten, die das Volk zu erdrücken drohen; Er „löst sie ab". So gibt Er ihm Zukunft und führt Er es in die Freiheit.

Dabei wird er gerade nicht als der bequeme „Ersatzmann" vorgestellt, der als sein eigenes Pensum übernimmt, wovor die Menschen sich drücken. Es liegt unvertretbar an den Verantwortlichen selbst, die knechtenden Verschuldungszusammenhänge zu überwinden, in denen Menschen, Völker und ganze Weltteile um ihre Lebensmöglichkeiten betrogen werden, mit denen ihnen weggenommen wird, wovon sie jetzt oder in Zukunft leben müssen. Das hatte etwa die Erlassjahrkampagne im Blick, als sie das „Jubeljahr" 2000 zum Anlass genommen hat, in Erinnerung an biblische Traditionen einen Schuldenerlass für die ärmsten Völker zu fordern, die ohne diesen Schuldenerlass durch ihre Gläubiger keine Zukunftschance mehr hätten.[13]

Die Erlass-Bitte des Vaterunsers erinnert die Beter(innen) an ihre eigene Erlass-Pflicht, mit der sie nachvollziehen sollen, dass sie anderen Menschen nicht die Zukunft verbauen dürfen, die ihnen selbst wie all ihren Mitmenschen von Gott geöffnet ist. Sie werden ans Ver-geben erinnert, aus dem schon mitmenschlich die neuen Anfänge wachsen.[14] Aber das ist nicht nur eine „pädagogische" Erinnerung. Die mehr oder weniger gute Erinnerung an das zwischen Menschen Mögliche und so oft Vermisste intensiviert sich zur Bitte: zur Bitte um den guten Anfang, den wir *jetzt* ergreifen könnten, um über das ausweglose Verstricktsein in die Verschuldungszusammenhänge unserer Welt hinauszukommen; zur Bitte deshalb auch darum, Er möge uns durch Seinen guten Geist Türen öffnen in eine Zukunft, in der nicht aufhört anzufangen, was jetzt anfangen kann. Der Schuldenerlass steht hier dafür, dass die Schuld-Vergangenheit die Zukunft nicht mehr vereiteln muss; dafür, dass die gute Unterbrechung geschieht, in der die Zukunft das Vergangene überholen und ihm die Macht nehmen kann, das Kommende von vornherein zum sinnlos Verlorenen zu machen. Göttlicher Schuldennachlass ist dann auch – und davon war oben schon die Rede – Metapher für die im Glauben wahrgenommene Zuwendung Gottes, mit der Dieser das Zuwenig überholt und vergibt, das Menschen sich selbst nicht vergeben können; mit der Er sie aus dem Zwang zu heillosen und immer wieder scheiternden Selbstrechtfertigungsversuchen „erlöst".[15]

Es ist dann immer noch – und jetzt erst recht – an den Bittenden selbst, in diese Zukunft hineinzugehen und so tatsächlich der Verhinderungsmacht des unheilvoll fortwuchernden Vergangenen entgegenzutreten. Es ist an den Glaubenden, mit aller Entschiedenheit die zum Greifen nahe Gottesherrschaft zu ergreifen und so in sie hineinzukommen. Aber es ist an Gott, den Bann der Vergeblichkeit zu lösen, der menschliches Beginnen nicht über das zwecklos Vergehende hinaus gelangen lässt.

Nachlass eröffnet Zukunft

Schulden haben nimmt die Zukunft; Zukunft wird verbraucht, um das schuldig Gebliebene und zu wenig Geleistete zurückzuzahlen. Sie steht nicht mehr dafür offen, das Neue zu bauen.[16] So wird der Nachlass der Schuld zum Inbegriff und dann zur Metapher der offenen, von der angehäuften Schuld unbelasteten Zukunft. Um diese Zukunft bitten Christinnen und Christen im Vaterunser in der Spur Jesu und seiner Gefährten. Es ist die Zukunft der Gottesherrschaft, die tatsächlich das Vergangene und Verwirkte überholt und die *jetzt* anfangen kann, wenn Menschen die Überfülle des Gottesgeschenks erfahren, die alles mitmenschliche Schuldigbleiben überholt. Es ist das Geschenk einer Lebens-Zukunft, die vom Vergangenen nicht mehr aufgezehrt und selbst nicht mehr zum Vergangenen werden kann.

Menschen schenken einander Zukunft, wenn sie vergeben – und so die Vergangenheit um ihre Zukunfts-tötende Macht bringen. Sie ersparen sich nicht, beim Hineingehen in diese Zukunft dafür Sorge zu tragen, dass die Vergangenheit nicht

169

wieder Macht gewinnen kann über die durch Vergebung eröff-
nete Zukunft. Sie dürfen sich nicht ersparen, unheilvolle Verhältnisse und Situationen am Maßstab der Gerechtigkeit so zu
verändern, dass die Vergebung – das Zukunft Öffnende –
Zukunft haben kann. Aber sie müssen immer wieder neu
darauf verzichten, von den an ihnen schuldig Gewordenen die
„Schulden" einzufordern, auf deren Rückzahlung man ein
Anrecht hätte, ehe man „quitt" sein und den anderen aus seiner Schuldigkeit entlassen könnte. Seinen Schuldnern (Schuldi-
gern) erlassen haben, heißt – so *Simone Weil* in ihrer harten
Konsequenz – „auf die ganze Vergangenheit insgesamt ver-
zichtet haben. Heißt hinnehmen, dass die Zukunft noch rein
und unberührt sei, streng gebunden an die Vergangenheit
durch Bande, die wir nicht kennen, aber gänzlich frei von den
Banden, die unsere Einbildungskraft ihr aufzuerlegen glaubt."
Aus Gottes Vergebung kann nur leben, wenn man im Jetzt für
die Zukunft – Gottes Zukunft – lebt und aus der Vergangenheit keine Ansprüche herleitet, die anderen die Freiheit zur
Zukunft bestreiten. „Solange wir uns noch an die Vergangenheit klammern, kann Gott selber nicht verhindern", dass auch
bei uns die verfehlte Zukunft mit ihren „elenden Früchte[n]
des Bösen und des Irrtums" weiterwuchert; kann er nicht verhindern, „dass diese scheußlichen Früchte in uns reifen."[17]
Von Gott ersehnen sich die Glaubenden eine Zukunft, welche die Macht der Vergangenheit und des Vergehens endgültig
(unter-)bricht. Und sie erbitten von ihm, dass diese Zukunft sie
jetzt schon berührt, so dass sie ihr Leben jetzt schon in der
Weite und Freiheit leben können, die ihnen Gottes gegenwärtige Zukunft gewährt. Erlass der Schulden, Unterbrechung all
dessen, was uns unheilvoll ans Vergangene bindet, damit wir
frei werden, in Gottes Anfang zu leben: Das erspart den Menschen nicht, *einander* zu vergeben und *miteinander* um Zukunft
zu ringen; das „erlässt" es ihnen nicht, für gerechte Verhältnisse
zu sorgen, damit die einen nicht immerzu auf Kosten der anderen leben. Aber wen Gottes Zukunft angerührt hat, der „weiß"
auch, was nicht zu ihr passt und was so auch nicht Gottes-Zu-

kunfts-fähig ist. Und er wird sich gefordert erfahren, es nicht weiter gelten zu lassen: zu vergeben, was Menschen vergeben können, und zurückzuerstatten, was Menschen zurückerstatten können, damit sie gerecht miteinander leben.

Wer erlässt zuerst?

Die Logik der Vergebungsbitte scheint sich umgekehrt zu haben. Statt: Erlass uns die Schulden, wie ja auch wir sie unseren Schuldnern erlassen, müsste es nun heißen: Du hast uns erlassen, uns Zukunft gegeben. Und so ist es nun an uns, zu erlassen und Zukunft zu geben. Diese Logik findet sich durchaus in der Jesustradition – so etwa im Gleichnis vom reich beschenkten, aber gegen den Mitknecht unbarmherzigen Gläubiger in Mt 18,23–35.[18] Aber warum formuliert die Vaterunser-Bitte umgekehrt? Vielleicht will sie zunächst an die Macht der mitmenschlichen Vergebung erinnern. Schon diese Vergebung vermag zu öffnen, was unheilvoll versperrt ist, vermag wirksam Lebenszukunft zu schenken. Und sie vermag es mit besonderer Lebens- und Zukunftskraft unter den Glaubenden, die von der Zukunft der Gottesherrschaft berührt sind.

Menschen sind einander in Lebenszusammenhängen geschenkt und zugemutet, in denen Vergebung gewährt und verweigert, Vergangenheit losgelassen und festgehalten wird. Darauf nimmt die Vaterunser-Bitte Bezug; das setzt sie gleichsam voraus: die Erfahrung des Menschlichen und die in ihr liegende Herausforderung zur Vergebung. Die Hoffnung auf Gottes Vergebung überspringt das nicht; sie nimmt darauf Bezug als auf eine Lebenswirklichkeit, die Menschen – zumal glaubende Menschen – kennen, sonst wüssten sie ja gar nicht, was sie von Gott erbitten. Sie erbitten die Vergebung nicht unterschiedslos von Gott; sie machen ihn nicht zum „Ersatzmann" dessen, wozu sie selbst gerufen sind und was sie einander schenken können. Aber sie wissen um die Enge und Begrenztheit ihres eigenen Vergebungswillens; sie kennen das

171

kaum Vergebbare oder gar das Unvergebbare, die Unfähigkeit von Menschen, angesichts des unvergebbar Erscheinenden eine gemeinsame Zukunft zu wagen.

Immerhin: die Beter bringen die gute Erfahrung mit der Vergebung in ihre Bitte ein. Von ihr aus weitet sich der Horizont dessen, was Glaubende sich von Gott erbitten und nur Ihm anheimstellen können. Welche Zukunft darf dem „Nachlass" des vergangenen Unheils durch Gott selbst zugetraut werden, *Seiner* Unterbrechung des unheilvoll Fortwuchernden, wenn schon die mitmenschliche Vergebung so viel vermag! Um Gottes befreiende Unterbrechung bitten wir, damit wir freikommen können von jenen unersättlichen Ansprüchen der Vergangenheit, die alles, was wir tun und anfangen können, von vornherein als „Tilgung" des Untilgbaren in „Zahlung" nehmen, die es als Ausgleich für das hoffnungslos schuldig Gebliebene beanspruchen und damit Zukunfts-unfähig machen. Um *Gottes* befreiende Unterbrechung bitten wir, um nicht zynisch-resignierend auf den großen Abbruch warten zu müssen, der allen jede Zukunft nimmt und die Schulden gegenstandslos macht, ganz gleich, wie groß sie waren und wer sie aufgehäuft hat. Gottes Vergebung ist so ganz anders als das Quitt-Sein im Tod, das die Ausbeuter ins Nichts davonkommen ließe.[19]

Vergebung: Schulden sind erlassen; die Zukunft muss nicht mehr davon beherrscht sein, zurückbekommen zu wollen oder zurückgeben zu müssen, damit wir miteinander quitt sein können. *Versöhnung* wird möglich: Hinweggenommen ist, worüber wir von uns aus so schwer hinwegkommen. Versöhnung geschieht: mit denen, die nicht mehr zurückverlangen und von denen wir nichts mehr zurückverlangen; mit uns selbst, die wir uns selbst am wenigsten vergeben können, wer wir geworden sind – die wir nicht hinnehmen können, was uns zugefügt wurde. Vergebung ermöglicht Versöhnung; Er ermöglicht und initiiert Versöhnung, da Er es uns erlässt, das Quitt-Sein – die Schulden-befreite Zukunft – auf den Irrwegen des Zurückgebens und Zurückverlangens zu suchen.

Jesu Vergebung im Haus des Pharisäers

Kehren wir zurück zu der Vergebungsgeschichte im Haus des Pharisäers, die die Mahlgenossen Jesu in Erstaunen und Aufregung versetzte: Wie kann ein Mensch so vergeben, so zukunftsmächtig, mit dem Anspruch, Gottes Werk zu tun! Was hat er denn getan? Er hat der Vergangenheit Einhalt geboten; er hat ihr Weiterwirken tatsächlich unterbrochen. Das brachte er fertig, weil die Sünderin sich mit all dem, was sie an Lebens- und Glaubenskraft mobilisieren konnte, nach einer Zukunft ausstreckte, die ihr geschenkt werden musste. Jesus anerkennt sie in dem, was sie da einsetzt: Viel hat sie geliebt; noch eben jetzt hat sie ihre Liebe Jesus selbst erwiesen. Ihre Glaubenssehnsucht ist so stark, dass sie der Heilung den Weg bereitet. Jesus anerkennt ihre Stärke und macht sie stark, in die Zukunft hineinzugehen, die ihr nun offen steht. Darüber staunen die Mahlgenossen zu Recht. Wie selten das doch geschieht, dass die Vergebung stark macht, dass sie Stärken hervorlockt und noch stärker macht, die man den Sündern nicht sofort ansieht, vielleicht überhaupt nur mit dem Jesus-Blick ansieht! Wenn es aber geschieht, dann ist die Zukunftsmacht, die hier freigesetzt wird, offenkundig aus Gott; dann geschieht hier Gottes Vergebung, „Entschuldung" von Gott her; Vergebung, die nicht klein macht, sondern so groß und stark, Gottes gutes Werk mitzutun und Gottes Zukunft mitzuleben.[20] Gott hat die Vergebung in die Hand dieses Gottesmenschen gelegt – und so zur Herausforderung für alle Menschen gemacht: Das Mitwirken an Gottes Werk ist nicht Privileg, sondern Zeugnis, Zeugnis dafür, was man der Vergebung zutraut, weil in ihr Gottes guter Wille geschieht. So wird die Versöhnung möglich. In der Geschichte von Jesus und der Sünderin beginnt sie berührend und verwandelnd damit, dass diese so liebevolle und mit der Liebe in Irrnisse und Wirrnisse hineingeratene Frau sich mit sich selbst versöhnen kann: da sie so viel geliebt hat.

Jesus zeigt, was Vergebung bewirken kann. So versucht er den Glauben an die Vergebung zu stärken und Versöhnung

vorstellbar zu machen; den Glauben an die Zukunft zu stärken, die Gottes Vergebung anbrechen lässt. Er zeigt, was es
von Gott zu erbitten gilt: die Unterbrechung des unter Menschen unverändert und ausweglos Fortdauernden und die Leidenschaft des Glaubens an die große Verwandlung, die uns in
Gottes Zukunft widerfahren kann. Weil Er vergibt, wird alles
möglich. Jesus vergibt in Seinem Namen. Wer ihm dabei
zusieht und zuhört und nicht nur fragt, wieso der sich das
herausnehmen darf, der sieht mit Freude, was aus der Vergebung wächst. Er weiß, dass er selbst aus der Macht der Vergebung lebt und es vermag, von ihr so Gebrauch zu machen,
dass sich Zukunft öffnet und Versöhnung möglich wird.

Anmerkungen

[1] Die dramatische geschichtlich-politische Dimension dieser Frage zeigt
sich in der Diskussion um die Vergebbarkeit der in deutschem Namen
begangenen Nazi-Verbrechen an Juden und anderen Völkern. Vgl. dazu
Vladimir Jankélévitch, Das Verzeihen. Essays zur Moral und Kulturphilosophie, dt. Frankfurt a. M. 2003.

[2] Was dieser Kräftedynamik nicht unterworfen ist, sich ihr kreativ entzieht, wäre – um mit *Simone Weil* zu sprechen – das Übernatürliche, das
„die ursprüngliche Großmut des Schöpfers (la générosité originelle du
Créateur) wiederholt (vgl. Simone Weil, Formen der impliziten Gottesliebe, in: dies., Das Unglück und die Gottesliebe, dt. München 1953,
135–234, hier 142f.).

[3] *Friedrich Nietzsche* hat das auf seine Weise kommentiert: „*Gebet zu
Menschen.* – ‚Vergieb uns unsere Tugenden‘ – so soll man zu Menschen
beten" (Menschliches, Allzumenschliches II, Aphorismus 405, KSA 2, 533).

[4] In ironischer Brechung begegnet diese Zuständigkeitsvermutung noch
bei *Voltaire*. Auf seinem Totenbett habe er es, so erzählt man, abgelehnt,
einen Priester zu rufen und trocken bemerkt: Dieu me pardonnera. C'est
son métier (Gott wird mir vergeben. Das ist schließlich sein „Metier").

[5] Das Alte Testament rekurriert niemals auf „den Bildbereich von Geld-
schulden für die Sünde vor Gott" (Norbert Lohfink, Das Vaterunser, intertextuell gebetet, a. a. O., 84). Und auch das Neue Testament spielt diese
Vorstellung – wie noch zu zeigen sein wird – eher selten ein. So kommt
Lohfink zu dem Schluss: „Angesichts der sonst im Vaterunser so starken
Intertextualität zum Alten Testament kann man hier nur eine Art Code-
bruch konstatieren" (ebd.). Das würde aber eine besondere Sorgfalt bei

der Auslegung erforderlich machen. Es käme ja darauf an herauszufinden, welche Intention hinter diesem Ausbrechen aus einem mehr oder weniger selbstverständlichen Code stecken könnte. Lohfinks Beobachtung wäre allerdings dahingehend zu relativieren und zu ergänzen, dass der Metaphernkreis des In-Schuldknechtschaft-Geratens und des Aus-der-Schuldknechtschaft-ausgelöst-Werdens in verschiedenen alttestamentlichen Traditionssträngen eine zentrale Bedeutung hat: Die Auslösung durch den Goël oder durch den Ausruf des Jobeljahres sind hier ebenso zu nennen wie die prophetische Ankündigung einer Bezahlung des Lösegeldes durch JHWH selbst (zu letzterer vgl. Jes 43,1b–5; das Motiv wird „christologisch" aufgenommen in Mk 10,45/Mt 20,28). Im Kontext dieser soteriologisch-metaphorischen Bezugnahmen werde ich die Bitte im Folgenden interpretieren.

[6] Vgl. Heinz Schürmann, Das Gebet des Herrn als Schlüssel zum Verstehen Jesu, 107f.

[7] Zur Genealogie der Moral. Zweite Abhandlung, Aphorismus 19, KSA 5, 327.

[8] Ebd., Aphorismus 20 bzw. 21, KSA 5, 329 bzw. 331.

[9] Ebd., Aphorismus 21, KSA 5, 331.

[10] Vgl. den Überblick dazu in meinem Buch: Gott kann etwas mit uns anfangen, Donauwörth 2006, 151–170.

[11] Den Hinweis auf diesen Micha-Text und diese Auslegungspointe verdanke ich Reinhard Feiter.

[12] Vgl. Marlene Crüsemann – Willy Schottroff (Hg.), Schuld und Schulden. Biblische Traditionen in gegenwärtigen Konflikten, München 1992; Ruth Scoralick, Heiliges Jahr und Schuldenerlass. Biblische Hintergründe, in: Der Prediger und Katechet 139 (2000), 385–395.

[13] Stefan Federbusch, Erlassjahr 2000 – Entwicklung braucht Entschuldung, in: Der Prediger und Katechet 139 (2000), 526–533.

[14] Norbert Lohfink vermutet in diesem Hinweis auf die Bereitschaft zu einem ganz und gar unmetaphorischen Schuldenabbau den Sinn des oben erwähnten „Codebruchs". Und er folgert sehr pointiert: Ist sie „nicht vorhanden, dann sollte man das Vaterunser lieber nicht in den Mund nehmen" (Das Vaterunser, intertextuell gebetet, a. a. O., 84).

[15] Nietzsches radikale Erlösungskritik, die in der Sentenz gipfelt: „liebt euch selber aus Gnade, – dann habt ihr euren Gott gar nicht mehr nötig, und das ganze Drama von Sündenfall und Erlösung spielt sich in euch selber zu Ende!" (Morgenröthe, Aphorismus 79, KSA 3, 78) liegt nur knapp daneben. Sie verfehlt ihr Ziel nur deshalb, weil sie die Nichtselbstverständlichkeit, ja Menschen-Unmöglichkeit, sich „aus Gnaden" selbst zu lieben und zu vergeben, nicht in ihrem anthropologisch-theologischen Schwer-

gewicht erwägt (und dies gilt auch angesichts der Anstrengungen, die Nietzsche in seinem *Zarathustra* dazu unternimmt). Eine imponierende Auslegung der paulinischen und lutherischen Rechtfertigungslehre, die an dem oben zuletzt genannten Gedanken ansetzt, bietet Eberhard Jüngel, Das Evangelium von der Rechtfertigung des Gottlosen als Zentrum des christlichen Glaubens, Tübingen 1998.

[16] Über die brennende Aktualität dieser Andeutungen braucht man angesichts einer empörend bedenkenlosen Umwelt- und Haushaltspolitik im ersten Jahrzehnt des 21. Jahrhunderts keine weiteren Worte zu verlieren. Aber über diesen buchstäblichen Sinn des zukunftsvernichtenden Schuldenanhäufens hinaus wird uns in dieser Zeit einigermaßen offenkundig, was es bedeutet, dass man in Vergangenheit und Gegenwart auf Kosten der Zukunft lebte und lebt. Ein „Schuldenerlass" ist weit und breit nicht in Sicht. Von der Theologie darf man diese Perspektive gewiss nicht erwarten. Es wäre ja auch blasphemisch, wollte man Gott gleichsam als Ersatzmann in Betracht ziehen, wenn den Menschen ihr eigenes Schuldenmachen aus dem Ruder läuft.

[17] Simone Weil, Betrachtungen über das Vaterunser, in: dies., Zeugnis für das Gute, 67.

[18] Noch eine andere Logik wäre im Zusammenhang der Vaterunserbitte um Vergebung denkbar, vielleicht sogar naheliegend. Sie ist ja in der Bergpredigt direkt angesprochen. Wer zum Altar kommt, um zu opfern – nicht auch um zu beten? –, und sich des ihm zürnenden Bruders erinnert, der soll zuvor hingehen und mit ihm Versöhnung suchen (vgl. Mt 5,24). Für die Vaterunserbitte ist mitmenschliche Versöhnung offenkundig nicht in *diesem* Sinne Voraussetzung für das Beten.

[19] Das ist die Gleichmacher-Perspektive, gegen die die Osterbotschaft protestiert. Vgl. Kurt Marti, Leichenreden, Taschenbuchausgabe München 2004, 67: „das könnte manchen herren so passen / wenn mit dem tode alles beglichen / die herrschaft der herren / die knechtschaft der knechte / bestätigt wäre für immer [...]."

[20] Das Lukasevangelium hat eine seiner theologischen Leitperspektiven darin, dass es Gottes Handeln – und so auch das Gott-Handeln Jesu – im „Groß-Machen" der Kleinen und der Entthronung der Großen geschehen sieht. Eindrucksvoll ist dieses Motiv schon im „Magnifikat" intoniert: JHWH hat auf die Niedrigkeit seiner Magd geschaut und Großes an ihr getan; er ist der Gott, der „die Mächtigen vom Thron [stürzt] und [...] die Niedrigen [erhöht]" (Lk 1,48f.52).

176

VII. Und führe uns nicht in Versuchung
(Ijob; Lk 4,1–13)

„Darauf führte ihn der Satan nach Jerusalem,
stellte ihn oben auf den Tempel und sagte zu ihm:
‚Wenn du Gottes Sohn bist, so stürz dich von hier hinab,
denn es heißt in der Schrift:
Seinen Engeln befiehlt er, dich zu behüten;
und: Sie werden dich auf ihren Händen tragen,
damit dein Fuß nicht an einen Stein stößt.‘
Da antwortete ihm Jesus: Die Schrift sagt:
Du sollst den Herrn, deinen Gott, nicht auf die Probe stellen"
(Lk 4,9–12).

Neues versuchen

Versuchungen muss man nicht unbedingt dramatisch nehmen. Wer nicht Neues versucht und es mit den Versuchungen
aufnimmt, die ihn dabei heimsuchen, der lebt an den Herausforderungen und Reichtümern des Lebens vorbei. Er nimmt
nicht mit, was es für ihn bereithielte. Etwas versuchen –
sich auf die Probe stellen, auf die Probe stellen lassen, damit
herauskommt, was in mir steckt: Viele Versuchungsgeschichten erzählen von dem Reiz und der Verführungskraft von
Begegnungen, von einer Faszination, die mich wie der Drang
zum Leben selbst berührt und ergreift. Man kann mit solchen Versuchungen auch spielerisch umgehen. Sie sind das
„Unterfutter" des Erlebens, mit dem etwa die Werbung ihre
Botschaften verpackt und uns verführt („Diese Versuchung
darfst du nicht versäumen!" – „Ich heiße Eva. Wie könnte
ich dieser Versuchung widerstehen!"). Das sollte nicht darüber täuschen, wie viel in den Versuchungen auf dem Spiel
stehen kann. Sie mögen hineinführen ins Leben und sie können uns auf Abwege verführen.

Die gouvernantenhafte Moral, die das Christentum so lange bestimmt und bis ins 20. Jahrhundert für viele Menschen – draußen und drinnen – zu einer kleinbürgerlichen Veranstaltung verzeichnet hat, konnte gar nicht genug vor solcher Versuchung und Verführung warnen. So hat sie es auch fast unmöglich gemacht, die Vaterunser-Bitte „und führe uns nicht in Versuchung!" mit wachem Herzen und bei klarem Verstand für das, was man hier aussprach, zu beten. Sollte Gott selbst der Versucher sein, so dass man Ihn darum bitten musste, es damit nicht zu arg zu treiben? Für ein moralistisches Verständnis von Versuchung wäre das absurd. Aber was soll dann diese Vaterunser-Bitte? Kann man sich retten, wenn man sie ein wenig anders übersetzt, etwa so: Lass uns nicht in Versuchung geraten? Der sprachliche Befund mag diese Übersetzung möglich erscheinen lassen.[1] Aber ist damit für die Beter viel gewonnen? Wartet nicht sofort die nächste irritierende Frage: Warum muss ich Ihn bitten, vor Versuchungen bewahrt zu bleiben? Wäre es nicht eines liebenden Gottes „ureigenes Interesse", dass die Menschen nicht in Versuchung geraten? Ein Blick auf die gar nicht so seltenen Versuchungsgeschichten in der Bibel kann hier davor schützen, sich zu schnell mit glättenden und verharmlosenden Formulierungen zufrieden zu geben. Eine sorgfältige Lektüre mag noch mehr Fragen aufwerfen als die so problematische Vaterunser-Bitte selbst. Aber sie wird den Horizont öffnen, in dem diese Bitte auch für Beter im Heute Bedeutung gewinnen kann.

Die erste Frage ist vielleicht schon die irritierendste. Wer versucht in den Versuchungsgeschichten eigentlich wen? Die Schlange im Paradiesgarten. Vom Satan, dem ewigen Verführer, ist da noch gar nicht die Rede. Der kommt bei Ijob ins Spiel. Da übt er das „Handwerk" aus, von dem sein Name spricht: *Satan* bedeutet Widersacher. Satan widerspricht JHWH, Der sich an Ijobs Glaubensstärke freut; so stellt es die Rahmenerzählung des Ijobbuches dar (vgl. Ijob 1,6–12): Sei dir nur nicht so sicher! Wenn der glaubensstarke Ijob die Erfahrung machen wird, von seiner Gottestreue nichts mehr zu haben, wenn ihm sein Glaube nichts mehr nützen wird, dann wird auch er Deiner fluchen und sich von Dir abwenden. Satan widerspricht JHWH, er versucht Ihn geradezu. Und JHWH lässt sich versuchen, Er lässt Ijob versucht werden – gibt ihn in die Hand Satans. Unbegreiflich! Es sieht ja fast schon so aus, als mache JHWH gemeinsame Sache mit Satan; als sei die Unterscheidung von Gott und Satan noch gar nicht wirklich vollzogen. Immerhin gehört Satan ja noch zum himmlischen Hofstaat JHWHs.

Ist JHWH tatsächlich selbst der Versucher? Wie könnte man etwa die Geschichte von der „Bindung des Isaak" (Gen 22,1–19) nicht als Versuchungsgeschichte lesen: JHWH versucht den Abraham, seinen Sohn Isaak zu opfern, das Unterpfand des mit Abraham geschlossenen Bundes. Im Neuen Testament scheinen die Verhältnisse klarer gegliedert. Hier ist es dann tatsächlich Satan als die widergöttliche Macht, die Jesus versucht, ihn von seinem Weg abzubringen versucht (Mt 4,1–11). Ist nicht auch die Erzählung von der Ölbergsnot Jesu eine Versuchungsgeschichte? *Mel Gibsons* Film „Die Passion Christi" lässt den Satan hier noch einmal als Verführer auftreten und seinen letzten Trumpf ausspielen, damit Jesus vor dem zurückweicht, was ihm jetzt bevorsteht. Was ihm der Vater auferlegt? Ist der Vater dann nicht der eigentliche Versucher, der, der ihn über alles Menschenmögliche hinaus auf die Probe stellt?[2] Wer also versucht wen? Und was geschieht denn überhaupt in der Versuchung? Sehen wir etwas genauer hin!

Versuchungsgeschichten 1: das verlorene Paradies

Es ist die Schlange, die die Menschen versucht; klüger ist sie „als alle Tiere des Feldes" (Gen 3,1), findiger, schlauer. Und zum Klugwerden, zur Schläue und Findigkeit verführt sie. Warum sollte man die bisher irgendwie hingenommenen Grenzen nicht überschreiten? Warum sollte man die Fähigkeiten und Kräfte nicht nutzen, die man in sich spürt, die noch schlummern, aber geweckt werden können? Findigkeit darf keine Grenzen hinnehmen. Sie muss die – von wem auch immer – gezogenen Grenzen überschreiten; sie muss entdecken, wohin die Wege führen, was noch möglich ist und was in uns steckt. Das ist die Herausforderung, für die die Schlange in dieser Geschichte steht. JHWH aber ist nicht einverstanden mit dieser grenzenlosen Grenzüberschreitung. Er weist die Menschen aus dem Garten der Lebensfülle, damit sie nicht auch noch vom Baum des Lebens nehmen und ewig leben (vgl. Gen 3,23). Wieder einmal der nicht nur aus der Antike sattsam bekannte Götterneid? JHWH scheint davon nicht unberührt. Auch die Geschichte vom Turmbau zu Babel (Gen 11,1–9) wird ja dafür ins Feld geführt: Mit ihren Fertigkeiten und produktiven Möglichkeiten sollen die Menschen Gott nicht zu nahe kommen. Das Ende der Paradiesesgeschichte zeigt JHWH noch ehrlich erschrocken angesichts dieser Perspektive; im 11. Kapitel der Genesis erhebt Er sich über sie mit kräftiger Ironie – so scheint es jedenfalls dem ersten Blick.

Es fehlt in der Auslegungsgeschichte nicht an Hinweisen auf das Wohltuende der Grenzen, die JHWH den Menschen gesetzt habe, um sie vor sich selbst zu schützen. Er figuriert da als der Schutzpatron aller Erzieher(innen), die mit der Einschärfung und Sanktionierung von Grenzen für die Erzogenen nur das Beste wollen. Ist der Schöpfer nicht letzten Endes genauso hilflos wie sie? Weil die Menschen gar nicht anders können, als Grenzen zu überschreiten?

Die Nachwachsenden sind die Nachdrängenden. Grenzen sind für sie die Versuchung, an der sie sich selbst versuchen, an der sie ihre Kräfte zum Widerspruch und zur Grenzüberschreitung erproben. Gar erproben *müssen*? So erscheint Genesis 3 als Reifungsgeschichte; und die Schlange erscheint als die Agentin einer mehr oder weniger produktiven Herausforderung. Sie lockt die in den Menschen schlummernden Fähigkeiten hervor, sich auf eigene Faust – in der Unterscheidung zwischen gut und böse, genauer: zwischen brauchbar und unbrauchbar, zwischen tauglich und weniger tauglich,

zwischen gut für mich und nicht gut für mich – einen Lebensraum zu erobern und ihn nach eigenen Prioritäten zu gestalten; wie es Erwachsenen eben zusteht, ja sogar abzuverlangen
wäre.[3]

Das ist eine Lesart, die vieles ans Licht bringt, was die tra-
ditionelle Lektüre von Genesis 3 als „Sündenfallerzählung"
nicht gelten lassen konnte. Aber schöpft sie die Dramatik dieser Geschichte wirklich schon aus? Ist diese Reifungsgeschichte nicht doch auch eine Versuchungsgeschichte im
abgründigsten Sinn des Wortes? Es ist nicht eigentlich die
Schlange, von der die Versuchung ausgeht; es ist ihre Klugheit – „Schlauheit" überträgt die Einheitsübersetzung etwas
abwertend –, ihre Findigkeit. Mit ihr will sie die Menschen
anstecken, damit sie entdecken, wozu ihre Stärken und Gaben
„gut" sein können. Da ist doch noch mehr drin, als in diesem
wohlgeordneten Ambiente des Lebensgartens ausgelebt werden kann. Wohin werden meine Stärken mich noch führen
können? Wenn ich ihrer Herausforderung folge, wird mir
das die Erkenntnis von gut und böse offenbaren – von tauglich und untauglich, von förderlich und schädlich. Es wird
mir offenbaren, wozu ich meine Stärken gebrauchen kann,
was sie mir einbringen werden und wovor ich mich hüten
muss.[4] Wissen ist *Macht*: das Wissen darum, was ich kann
und wozu ich mir die Gegebenheiten meiner Um- und Mitwelt dienstbar machen kann.

So wird man tatsächlich ein kleiner Gott (vgl. Gen 3,5): der
Gott des Anderen, der Gott der natürlichen Gegebenheiten.
Dieser kleine Gott vermag darüber zu bestimmen, wozu die
anderen und die „Ressourcen" der Welt gut sein sollen. Ja, er
kann sich mitunter und in bestimmtem Ausmaß – je nach seiner
Machtstellung – dazu versteigen, andere Menschen nur noch als
Ressourcen für seine Projekte in den Blick zu nehmen, im Blick
auf ihre Tauglichkeit, mit ihnen „sein Ding durchzuziehen".
Wenn der Mensch sein Wie-Gott-sein-Wollen mäßigt, wenn er
den anderen und seiner Umwelt keine oder doch möglichst
wenig Gewalt antut, eher mit ihnen kooperiert als sich ihrer

bemächtigt, wächst daraus jene Kreativität, in der er sich selbst verwirklicht: die gottgewollte, von Gott geschenkte Mitschöpfer-Kraft. Aber die Ambivalenz dieser Gottähnlichkeit – die Versuchung zur *Vermessenheit* – liegt auf der Hand: Wer die eigenen Stärken und Gaben und auch die der anderen rücksichtslos in eigene Regie nimmt, missbraucht die Potentiale und verschwendet den Reichtum, die sie ihm sein könnten. Er ist nicht mehr Mitschöpfer, sondern Widersacher des Schöpfers, Zerstörer dessen, was Dieser sehr gut (*tov*) geschaffen hat: gut in sich selbst, eben nicht nur für mich.

Das Dramatische an dieser Geschichte: Es sind gerade die Stärken, die zum Missbrauch anreizen. Es sind die elementaren Erfahrungen der Lebenskraft, die zur Reifung, zum Aus-Leben drängt, welche die Sehnsucht nach Mehr-Werden wachrufen – und ja auch wachrufen sollen. Gerade sie aber können zur gegenschöpferischen, zerstörerischen Macht werden. So ist der Geber dieser Gaben in gewisser Weise selbst der Versucher, da er die Empfänger provoziert, das ihnen Geschenkte auszuleben: potent zu sein und immer noch potenter zu werden, Macht zu gewinnen, Lust zu erleben, sich selbst zu überschreiten und so den Himmel auf die Erde zu holen.

Wenn aber erst einmal die Zerstörungsmacht der elementaren Lebenskräfte entdeckt ist, wenn die Erkenntnis sich nicht mehr verleugnen lässt, dass sie in sich tief ambivalent sind – zum Guten wie zum Bösen (ver-)führend –, dann sind Himmel und Erde getrennt. Der Himmel ist nicht mehr einfach auf der Erde; der Lebensgarten ohne jeden Zwiespalt ist verschlossen. Gott ist gleichsam gezwungen, einen seiner Schöpfungsabsicht entsprechenden Gebrauch der guten Schöpfungsgaben und Lebenskräfte einzufordern. Nur so werden sich Himmel und Erde noch berühren können. Nicht durch unendliche Selbststeigerung des Menschen in seinen Macher-Fähigkeiten, nicht durch „Optimierung" menschlicher Machtorganisation, wie sie den Erzählern der Turmbau-Geschichte in den Großreichen des Orients mit ihren Tempeltürmen vor Augen stand.

Den Machtversuchungen muss der Schöpfer selbst entgegentreten. Er multipliziert die Sprachen, die Kulturen, die Lebensräume, damit sie nicht durch eine universale Kommandosprache gleichgeschaltet werden. Er schützt die kleinen, menschlichen Räume gegen ihre Gleichgestaltung durch die Einheitssprache und Einheitskultur.[5] Mit so viel Sorgfalt engagiert sich der Schöpfer für das gute Schöpfungs-Gleichgewicht der Lebenskräfte, das so leicht aus der Balance gerät. Das Gute wird zum Bösen, wenn es missbraucht wird. JHWH will es immer wieder neu in Seiner Güte retten. Der Widersacher treibt es auf das Böse hinaus. Und die Menschen – die Machtmenschen und Halbgötter zumal – werden selbst zu Widersachern. Nicht auch die Priester, die „entschieden Religiösen", die mit ihren rituellen Macht-Vollkommenheiten den Himmel auf die Erde zwingen wollen?

Versuchungsgeschichten 2: die Opfer-Versuchung

Die Geschichte von der Versuchung des Abraham zum Menschenopfer, zum Opfer seines Sohnes (Gen 22,1–19), lässt sich so gegen den Strich lesen: Das „gottgewollte Opfer" ist die Verführung des Zugriffs auf die Transzendenz. Menschliches Machen soll an das Göttliche heranreichen und auch das als Gottes Verfügung wahrgenommene Schicksal irgendwie verfügbar machen. Das ist die Hintergrunddramatik in der Geschichte von der Beinahe-Opferung des Isaak: Die Verlässlichkeit der von JHWH eben nicht an Bedingungen geknüpften Zusage für eine gute Heilszukunft tritt in der Erzählung von der Erprobung Abrahams in Widerspruch zur Heilswirksamkeit eines Opfers, das die Zukunft verbürgen soll; jenes Opfers, in dem das menschlich Wertvollste gegeben wird und so auch erreicht werden soll: die Zukunft des Clans, die sich im einzigen Sohn greifbar manifestiert. Was öffnet denn nun die Zukunft: Gottes Versprechen oder das Opfer, in dem die „Frucht" dieses Versprechens hingegeben werden soll? Noch ist es JHWH

selbst, Der diesen Widerspruch provoziert – und ihn schließlich
auflöst. So liest sich die Geschichte als Erprobung und Infra-
gestellung eines Glaubens, der sich darin als stark erweist, dass
er dem göttlichen Versucher bis fast in die letzte, schlimmste
Konsequenz zu Willen ist und dem Opfer das Übergewicht
über JHWHs Selbstzusage geben will. Aber der Schluss schlägt
auf die ganze Geschichte zurück. Müssen die Rollen nicht
umverteilt werden? Ist nicht Abraham selbst der Versucher, da
er mit seinem Opfer auf Nummer sicher gehen wollte – statt
der Verheißung zu glauben?

Das muss Abraham auf dem qualvollen Weg zum Berg
Moria lernen: Opfer sind nicht dazu da, Gott Verlässlichkeit
abzuringen, allenfalls dazu, das von Ihm Gegebene in rechter
Weise zu empfangen: den beinahe geopferten Isaak als Unterpfand der Heilszukunft zurückzuerlangen. Der Gehorsam ist
das Rettende, ja; aber nicht der Gehorsam gegen die einschnei-
denden, nicht selten grausamen Opfer-Gesetze; der Gehorsam
vielmehr gegenüber Gottes Herausforderung, gegenüber der
Weisung, die ins Freie führt – weil sie stark macht gegen die
Verlockungen der Mächtigen, auch gegen die Verlockung,
noch über Gott Macht gewinnen zu wollen.

Wieder ist es eine menschliche Stärke, eine Gott verdankte
Gabe, aus der die Versuchung erwächst: Der Mensch darf Partner Gottes sein; Gott lässt es auf den Menschen ankommen,
auf seinen „Gehorsam", auf seine schöpferische Einfühlung in
all das, was Gott gefällt, weil es gut ist für die Geschöpfe. Die
Versuchung liegt im *Übergriff*: Die radikalste Konsequenz –
das „teuerste" Opfer – soll die Zukunft öffnen und verbürgen,
was nur von Gott kommen kann. Der Übergriff auf Gott wird
zum Übergriff auf die Menschen, die da mehr oder weniger
bereitwillig geopfert werden.

Es ist die *Versuchung der Transzendenz*. Die höchste Möglichkeit des Menschen kann diesen zum gewaltsamen Griff
nach der Transzendenz verführen. Mit wieviel Gewalt, mit
wieviel Rücksichtslosigkeit der Übergriff aufs Göttliche oder
Vergöttlichte von Religiösen und Irreligiösen versucht wird,

hat wohl keine Generation vor der Unseren so abgründig und erschütternd erlebt. Die Geschichte von der Bindung des Isaak sieht JHWH noch auf beiden Seiten, so als ob der Versuchung der Transzendenz eine Versuchung Gottes selbst entspräche: die Menschen des Glaubens aufs Äußerste zu erproben, ob sie auch wirklich alles auf Gott setzen und von Ihm erwarten, ob sie sich wirklich mit allem, was sie sind und erhoffen, Ihm in die Hand geben. Ob Gott diese Versuchung in sich überwindet? Ob Er sich ganz und eindeutig als der „Liebhaber des Lebens" (vgl. Weish 11,24–26) in jedem Menschen erweist – nicht länger verwechselbar mit dem Moloch, der gewaltsam nach den Menschen greift und zerstört, wonach er greift?

Versuchungsgeschichten 3: Ijobs Glaubensprobe

Im Buch Ijob ist Satan der Versucher, Versucher JHWHs und Ijobs. JHWH lässt ihn gewähren: An Ijob soll sich erweisen, dass der Glaube eines Menschen stärker sein kann als ein Leid, das ihn schier zur Verzweiflung treibt – oder zum Protest gegen einen Gott, der keine Gerechtigkeit mehr walten lässt. Wieder geht es um die Erprobung des Glaubens[6] und um die abgründige Zwiespältigkeit, die dabei zum Vorschein kommt, beim Erprobenden wie beim „Geprüften". Satan *erprobt* Ijobs Glauben. Ijob versteht Gott und die Welt nicht mehr. Und er hadert mit diesem Gott, von Dem er gleichwohl nicht lässt. Wüsste er von dem, was in der Rahmenerzählung vorgeht, er hätte JHWH, Der den Satan gewähren lässt, noch bitterer zur Rechenschaft gezogen: Wie kann man einen Menschen so missbrauchen – als Einsatz in einer himmlischen Wette!

Oder gibt es auch hier die Lektüre „gegen den Strich", will heißen: gegen unsere so unwiderstehlich sich aufdrängenden Hör- und Lesegewohnheiten? Der Satan bleibt der Versucher. Aber seine Versuchung zielt tiefer. Es geht ihm nicht darum, JHWHs Freude und Selbstgewissheit, Sein Wohlgefallen über den gerechten Ijob zu unterminieren. Es geht ihm tatsächlich um die ganz ernste Frage, ob der Glaube der Gerechten, dieser Helden des Glaubens, auch nur ein „Schönwetterglaube" ist: Glaube derer, die ihrem Gott ein gutes Leben verdanken und deshalb *dankbar* glauben können, zufrieden mit ihrem Gott, Der sie nicht unter die Räder kommen lässt. Und wenn sie unter die Räder kommen? Wenn es ihnen nichts mehr nützt, JHWH treu geblieben zu sein? Als Volk waren Israel und Juda unter die Räder gekommen. JHWH hatte nicht geholfen, als die Katastrophe über sie kam. War es nur eine verdiente Strafe gewesen? Die Propheten hatten es so gesehen und Israels Glauben so neu begründet. JHWH würde aus der Umkehr des Volkes die neue Heilszukunft wachsen lassen.

Aber die Frage war noch nicht beantwortet: Was wird aus dem Glauben an JHWH, wenn die Glaubenden von Gott und der Welt verlassen, wenn sie vom Schicksal und den Feinden geschlagen sind? Wird ihr Glaube sich dann nicht auflösen wie der Nebel am Frühlingsmorgen? Werden die geschlagenen Gerechten ihn nicht als „nutzlose Leidenschaft" ansehen und sich abwenden? Ijob hat diese Versuchung am eigenen Leib darzustellen und durchzustehen. Seine „Erprobung" lotet die Möglichkeit aus, an einen Gott zu glauben, Der sich nicht als Garant des Wohlergehens, auch nicht als der Garant „nationaler" Identität und Größe in Anspruch nehmen lässt. Zu Ihm zu stehen und mit Ihm zu leben, bedeutet eben nicht, sich einen manifesten Vorteil von Ihm erwarten zu dürfen. Die JHWH-Gläubigen sind wie Ijob gefordert, den Schönwetterglauben auf eine Glaubens-Gerechtigkeit hin zu vertiefen, die sich auch von den Leiden der Gerechten nicht an JHWH irre machen lässt. Das ist der Glaubens-Schritt über den Abgrund, der hier dran ist: Der Tun-Ergehen-Zusammenhang, der den Gerechten Wohlergehen versprach, den Ungerechten aber Leid und Scheitern vor Augen stellte, hat keinen Bestand in einer Schöpfungswirklichkeit, die offenkundig mehr ist und auch noch ganz anderes ist, als die moralische Weltordnung, die die Guten belohnt und die Bösen bestraft. Der leidende Gerechte offenbart – und ihm wird offenbart –, dass die Wirklichkeit unserer Welt auf abgründige Weise „größer" ist als der Umkreis eines moralisch überschaubaren, durch Lohn und Strafe ins „rechte Maß" gebrachten Kosmos.[7]

Das ist vielleicht die überraschende Pointe der JHWH-Reden, die das Glaubensdrama Ijobs vom Ende her einrahmen – und „einordnen": Die Schöpfung vollzog und vollzieht sich als Ordnung und Bändigung des Chaotischen; und sie beseitigt die Chaosmächte nicht vollends. So kann der Mensch sie nicht in allem als auf ihn hingeordnet durchschauen: auf sein Wohlergehen, zumindest auf das Wohlergehen der JHWH-Freunde. Die Welt hat ihre Eigendynamik, hat noch – jedenfalls vom Menschen her gesehen – chaotische, „nutzlose" Seiten, Realitäten, die sich der Mensch nicht zunutze machen kann, die ihm zeigen, wie wenig alles auf ihn hingeordnet ist. Die wilden Tiere und ihre Menschenfeindlichkeit zeugen davon. Auch das ist Schöpfung: eine Wirklichkeit jenseits der moralischen Weltordnung des Tun-Ergehen-Zusammenhangs, eine Eigendynamik, der auch die Gerechten unterliegen und zum Opfer fallen können.[8] Sich dennoch an JHWH zu halten und Ihm zuzutrauen, dass Er Seine Getreuen nicht verlassen wird, dazu ist der JHWH-Glaube herausgefordert.

Das Leitthema des Ijob-Buches ist keineswegs von gestern oder vorgestern. Gerade in unseren Tagen ist ja eine Religion gefragt, die Menschen gesünder, sozial kompetenter, rundum glücklicher macht. Glücklich und zufrieden war Ijob mit seinem Gott gewiss nicht. Was hat es ihm überhaupt „genützt", an JHWH festzuhalten? Vielleicht kann man heute die Versuchung, die das Buch Ijob dramatisiert, besonders gut nachvollziehen. Es ist fast selbstverständlich geworden, den Sinn des Gottesglaubens davon abhängig zu machen, ob er das Leben in dieser Welt „bereichert". Wo das nicht mehr erkennbar ist, da hält man sich lieber an andere „Sinnstifter". Es geht schnell mit dieser Antwort: Wenn Gott es „nicht bringt", dann lass ich es eben! Auf diese schnelle Antwort hat es der Satan abgesehen. Das Buch Ijob handelt von der Versuchung zur schnellen Antwort – und von der Kraft, ihr zu widerstehen;

von der Kraft, mit Gott zu hadern und zu kämpfen, statt schnell mit Ihm fertig zu sein.

Auch die „Freunde" des Ijob führen den Lesern diese Versuchung zur schnellen Antwort vor Augen: die Versuchung, den Schuldigen zu kennen und sich so zu beruhigen über den Skandal des lebenzerstörenden Unglücks. Immer ist es der, den dieses Unglück heimgesucht hat. JHWH, der Gerechte, straft nicht ohne Grund. Wie kurzsichtig und herzlos diese schnelle Antwort doch ist! JHWH selbst dementiert sie entschieden. Er bestreitet den Freunden des Ijob das Recht, in Seinem Namen zu sprechen. Und in den Reden, die das Ijob-Buch abschließen, verweigert Er sich selbst den schnellen Antworten. Wer mit JHWH zu leben versucht, der hat nicht automatisch mehr Antworten. Womöglich hat er sogar mehr und abgründigere Fragen. Er ist ja nicht bereit, die Dinge einfach hinzunehmen. Er kann nicht davon lassen, nach dem *Warum* zu fragen. Die Glaubensprobe des Ijob konfrontiert mit dieser Herausforderung des Glaubens: Glauben heißt, mit einem Gott leben lernen, Der für die Seinen da ist und sich doch nicht ihren Maßstäben der Nützlichkeit und des Menschendienlichen fügt; heißt deshalb, mit abgründigen Fragen statt mit schnellen Antworten leben lernen; heißt auch, danach fragen und suchen, was mir den Mut geben kann, mit diesem Gott und den großen Fragen zu leben. JHWH selbst zu begegnen, das gibt Ijob den Mut, an der Lebensgemeinschaft mit JHWH festzuhalten. Wo begegnet der Vater im Himmel auf der Erde so ermutigend, dass die Menschen – auch die Menschen von heute – der Versuchung zu den schnellen Antworten widerstehen können?

Versuchungsgeschichten 4: Jesus und Satan

Das Neue Testament zeichnet den Menschensohn Jesus als Gegenfigur zu Satan, dem „Versucher". Während dieser den Menschen Böses will, sie vor JHWH anklagt und selbst Unglück über sie bringt, ist der Menschensohn Fürsprecher der unglücklichen und vom Leid getroffenen Menschen. Er weiß sich gesandt, den Weg in die Gottesherrschaft zu öffnen, die Menschen herauszuführen aus der Herrschaft der Unheilsmächte und ihres obersten Herrn, des Satans. Noch steht das an die Rahmenerzählung des Buches Ijob erinnernde Bild des himmlischen Hofstaats im Hintergrund: Hier hat der Satan eine verhängnisvolle Machtstellung; der den Menschen zutiefst verbundene Menschensohn ist dort sein natürlicher Gegenspieler.[9] Satans und der Mächte Herrschaftsgebiet sind die „Lüfte". Hier schiebt er sich gleichsam zwischen JHWH und Seine Getreuen; von hier aus bereitet er ihnen Bedrängnis und Not. Aber für Jesus, den Menschensohn, ist die Herrschaft des Satans über die Menschen schon gebrochen. Er „sah den Satan wie einen Blitz vom Himmel fallen" (Lk 10,18). So kann dieser notorische Unheilsbringer Gottes Herrschaft der Gerechtigkeit und des Friedens nicht mehr vereiteln.

Zuvor aber sucht Satan seinen Rivalen, den Menschensohn, auszuschalten. Die hochdramatische Geschichte Lk 4,1–13 (Mt 4,1–11) zeigt ihn als Versucher des Messias-Menschensohns Jesus selbst. Es ist die Versuchung durch die Güter dieser Welt, die dem Menschen Glück und Erfüllung bringen, die ihm aber nicht ein und alles werden dürfen: der Wohlgeschmack an Nahrung und Lebensfreude; die Lebenssteigerung durch Macht. Und es ist auch hier die Versuchung der Transzendenz: auf Gott zuzugreifen, um vor dem „Publikum" als Magier groß herauszukommen oder sich als der von JHWH spektakulär Gerettete zu legitimieren. Die Israeliten hatten ihre eigenen, tief in die Identität des von JHWH erwählten Exodusvolkes eingegrabenen Erfahrungen mit dieser Versuchung. In der Lebensnot des Wüstenzuges stellten sie JHWH auf die Probe, „indem sie sagten: Ist der Herr in unserer Mitte oder nicht?" (Ex 17,7). Hier ging es nicht um die Inanspruchnahme JHWHs zu „Demonstrationszwecken", sondern um die elementare Glaubens-Verunsicherung angesichts der ganz realen Gefahr, auf dem Weg zu verdursten, zu dem man sich mit einer Gotteshoffnung aufgemacht hatte. Steht JHWH nun zu Seinen Ver-

189

heißungen und rettet Er uns machtvoll aus unserer Not? Oder sind wir hier tatsächlich von Gott und aller Welt verlassen? JHWH rettet, aber Er lässt sich nicht „auf die Probe stellen". Das steht den Menschen nicht zu. Gott zu „versuchen" hieße, Ihn für eigene Zwecke – und seien es die verständlichsten – zu vereinnahmen (vgl. Lk 4,12; Dtn 6,16). Jesus widersteht dieser Gottes-Versuchung, zu der ihn Satan, der ewige Verführer, verlocken will. So ist die Macht der Unheilsmächte und ihres obersten Herrn schon gebrochen. Einer hat ihnen für alle widerstanden. Die Menschen müssen dem Versucher nicht mehr zum Opfer fallen.

Was heißt es für die Menschen, in der Spur Jesu – und wie er – der Versuchung Satans zu widerstehen und die Freiheit zu ergreifen, die Jesus ihnen errungen hat? Es heißt zunächst, der Versuchung zur „Verkleinerung" der Sehnsucht zu widerstehen. Hunger und Durst, die dem Leib zusetzen, dürfen nicht als minder wichtig relativiert werden. Auch die Lebensnot Israels in Massa und Meriba („Probe und Streit"), wo das Volk über seinen Weg und an Dem, Der sie führte, irre geworden war und „murrte" (Ex 17,3–7), darf nicht übergangen werden. Sie wird zu allen Zeiten weitererzählt; weitererzählt aber auch als „Lehrstück" dafür, dass der Weg mit JHWH weiterführt, über den Hunger und den Durst hinaus, der einen in der Wüste überfällt. Es gibt ja den Hunger und den Durst, der nicht durch Essen und Trinken zu stillen ist, den Hunger nach Würde, der nicht schwindet, wenn die Mächtigen untergehen und man selbst ein wenig Macht ausüben kann. Diesen Hunger nach Gewürdigtwerden und den Durst nach Gerechtigkeit, die Sehnsucht nach einem unzerstörbaren Leben durch Brot und Macht stillen zu wollen, hieße, den „Tod am Brot allein" (*Dorothee Sölle*[10]) zu sterben und ihn um sich zu verbreiten. Die Versuchung, sich mit Brot, Besitz, Macht und „Religion" abspeisen zu lassen, wird aber unvermeidlich zur Versuchung Gottes, da sie Ihn für all das in Anspruch nimmt. Ihr muss widerstanden werden, damit Gott immer wieder neu die größere Sehnsucht nach Gott und seiner Herrschaft wecken kann.

Apokalyptische Glaubenserprobung

Für die Zeitgenossen Jesu und für viele glaubende Menschen seither hat die Versuchung durch den Satan noch eine dramatischere, eine im genauen theologischen Sinn *apokalyptische* Bedeutung. Die Szene weitet sich. Sie spielt nicht mehr in der Wüste Sinai, in Massa und Meriba, nicht mehr in Jerusalem auf der Tempelmauer, nicht mehr auf dem hohen Berg (Nebo?), vor dem sich das Land ausbreitet, das es in Besitz zu nehmen gilt. Himmel und Erde sind jetzt im Spiel; und auch jetzt wieder der Satan. Er ist von seinem Thron in den Lüften gestürzt; er ist vom Himmel gefallen. Nun aber treibt er – so kommt es den Menschen vor – auf der Erde sein Unwesen mit doppelter Wut. Es sind zwar nur Nachhutgefechte. Der „Kampf" ist ja entschieden. Aber die JHWH-Getreuen werden von den bösen Mächten hier und jetzt bis aufs Blut verfolgt und von ihnen auf die denkbar abgründigste Glaubensprobe gestellt.

Woher sollen sie den Mut nehmen, weiter auf Gottes Herrschaft hin zu leben, wenn sich die Herrschaft der Satansmächte – der Großmacht Roms und ihrer Statthalter – wie ein übermächtiges wildes Tier gebärdet? Die Apokalypse des Johannes will den Verfolgten in ihrer aufs Äußerste gehenden Glaubens-Erprobung einen Halt geben durch die Offenlegung eines „geheimen" Wissens: Die Verfolgten sollen wissen, dass dies alles doch nur das Vorletzte ist. Sie sollen wissen, was sich im Himmel schon entschieden hat und wie das dort Geschehene schließlich auch – nach den „Drangsalen dieser Zeit" – auf die Erde kommt und sich dort im Nu ausbreitet; sie sollen wissen, was die von Gott gewollten und jetzt schon ins Werk gesetzten „letzten Dinge" sein werden.

Versuchung apokalyptisch: Das Vertrauen auf die sehr guten Lebens- und Schöpfungskräfte, auf die Schönheit und Gutheit der Schöpfung ist geschwunden. Was der Schöpfer an „Potenzen" in die Schöpfung hineinlegte, hat sich in der Hand der Mächte und der Mächtigen zum Zerstörungs- und Unterdrückungspotential verkehrt, das die Unterdrücker gegen die JHWH-Getreuen wie gegen die Christusjünger bis zur Neige ausschöpfen. Wen haben diese jetzt noch auf ihrer Seite? Das geschlachtete Lamm, das tatsächlich zur Herrschaft gekommen ist und seine Herrschaft denen offen hält, die es anbeten – die sich nicht verführen lassen, die Götzen dieser Welt anzubeten (vgl. Offb 4). Aber ist ihre Lage nicht aussichtslos? Müssen sie sich nicht von Gott und der Welt verlassen vorkommen, da die für bald verheißene Wiederkunft des geschlachteten Lammes nun schon so lange ausgeblieben ist? Was vermag das Lamm schon gegen die Untiere, die über die Getreuen herfallen (vgl. Offb 13–14)? Die abgründigste Versuchung, der die Apokalyptiker unter den Jesusjüngern mit ihren Visionen wehren wollten, ist die Verzweiflung angesichts der Gewalt und Übermacht der Unheilsmächte, angesichts der ausgebliebenen Wiederkunft des Herrn, in der das geschlachtete Lamm als endzeitlicher Herrscher auf dieser Welt erscheinen und seine Herrschaft aufrichten sollte.

So erreicht die Erprobung des JHWH-Glaubens hier ihre neutestamentliche „Fallhöhe" und Herausforderung: Ist er der Übermacht gewachsen, zu der die Großmächte dieser Welt immer wieder erstarken, die politischen, die ökonomischen, die auf die Seelen unmittelbar zugreifenden Mächte? Hat es noch Sinn, gegen diese Über-Mächte anzuglauben – an Ihn zu glauben, den Gott dessen, der am Kreuz endete?

Die Versuchungsbitte

Die Vaterunser-Bitte wird diese Glaubens- und Hoffnungsnot der Jünger – schon Jesu selbst? – zum Hintergrund haben und vor diesem Hintergrund auszulegen sein: Lass uns nicht in Verzweiflung geraten, wenn wir in unserer Bedrängnis nicht mehr sehen können, dass es Rettung gibt vor den Bestien der Endzeit und ihrer Leben zerstörenden Rücksichtslosigkeit! Wenn wir nicht mehr sehen können, dass Du uns entgegenkommst, uns ihren Klauen zu entreißen. Das sind drastische Worte und Bilder, beunruhigend auch deshalb, weil sie abgründige Fragen aufwerfen. Ist es denn nicht Gott selbst, Der die „Tiere" gewähren und Seine Getreuen hängen lässt, Der ihnen jedenfalls nicht zu Hilfe kommt? Führt Er sie selbst in die Versuchung, da Er die Mutlosigkeit und die bohrenden Fragen unter ihnen übermächtig werden lässt? Die abgründigen Fragen treiben die Bitten hervor, fast schon ratlose Bitten, wie gerade diese: Führe uns nicht in die Versuchung angesichts dieser abgründig-ratlosen Frage zu verzweifeln, warum Du unsere Bitten nicht erhörst: die Bitten um das Kommen Deiner Herrschaft, um das Geschehen Deines guten Willens, um das Brot.

Wir werden heute die apokalyptischen Bilder nicht mehr so grell ausmalen. In die Nachbarschaft zu den apokalyptischen Fundamentalisten, die einen endzeitlichen Entscheidungskrieg phantasieren, möchten wir gewiss nicht geraten. Aber sind uns die in diesen Bildern imaginierten Erfahrungen und die von ihnen aufgeworfenen Fragen tatsächlich so fremd? Es ist nicht mehr nur die Wüste – für Israel der exemplarische Ort der Bewährung und der Erprobung –, in die wir uns verirrt haben. Es ist die Verwüstung durch die Gefräßigkeit der „Tiere", die alles zu ihrer Beute machen. Das wilde Tier, das sich nach der Weltherrschaft ausstreckt und die Menschen regelrecht auffrisst, die Menschenwelt verwüstet, im übertragenen oder fast schon wörtlichen Sinn: indem es alle Aufmerksamkeit und die Lebenskräfte für sich in Beschlag nimmt; indem es sich an der Lebenskraft von Menschen „mästet", denen nicht nur das Lebensnotwendige vorenthalten oder zerstört, sondern auch die Menschenwürde bestritten wird – der die Umwelt ruinierende „Turbokapitalismus" kann es in seinem globalisierten und technisch perfektionierten Zugriff an Wildheit und Unersättlichkeit mit dem Tier der Apokalypse durchaus aufnehmen. Die Versuchung, mit *diesem* apokalyptischen Tier gemeinsame Sache zu machen und die Logik zu verinnerlichen, nach der es sich die Welt aneignet, hat auch die Christen längst ergriffen. Mehr als symbolischer Widerstand erscheint zwecklos. Was man noch tun kann, verkommt zur Rettung des guten Gewissens, wenigstens das „richtige", antikapitalistische Bewusstsein zu haben. Oder gar zum Zynismus, der wider besseres Wissen mitmacht, um auch in Zukunft genügend mitzuprofitieren.

Das wilde Tier lässt einem kaum die Chance, auf eine andere, menschengerechte Welt zu hoffen; auf etwas anderes als auf das eigene kleine Glück, das man vor seinem Zugriff vielleicht noch eine Weile retten kann. Dass Gott selbst diesem Unheil ein Ende macht, diese Hoffnung ist irgendwie ortlos geworden in unserem Denken und Fühlen. Oder sie wird gar zur äußersten Versuchung: alles laufen zu lassen, weil ja doch alles nur von Gott zu erwarten wäre. Jesus von Nazaret hat alles von Gott erwartet – und die Menschen gleichwohl in die Pflicht genommen, jetzt schon so zu leben, dass sich diese Welt in Gottes Herrschaft verwandeln kann. Ist das zuviel verlangt angesichts einer apokalyptischen Übermacht der Verhältnisse? Der Versuchung, sich angesichts des Unheils im Großen auf das kleine, private Glück zu konzentrieren, auf das Machbare, Feststellbare, Erfahrbare, Genießbare, und alles Weitere hilflos und mutlos auf den „Jüngsten Tag" zu vertagen, ist kaum zu entkommen. Was kann es da noch bedeuten, in der Spur des vom Satan versuchten Jesus an Gott und Seinem guten Willen festzuhalten, an der großen Sehnsucht, er möge endlich geschehen, jetzt schon, wenigstens senfkornklein, so dass der Glaube sich an das Wachsen der Gottesherrschaft in dieser Welt halten kann?

Die Bitte, nicht in Versuchung geführt zu werden, bleibt wenigstens nicht wehrlos, wo alles dafür zu sprechen scheint, dass man den „Mächten" dieser Welt hilflos ausgeliefert ist, und es auch keine Antwort auf die Frage gibt, was denn von Gottes Herrschaftsübernahme in dieser apokalyptischen Situation zu erwarten wäre. Sie klopft an die Türen einer von innen – auch von außen? – verriegelten Welt (vgl. Lk 11,10) und versucht es mit dem Glauben, ihr Klopfen werde endlich doch etwas helfen. Ist man bei Gott damit an der richtigen Adresse? Kann Er die Türen öffnen? Hat Er sie womöglich selbst zugeschlagen, da Er die Menschen der Gewalt des wilden Tieres auslieferte?

Erprobung des Gebetsglaubens

Es sind die Stärken des Menschen selbst, die „Schöpfungspotenzen", die ihm fast unvermeidlich zur Versuchung werden. Das ist die Botschaft der ersten Versuchungsgeschichte. Sie erweist sich immer wieder als abgründig wahr. Der spielerisch-ernste Wettbewerb, der zur Leistung anspornt und zur Herausforderung werden kann, über sich hinauszuwachsen, erweist sich endlich als Selektion, in der die Verlierer rücksichtslos abgestoßen werden; in einem Lebensprozess, der nur das Recht der Stärkeren, der Überlebenden zu kennen scheint – und irgendwann auch für die ehedem Stärksten keine Gnade mehr kennt. Muss das so sein, weil das Leben nun einmal so ist? Dann gibt es die Türen nicht, die auf das Gebet im Sinne Jesu hin geöffnet werden könnten. Dann ist die Evolution des Lebens ein nach außen hermetisch abgedichteter, auf Erschöpfung hin angelegter Prozess des Ressourcenverbrauchs.

Beten ist der Versuch, gegen die Versuchung anzukämpfen, das Leben so zu sehen; ist der Versuch, an die Türen und „Brücken" zur Gottesherrschaft[11] zu glauben, der Versuch, durch sie hindurch und über sie hinwegzugehen. So könnten die Betenden selbst zu Türen und Brücken werden, durch die und über die Gottes Herrschaft sich nähert. Sie nähert sich über die Brücken der Hoffnung auf mehr als das Sattmachende und Machtsteigernde; durch die offene Tür zugänglicher Menschen, die das Wohlwollen bezeugen können, aus dem sie selbst leben. Und das Beten hält zusammen, was man auch als glaubender Mensch nicht selbst zusammenbringen kann: was ist und was sein soll; hält es zusammen und „bestürmt" Gott, es zusammenzubringen. Die tiefste Versuchung des Betens – seine schwerste Prüfung – aber kann ihm nicht erspart bleiben. Sie hängt sich an die nicht aufzulösende Frage, wieso Gott gebeten sein will – und ob es nicht hoffnungslos naiv ist, sich Gott im Beten wie einen Machthaber vorzustellen, der bestürmt werden müsste, den Menschen zu Hilfe zu kommen. So steigert die Versuchungsbitte die Dringlichkeit und auch die fragende Ratlosigkeit der zuvor ausgesprochenen Bitten: Bring uns nicht in die Versuchung, angesichts der Vergeblichkeit unserer Bitten zu verzweifeln. Oder aber – um diese Verzweiflung abzuwenden – in die Versuchung, kritisch überschauen zu wollen, was das Beten bewirken kann, ehe man (wieder) zu beten anfängt; und dann in die Versuchung, sich von der riesengroßen Frage entmutigen zu lassen, was wir da eigentlich tun, wenn wir beten. Das Kommende, mit allen Fasern des Herzens mit dem Gegenwärtigen zusammenzuhalten und so das Gegenwärtige nicht resignativ dem Unheil zu überlassen; dieses Zusammenhalten tatsächlich weit über das hinaus durchzuhalten, was menschliche Vernunft als gangbare Brücke in die Zukunft der Versöhnung hinein entwerfen könnte;[12] sich betend in Gott festzumachen in der kaum begriffenen Ahnung, das Gebet sei die Bewegung des Herzens, mit der Gottes Herrschaft in der Welt anfängt, auch da noch anfängt, wo vom Menschen her nichts mehr zu machen ist: So versuchen betende Menschen der Versuchung standzuhalten, auch dem Beten nichts mehr zuzutrauen und das Unheil sich selbst zu überlassen, die Welt dem Unheil zu überlassen. So lassen sie sich von Gott, zu dem sie rufen, in die Verantwortung nehmen, alles zu versuchen, was ihnen ihre Vernunft als zukunftsfähig – als Brücke in Gottes Herrschaft – ausweist.

Wenn etwas gegen die Versuchung hilft, das Beten und den Menschen aufzugeben angesichts der Übermacht der Verhältnisse, und Gott aufzugeben, Der es dazu nicht hätte kommen lassen dürfen, dann ist es das Gebet. Ein Gebet, das Gott zutraut, dass Er dieses Gebet „braucht", um die betenden Menschen zu Türen und Brücken in die Gottesherrschaft zu machen. Ein Gebet, das den Menschen zutraut, diese Tür und diese Brücke zu sein, auch wenn sie selbst nichts mehr „machen" können. Ein Gebet, das – Gott weiß wie! – dazu gut ist, dass Er diese Welt in Seine Herrschaft hinein verwandelt.

Führe uns nicht in Versuchung: in die Versuchung, uns wie ein bloßes Ding zu verstehen, über das die unheilvollen Entwicklungen einfach nur hinweggehen! Wer betet, weiß in seinem Gebetsglauben, dass er von Gott gewürdigt und gerufen ist, in der Gemeinschaft mit Ihm dem Unheil standzuhalten. Die Versuchungsbitte spricht dieses Wissen aus – und das Wissen darum, wie gefährdet es bleibt, nur im Gebet zu erringen; das Wissen darum, dass es nur dem Gebet geschenkt werden kann. Hier hilft nur noch beten, die Bitte um Gott selbst, um Seinen Geist: Er möge den Glauben stark machen, damit er in der Erprobung nicht jämmerlich versagt; damit er nicht hineingerissen wird in die Unheilsdynamik einer pervertierten Schöpfung – in die Mutlosigkeit, die sich nicht mehr darüber hinaus zu hoffen traut, die sich nicht einmal mehr zu beten traut.

Anmerkungen

[1] Vgl. dazu das Material bei Marc Philonenko, Das Vaterunser, 99–104.

[2] Vgl. meinen Beitrag: Erlösende Qualen? Zu Mel Gibsons Deutung der Leiden Jesu und zu den Fragen, die sie der christlichen Theologie aufgibt, in: R. Zwick – Th. Lentes (Hg.), Die Passion Christi. Der Film von Mel Gibson und seine theologischen und kunstgeschichtlichen Kontexte, Münster 2004, 208–218, hierzu 214.

[3] Als Geschichte des Zur-Vernunft-Kommens interpretierten die Paradiesesgeschichte Genesis 3 bereits *Friedrich Schiller* und *Immanuel Kant*; von Kant vgl. Muthmaßlicher Anfang der Menschheitsgeschichte, in: Kants Werke. Akademie Textausgabe, Berlin 1968, Bd. VIII, 107–123, hier 115. Schiller antwortet auf Kants Hypothese in: Etwas über die erste Menschengesellschaft nach dem Leitfaden der Mosaischen Urkunde, in: Schillers Werke. Nationalausgabe, Bd. 17, Teil I hg. von K.-H. Hahn, Weimar 1970, 398–413.

[4] Zu dieser Übersetzung des „gut und böse" vgl. Claus Westermann, Schöpfung, Stuttgart 1983, 132.

[5] Zu dieser Deutung vgl. Christoph Uehlinger, Weltreich und „eine Rede". Eine neue Deutung der sogenannten Turmbauerzählung (Gen 11,1–9), Freiburg/Schweiz – Göttingen 1990.

[6] Im Blick auf das Alte Testament hat Versuchung fast durchweg diesen Sinn der Glaubens-Erprobung. JHWH stellt Sein Volk auf die Probe, da Er es durch die Wüste führt. Er erprobt seinen Gehorsam etwa gegenüber der Weisung, Manna nur für den jeweiligen Tag zu sammeln (vgl. Ex 16,4). So zeigt sich auch im Nacheinander von Brotbitte und der Bitte, nicht in der Erprobung (im πειρασμός) zu scheitern, ein vom Wüstenmotiv vorgegebener intertextueller Zusammenhang; vgl. Norbert Lohfink, Das Vaterunser, intertextuell gebetet, a. a. O., 82f.

[7] Hätte man die Debatten und Reden des Ijobbuches auch als Stellungnahmen zum Ijob-Schicksal Israels zu lesen, so wäre diese Pointe kaum zu verkennen: JHWH distanziert sich von der prophetischen Verarbeitung der Exilskatastrophe als verdiente Strafe; die Propheten würden bei diesem weisheitlichen Rückblick aus späterer Zeit als die Freunde des Ijob entlarvt, die das Leiden des Ijob nicht an sich – jedenfalls nicht bis an den Kern ihrer Glaubensexistenz – heranlassen wollen. Und die positiv gewendete Pointe: Der Glaube des frommen Weisen versucht über eine Geschichtsdeutung nach dem Tun-Ergehen-Zusammenhang hinauszukommen.

[8] Wichtige Hinweise zu dieser Deutung der JHWH-Reden verdanke ich *Ulrich Berges.*

[9] Man findet dieses Motiv mehrfach im Alten Testament, so etwa in Sach 3,1f. Satan versucht JHWH selbst, damit Er den Menschen nicht (zu) wohlgesinnt sei. Die apokalyptische Zuspitzung bringt es mit sich, dass der Ankläger-Satan – der *Diabolos* – aus dem „himmlischen Hofstaat" entfernt, gleichsam in den Bereich der Schöpfung verbannt wird und nun dort als der das Unheil aktiv Betreibende erscheint, der die Menschen zum Widerstand gegen Gott aufhetzt. In dieser „Rolle" geht er dann in die christlichen Mythologisierungen des *Teufels* ein.

[10] Vgl. von ihr: Die Hinreise. Zur religiösen Erfahrung. Texte und Überlegungen, Stuttgart 1975, 7–23.

[11] *Reinhold Schneider* spricht davon, dass die Betenden versuchen sollten, „das Reich [Gottes] zu sein in dieser Zeit: die Brücke, auf der die Gnade sich ihr nähern kann" (vgl. von ihm: Wesen und Verwaltung der Macht, Wiesbaden 1954, 40ff.)

[12] In diesem Sinne wäre Beten der Grundvollzug von Re-ligion: Himmel und Erde zusammenzuhalten. Noch *Ernst Bloch* bezieht sich auf die (vermutlich unzutreffende) Etymologie, die Religion von religare (rückbinden) ableitet und folgert, in ihr gehe es um „Rückverbindung eines ganzen Traums nach vorwärts mit unserem bedürftigen Stückwerk" (Naturrecht und menschliche Würde, Frankfurt a. M. 1961, 312).

VIII. Erlöse uns von dem Bösen
(Gen 3,1–7; Jes 43,1–3a; Weish 11,26)

„Fürchte dich nicht, denn ich habe dich ausgelöst,
ich habe dich beim Namen gerufen, du gehörst mir.
Wenn du durchs Wasser schreitest, bin ich bei dir,
wenn durch Ströme, dann reißen sie dich nicht fort.
Wenn du durchs Feuer gehst, wirst du nicht versengt,
keine Flamme wird dich verbrennen.
Denn ich, der Herr, bin dein Gott,
ich, der Heilige Israels, bin dein Retter"
(Jes 43,2–3a).

Vor dem Bösen ratlos?

Meister-Denker wie Kommentatoren der weltweit sich häufenden Katastrophen und Gemeinheiten, der immer brutaler zuschlagenden Rücksichtslosigkeit, macht das Böse ratlos; seltener sprachlos. Zu allem müssen ja Meinungen produziert werden; das ist ein Grundgesetz unserer Medien-Überflussgesellschaft. Die nackte Ratlosigkeit vor dem Bösen will im eleganten Sprachgewand daherkommen. Angesichts der Katastrophen soll klar werden, wer dazu beigetragen hat, dass sie sich ereignen und solche Dimensionen annehmen konnten; oder doch zumindest dies: wie man sich in Zukunft besser wappnen könnte. Angesichts der um sich greifenden Gemeinheiten und Gewalttaten, die vor nichts mehr zurückschrecken, sollen wenigstens die Fronten klar sein: Wer sind die Täter und wer sind die Opfer – und was muss jetzt getan werden, um den Tätern das Handwerk zu legen? Wie fatal, wenn sich die Ratlosigkeit in Aktionismus überschlägt. Es muss doch etwas zu machen sein gegen das Böse; und wenn es das Falsche ist. Die fatale Nachgeschichte des 11. September 2001 zeigt erschreckend, wie viel Bosheit das Böse bei ratlosen Opfern hervorrufen kann.

Das Böse fordert dazu heraus, ihm klug entgegenzutreten; keine Frage. Zur Klugheit gehört aber auch, die eigene Hilflosigkeit und Ratlosigkeit wahrzunehmen, die uns überfällt, wenn uns das Böse überfällt; sie nicht hyperaktiv abzureagieren, sondern vor dem Hintergrund des Erschreckens handlungsfähig zu werden. Das Böse verlangt nach Erklärungen, damit man mit ihm umgehen und ihm sinnvoll begegnen, sich wenigstens auf es einstellen kann. Aber es zwingt auch zu dem Eingeständnis, dass hier alle unsere klug bedachten und konzipierten Verstehens- und Handlungsmöglichkeiten überfordert sind, dass wir womöglich nur noch versuchen können, seiner Zerstörungskraft einigermaßen ratlos und hilflos, aber beherzt Widerstand zu leisten.

Die christliche Überlieferung wird weithin – und gewiss nicht ohne Grund – so verstanden, als führe sie dieses *Mysterium iniquitatis*[1] auf eine Sünde im Anfang zurück; begangen durch das Urelternpaar, aber verbunden mit verheerenden Folgen für das gesamte Menschengeschlecht, so dass erst das Erlösungswerk des zweiten Adams – das Kreuz Jesu Christi also – die Menschen wieder in die Lage bringen konnte, dem Bösen in der Gnade Stand zu halten. Das Leid verursachende Böse ist in dieser Perspektive Folge des Bösen, das die Menschen mit der Sünde in die Welt gebracht haben. Sie haben es verschuldet; aber sie sind seiner Übermacht nun nicht mehr mächtig. So könnten sie nur noch auf Gott hoffen, zu ihm rufen, dass er sie aus dem Verhängnis und den schlimmen Auswirkungen des Bösen befreie: im Blick auf das Kreuz Jesu Christi, an dem der Gottes- und Menschensohn die Sünde bis zuletzt erlitten und überwunden hat. Ist das der Ort und dementsprechend auch der Glaubenssinn der Vaterunser-Bitte „Und erlöse uns von dem Bösen"?

Sünden-Fixierung?

Innerhalb wie außerhalb der Theologie hat man in solcher Sünden-Zentrierung den Sündenfall des Christentums gesehen. Statt sich dem Unglück der Leidenden zuzuwenden und sich für seine Überwindung einzusetzen, habe man das Unglück als die von Gott verhängte Strafe „demütig" hingenommen und das Leben im Diesseits als die unerlässliche Buße für die eigenen Sünden wie für die Sünden des Menschengeschlechts drangegeben. So sei die Vaterunser-Bitte ganz aufs Jenseits ausgerichtet worden: Wenn die Menschen in dieser Welt das Leid schon unausweichlich – und gerechterweise – treffe, so dürften sie doch im Glauben an Gottes Versöhnungsbereitschaft für das Jenseits die Hoffnung hegen, von der Strafe, die sie auch dort gerechterweise treffen müsste, freigestellt zu werden. Die Sünden- und Jenseitsfixierung des (westlichen) Christentums sei aber dem biblischen Sinn der Vaterunser-Bitte gänzlich zuwider. Sie habe in der Christentumsgeschichte zu einer oft skrupulösen „Sündenempfindlichkeit" geführt und die biblisch bezeugte elementare „Leidempfindlichkeit", die Leidens-Solidarität mit denen überlagert, die aus ihrem Elend für andere und sich selbst zu JHWH schreien.[2]

Es ist vor allem *Augustinus,* der für diesen Sündenfall verantwortlich gemacht wird. Augustinus entwickelte eine theologische Theorie des Leidens und des Bösen, die von der oben im Zusammenhang mit der Versuchungsbitte bedachten Dramatik des biblischen Ijob-Buches so weit wie nur möglich entfernt und ganz mit Ijobs falschen Freunden identifiziert scheint: Leiden geht auf Sünde zurück; das erlittene Übel muss von üblem Tun herrühren, denn sonst müsste es ja auf Gott zurückgeführt werden. *Tertium non datur.* Gott, der schlechthin Gute, kann nicht die Ursache des Bösen und Üblen sein. Er ist vielmehr und ausschließlich die „Ursache alles Guten", das den Menschen zuteil wird; die Menschen aber sind die „Ursache alles Bösen", von dem sie auf Erden heimgesucht werden.[3]

An einem Punkt aber geht Augustinus noch über die „Theologie" der Freunde Ijobs hinaus. Der *Zusammenhang von Tun und Ergehen*, der aus dem Tun des Guten geglücktes Leben, aus bösem Tun aber das Erleiden des Üblen resultieren lässt, erstreckt sich, was die Auswirkungen des Bösen angeht, nicht nur auf das individuelle Leben, sondern auf das ganze Menschengeschlecht. Alle Menschen werden von einer Sünde im Anfang in Mitleidenschaft gezogen, die also nicht sie selbst verschuldet haben – von einem *peccatum originale*, das die Lebenswelt aller Menschen mit dem Bösen und seinen unheilsvollen Folgen infizierte. So ist das üble Ergehen, dem sie ausgesetzt sind, nicht nur die Konsequenz ihres eigenen bösen Handelns, sondern im Entscheidenden auch die Auswirkung eines anfänglichen Vergehens, für das sie in Mithaftung gezogen werden, weil sie an dieser Sünde irgendwie immer schon beteiligt sind.

Was führt Augustinus zu dieser schwer nachvollziehbaren und für die meisten unserer Zeitgenossen wahrscheinlich absurd klingenden Behauptung? Er liest im Römerbrief des Paulus (5,12), durch *einen* Menschen sei die Sünde in die Welt gekommen und durch die Sünde der Tod; und so sei der Tod über alle Menschen gekommen, da „in ihm" (also in Adam) alle gesündigt hätten. Vielfach ist darauf hingewiesen worden, dass Augustins Übersetzung des letzten Halbsatzes (in ihm haben alle gesündigt) vom griechischen Urtext her kaum möglich ist; es müsse korrekt übersetzt etwa heißen: da ja alle gesündigt haben. Augustinus liest anders; und das hilft ihm in einer abgründigen Verlegenheit weiter. Wenn Gott tatsächlich nur der Ursprung des Guten ist und wenn alles, was die Menschenwelt konkret bestimmt, entweder auf Gott oder die Menschen zurückgeht, steht der Theologe unabweisbar vor der Ijob-Frage: Wie kann das unverdient Üble auf einen guten Gott zurückgehen? Unstrittig ist für Augustinus, dass Gottes Gerechtigkeit, mit der Er die Sünder bestraft, ein Gut ist – aber eben nur, wenn sie verhältnismäßig und nicht willkürlich straft. Nun kann man vielleicht – wie Ijobs Freunde es versuchen – im Leben aller Menschen soviel Sünde entdecken, dass diese nach dem Tun-Ergehen-Modell gerechte Strafe verdienten. Aber „verdienen" sie wirklich das Grausame, das sie in ihrem Leben mitunter trifft? Und wie ist es mit den kleinen Kindern, die noch gar keine Strafe verdient haben können, da sie für böses Tun noch gar nicht verantwortlich sein können? Der Denk-Zwang, alles üble Ergehen entweder direkt oder indirekt auf das böse Tun der Menschen zurückführen zu müssen, provoziert Augustinus zu der fatalen These, was an den Übeln in Natur und Menschenwelt nicht die direkte Auswirkung menschlicher Bosheit ist oder sein kann – man denke etwa an Naturkatastrophen –, das sei Gottes gerechte Strafe für die Sünde der Menschen. Diese sei schon deshalb immer gerecht, weil alle Menschen von Anfang an, und so auch die „unmündigen" Kinder, mit Adam mitgesündigt hätten und deshalb strafwürdig seien.

Wer mit Augustinus so weit mitzugehen versucht, wird sich spätestens hier tief erschrocken abwenden und wahrscheinlich auch wenig Trost daraus gewinnen können, dass die Kirche diese Sünden-Theorie nicht in allen Stücken nachvollzogen hat. In den wesentlichen „Eckdaten" hat Augustins Erbsündenlehre eben doch das Glaubensbewusstsein über lange Jahrhunderte mitbestimmt und wohl auch – seit der europäischen Aufklärung – in seine tiefste Krise gebracht. Ist das Christentum denn überhaupt etwas anderes als die Illusion einer „sittlichen Weltordnung", die von dem Bedürfnis der Menschen hervorgebracht wurde, nicht sinnlos leiden zu müssen? *Friedrich Nietzsche* rekonstruiert dieses Bedürfnis in vielen Anläufen: Menschen, die an ihrer Welt leiden und zu schwach sind, sich in ihr schöpferisch zu behaupten, sehen den Sinn dieser leidvollen Wirklichkeit darin, über sie hinauszuhoffen. Im Jenseits erwarten sie den Lohn für die Unterwerfung unter das Leiden im Diesseits, das ihnen als Gottes – im Grunde wohlwollende – Züchtigung verkündet wird.[4]

Gott im Unglück?

Man sollte vielleicht nicht nur schlecht darüber sprechen, wenn Menschen versuchen, das Übel, das ihnen widerfährt, auch als Gottesbegegnung wahrzunehmen. Aber ist Gott tatsächlich der „Macher" der Leben zerstörenden Krankheit, des Verkehrsunfalls, des Erdbebens, des Hunderttausende hinwegraffenden Tsunamis? Will Er darin strafen? Und wäre diese Strafe gerecht – im Rahmen der Verhältnismäßigkeit? Die Möglichkeit, das Unheil in dieser Welt auf Gottes Strafgerechtigkeit zurückzuführen, ist für viele Zeitgenossen restlos zerfallen. Sie wenden sich – wenn sie dieser Perspektive noch ansichtig werden – schaudernd ab von einem Gott, der so barbarisch mit Menschen umgeht.

Zerfällt mit dieser Emanzipation vom Straf-Gott nicht der Glaube selbst? Ist er denn nicht vielfach der Not übergestülpt, Strafe vermeiden zu wollen oder über jetzt erlittene Strafe hinaushoffen zu können? Will man aber den Straf-Gott der augustinischen Tradition wirklich hinter sich lassen, welche Rolle spielt Gott dann überhaupt noch in dieser Welt des Leidens, der Selbstbehauptung, des Genusses, in den Lebens-Zusammenhängen, die Liebe, Kampf und Tod umspannen, die von Menschenmacht, aber auch von Menschensorge und Menschenleid bestimmt werden?

Wenn Gott nicht einfach der „Macher" des Schicksals in der Menschenwelt ist, so kann Er womöglich doch erfahren und in Anspruch genommen werden als die „Bezugs-Person", nach der man in leidvollen wie in beglückenden Widerfahrnissen sucht, um in der Beziehung zu ihr einen guten Weg in die Zukunft zu finden; als die „Vertrauens-Person", der man zutrauen dürfte, über das Gefangensein im ausweglosen Leid hinauszuführen. Sich im Leid und im Glück des Lebens, aber auch in seinen mehr oder weniger tragenden Routinen an jenen verlässlichen „Mit-Geher" halten zu können, der einen Weg ins Leben und in seine Wahrheit hinein öffnet, an den „Voran-Geher", der dieser Weg selbst ist (vgl. Joh 14,7), das ist für viele zeitgenössische, „nach-augustinisch" Glaubende und Glaubens-Sucher zum Leit-Bild ihrer Gottesbeziehung oder Gott-Suche geworden.

In einer guten *und* schlimmen Welt existieren, mit einem als zutiefst zwiespältig erfahrenen und für jedes Lebewesen zum Tod führenden Leben zurechtkommen, Ambivalenz ertragen und gestalten müssen – und dann auch noch die Erfahrung machen, dass menschliches Leben von unheilvollen gesellschaftlichen Dynamiken erfasst ist, die so tief ins Vor- und Unbewusste hineingreifen, dass man sich ihrer kaum noch erwehren kann: Das bestimmt das In-der-Welt-Sein offenkundig eher als eine Sünde im Anfang, die durch Zeugung, nicht durch bloße Nachahmung (*propagatione non imitatione*) weitergegeben sein soll. Oder ist genau diese tiefe Ambivalenz-Erfahrung der Erfahrungs-Hintergrund, den auch die klassische Erbsündenlehre – im Kontext des antiken Verständnisses von Welt und Menschsein – zur Geltung zu bringen versuchte?

Das Böse in uns

Vielleicht lohnt sich ein zweiter Blick auf Augustins Verständnis des Bösen als Konsequenz der Menschheitssünde im Anfang. Er wird das Unverständnis für die zuvor genannten Theorie-Stücke gewiss nicht beseitigen. Aber er kann uns einen Aspekt seiner Theologie näherbringen, der an Wirklichkeit erschließender Bedeutung nichts verloren, sondern eher noch gewonnen hat. Das Böse setzt sich – so könnte man Augustins ebenfalls hoch umstrittene und als Pendant zur Erbsündenlehre formulierte Lehre vom geknechteten Willen heute auslegen – im Menschen fest, indem es ihn des Guten beraubt. Er kann es nun weder wahrnehmen noch empfinden noch erstreben. Das Gute entwickelt in ihm keine motivierende Kraft mehr. Und so beherrscht die „Begierde [*concupiscentia*] nach dem, was schädlich ist" die innere und die äußere Wirklichkeit seines Lebens.[5] Der Mensch kann ja nicht beliebig darüber bestimmen, was ihm gefällt oder was ihn fasziniert. Es widerfährt ihm von dem her, was ihn da „hingerissen" hat – oder es fehlt ihm gänzlich; in moderner Sprache würde man hier von Motivationslosigkeit sprechen. In Augustins Formulierung: „… in wessen Macht liegt es, dass ihm etwas begegnet, was ihn erfreuen kann bzw. dass ihn erfreut, was ihm begegnet?"[6]

Das Böse ergreift vom Menschen Besitz, indem es ihm den Geschmack und die Freude am Guten nimmt und so seine Neigung zerstört, es zu wollen. An Stelle der Hinneigung zum Guten ergreift das Geneigtsein für das Böse von ihm Besitz. Es macht, dass ihm das Böse „gefällt", er von ihm motiviert wird. So wird ihm gleichsam – wie Luther später im Blick auf den entgegengesetzten Sachverhalt (die Gnade) sagen kann – ein anderer Wille „eingeblasen",[7] ein Wille, der zuinnerst unfähig ist, das Gute zu wollen. Augustins und Luthers Konsequenz war klar, wenn auch im Einzelnen höchst missverständlich: Wer in seinem Innersten – dort also, wo die Hinneigungen entspringen – ein Knecht des Bösen geworden ist und deshalb „Freude an der Sünde findet", der muss zuerst von dieser Knechtschaft befreit werden, ehe er Freude am Guten finden und es lieben kann. Das Gute muss ihm so widerfahren, dass es die gute Leidenschaft erweckt, so dass der Mensch nun nicht mehr der Leidenschaft für das Böse gehört. Und das geschieht durch die Kraft des Heiligen Geistes.[8]

Die Sprache, die hier gesprochen, und das Bilderrepertoire, das hier aufgerufen wird, mögen antiquiert klingen. Aber die Erfahrungen, die darin zum Ausdruck gebracht werden, sind es keineswegs. Wissenschaftlichen Analysen der Erfahrungen des (post-)modernen Menschen mit sich selbst und seinem Eingebundensein in mediale Kommunikation bzw. in psychische, gesellschaftliche und ökonomische Dynamiken haben uns von neuem dafür die Augen geöffnet, wie wenig die Menschen ihre Hinneigung zu diesem oder jenem, ihr Motiviertsein zu diesem oder jenem, selbst „in der Hand haben". Sie sind tatsächlich sehr weitgehend zum Knecht derer geworden, die sie bis in die verborgensten Regungen hinein manipulieren können. Und sie wissen sich „belagert" von Mächten, die sich im Innersten der Menschen längst eingenistet haben, ehe diese von ihrer „stillen Eroberung" wissen. Dass es meist böse Mächte sind, die die Menschen mit der Logik der Rücksichtslosigkeit und der Egozentrik infiltrieren und so ihr Denken und Fühlen besetzt halten, wird man bei nüchterner Selbstbeobachtung kaum bestreiten können.

Die Macht des Bösen

Nicht zufällig dringen hier die Macht-Metaphern in die Beschreibung des Bedroht- und des Eingenommenseins vom Bösen ein. Wir sind ihm untertan, ohne dass wir wissen könnten, wie uns geschah; von Nachahmung (*imitatio*) zu sprechen, wäre tatsächlich verharmlosend. Andere mehr oder weniger dramatische Bedrohungs-Bilder legen sich zur Beschreibung dieser Erfahrung nahe. Der vorangestellte Jesaja-Text spricht von der fortreißenden Flut und dem alles verzehrenden Feuer. Von den apokalyptisch-gefräßigen Tieren, die sich alles einverleiben wollen, ist schon in der Meditation zur Versuchungs-Bitte die Rede gewesen. Und die Erlösungs-Bitte hat, obwohl die deutsche Übersetzung fast nichts davon verrät, genau hier ihren Ort. *Heinz Schürmann* erläutert: „Das in unserer Bitte verwandte Zeitwort – in unserer deutschen Übersetzung etwas farblos und missverständlich mit ‚erlösen' übersetzt – lässt ein plastisches Bild vor unsern Augen erstehen: Es scheint ein gefährliches Untier in der Nähe zu lauern, das ‚umhergeht, suchend, wen es verschlinge' (1 Petr 5,8), vor dessen Zugriff wir in letzter Minute zurückgerissen, errettet werden müssen."[9] Schürmann erwägt kurz, ob damit auf ein ungeheuerliches *personales* Böses angespielt ist. Er will das nicht ausschließen, sieht es vom Wortlaut der Bitte her aber nicht konkret angesprochen.[10]

Für unseren Zusammenhang ist ein anderer Bildaspekt wichtig. Das Verb, das die erhoffte Hilfe konkretisiert, rückt nicht die Vergebung der Sünden in den Blick; die wurde ja in der Vergebungs-Bitte schon angesprochen. Es meint das Weggerissenwerden vor dem drohend andrängenden Unheil, das Herausgerettetwerden aus der Machtsphäre des Bösen, des *Übels*.[11] Die Bittenden wissen sich in dieser Machtsphäre gefangen oder in der Gefahr, in sie hineingerissen und so in ihr Unheil gerissen zu werden. Der Wortlaut kann beides assoziieren; und beides entspricht auch der gegenwärtigen Erfahrung des Bösen: Wir wissen uns elementar bedroht von einer Woge des Hasses und eines radikal-egoistischen Auf-seine-Kosten-kommen-Wollens angesichts einer Welt, die auf mich keine Rücksicht nimmt und mich geradezu zwingt, mich selbst zu behaupten und entschlossen zur Wehr zu setzen. Der explodierende Hass erscheint wie die Kehrseite einer globalisierten ökonomischen Verdrängungslogik, in der die Welt und das Leben in ihr den Menschen selbst feindlich werden – „in Stücke zerteilt" und zum Antrieb für die Konkurrenz um die besten Stücke werden.[12] Er explodiert als der Hass der an den Rand Gedrängten, um „ihr Teil" Gebrachten, zum Kampf um das Vorenthaltene geradezu Verurteilten. Und wir wissen von uns selbst gar nicht, ob und inwieweit wir zuinnerst schon *Komplizen* sind: Menschen, die an diesem Bösen Gefallen gefunden haben und mit ihm gemeinsame Sache machen, weil uns gefällt, was hier angepriesen wird; Menschen, die das „Übel" einer rücksichtslosen Welt als Entwürdigung „internalisiert" haben und durch unseren Hass „multipliziert" weitergeben.[13] Wir müssen uns eingestehen, dass das aufs Äußerste gehende Böse schon in uns wohnt und dabei ist, sich bis in die letzten Winkel unserer Innenwelt auszubreiten – so wie es dabei ist, seine Herrschaft auch durch unser Mitwirken bis in die äußersten Winkel unserer Außenwelt hinein zu errichten.

Das klingt apokalyptisch dramatisiert. Aber es bringt nur die nachhaltigen Auswirkungen eines Ungeistes zum Ausdruck, von dem wir spüren, dass er sich wie Mehltau auf alle Lebensäußerungen legt oder sich wie Gift in sie einschleicht, um sie zu verderben. Steckt nicht doch noch so viel Liebe zum Leben in uns, dass wir diesem Ungeist widerstehen, dass wir ihn vertreiben könnten? Die augustinisch-lutherische Ausprägung der christlichen Überlieferung ist da skeptisch: Der Ungeist ist längst in der Mitte unserer Existenz angekommen; und von dort her „sitzt" er schon in allem, was wir anfangen könnten, ihn zu vertreiben. Er fängt immer schon mit uns an. Und so müssen wir tatsächlich ohne unser Zutun *gerettet* werden; so muss das Gute mit uns angefangen werden: Gott selbst müsste in seinem guten Geist das Gute mit uns anfangen; wir haben unser eigenes Anfangen nicht mehr in der Hand. Er, der „Retter", müsste uns herausreißen.

Diese Erfahrung macht zweifellos den immer noch erstaunlichen Realitätsbezug der christlichen Erbsündenlehre aus. Man wird für sie gar nicht auf eine erste, das ganze Menschengeschlecht verderbende Ursünde des ersten Elternpaars zurückgreifen und auch nicht annehmen müssen, dass sie durch Vererbung „fortgezeugt" wird. Aber sie ergreift uns eben nicht erst durch unsere eigene Tat. Wir werden vielmehr in sie hineingeboren wie in ein Milieu, das uns umgibt und durchdringt und auch schon in das Entstehen von Selbstbewusstsein und Freiheit eingedrungen ist.[14] Weil sie die Liebe zum Leben und zu Gott zersetzt, Der es gegeben hat und vollenden will, verbreitet sie in uns und um uns eine lebensfeindliche Atmosphäre, die den Tod mitten im Leben Platz greifen lässt und gerade so einen unstillbaren Hunger nach Leben wachruft. *So bringt die Sünde den Tod mit sich.* Nicht etwa dadurch, dass eine Sünde im Anfang das genetische Programm des Menschen von Grund auf verändert hätte, so dass er von einem unsterblichen zu einem sterblichen Menschen geworden wäre; das ist für wissenschaftlich orientierte Zeitgenossen eine gänzlich undenkbare Vorstellung.

Sünde im Erbe oder Lebens-Zwiespalt?

Die Bibel Israels selbst kennt die radikal verinnerlichte Sicht der Sünde bei Augustinus noch nicht oder nur in Ansätzen. Aber sie weiß um die Leben und menschliches Zusammenleben zersetzende Unheilskraft der Sünde, die den Menschen im Innersten seines Lebenswillens zum Bösen versucht und herüberzieht. Sie nimmt sie ernst und weiß doch auch um die schöpferische Kraft und die Liebe zum Leben, aus der die Menschen als JHWHs Geschöpfe zu menschlich lebendigen Menschen werden können. So sieht sie das Menschsein – von der späten Apokalyptik vielleicht abgesehen – nicht als radikal böse an, sondern eher als ambivalent: von einem Zwiespalt beherrscht, der nur in der Rückbindung an Gottes Thora und damit an Seinen guten Willen davor bewahrt werden kann, zerstörerisch zu werden. Die Erlösungs-Bitte des Vaterunsers steht auch in dieser Überlieferung; sie fängt neu zu sprechen an, wenn man den altüberlieferten Glauben Israels in ihr mitsprechen hört. Sie spricht zugleich damit auch virulente gegenwärtige Erfahrungen eines abgründigen und bis ins innerste Zentrum des Menschseins vordringenden Lebens-Zwiespalts an. Gott, der Schöpfer und Liebhaber des Lebens hat den Menschen dieses Leben offenkundig so mitgegeben, dass sie vom Hunger nach Leben beherrscht werden können und dass sie gerade so zu Komplizen lebensfeindlicher Gewalt werden. Der Blick auf zwei ganz unterschiedliche, aber je für sich zentrale Texte des Alten Testaments und die in ihnen verdichteten Erfahrungen kann diesen spannungsreichen Lebens-Zusammenhang deutlicher hervortreten lassen.

Menschen sind doch eigentlich und selbstverständlich „Liebhaber des Lebens". In guten Zeiten ist das ja auch die selbstverständlichste Sache der Welt: der Morgen, der sonnig blau über mir aufgeht, und über einem Tag, auf den ich neugierig bin; der Mensch mir gegenüber, der mir das Leben liebenswert macht, weil er selbst liebenswert ist – und mir bezeugt, dass auch ich liebenswert bin; das Zuhause und der Garten, gute und vertraute Orte – und die Ferne, die sich mir öffnet, mir das noch nicht Gesehene zu zeigen; die Aufgabe, die mich neugierig macht und den Ärger der alltäglichen Verteilungskämpfe im gesellschaftlichen Umfeld glatt vergessen lässt; die Musik, die in mir klingt und mich weit macht. Noch vieles könnte man nennen und würde doch nie genug sagen. Das Symbol des Paradiesgartens öffnet auch heute noch den Imaginationsraum, in dem solche Erfahrungen nachklingen. Es gibt so viele gute Gründe, das Leben lieb zu haben und es dankbar zu leben; Gründe des Herzens; auch die Vernunft stimmt ihnen bisweilen gern zu.

Wenn die Zeiten nicht gut sind, schwindet die Liebenswürdigkeit des Lebens, das Paradies ist zugesperrt. Die Gründe zum Danken entziehen sich. Es ist ja nicht so, dass man es nicht wollte. Aber die Liebenswürdigkeit des Daseins, von der man sich so gern tragen lässt, kann man nicht selbst machen. Sie muss mich ergreifen und davontragen – aus den schlechten Tagen. Übung hilft vielleicht: Übungen, die den Blick weiten, die sorgfältige Wahrnehmung stärken für das, was doch immer noch ist, nicht einfach verschwunden ist, wenn es mir schwer fällt es zu sehen. Gottes Gebot, die Thora, soll Israel zu solchem Üben anleiten; soll ihm immer wieder neu die Augen öffnen für die Liebenswürdigkeit menschlichen Daseins – und für die göttliche Verpflichtung, ihr zu dienen.

Lebenslust und Lebenshunger

Lust aufs Leben zu haben, das ist indes reine Gnade. Man kann sie nicht herbei-üben. Vielleicht kann man es üben, der Gnade eine Chance zu geben. Und wahrscheinlich kann man die Gnade ersticken. Der Lebenshunger kann so groß werden, er kann in der Lebensnot so übermächtig werden, dass man das Leben nicht mehr lieb hat, es nur noch verschlingt. Lebens- und Erlebnishunger: kurze Sättigung und dann wieder dieser Hunger nach mehr.

Man sollte nicht schlecht vom Hunger reden. Die Hungrigen wollen noch etwas vom Leben. Sie sind nicht satt, haben es nicht aufgegeben zu leben. Hunger ist der beste Koch; er heilt vom Geschmäcklerischen, vom oberflächlichen Mitnehmen des gerade Angesagten. Wer den Hunger nicht elementar erlebt, dem kann das Leben nicht schmecken. Woher käme sonst die Energie, die Liebe zu hegen, damit sie das Leben aufblühen lässt; woher die Entschlossenheit, dem Leben abzuringen, was es – warum auch immer – nicht freiwillig hergibt? Woher die Kraft, sich nach der „Speise" auszustrecken, um sie zu kämpfen, sie nicht verloren zu geben.

Die Kehrseite der Medaille: Hat der Hunger wirklich lieb, was er zur Sättigung braucht? Wenn er ungehemmt das Feld beherrscht, wird alles zum Über-Lebensmittel; wird alles zum Kampf um die Lebensmittel. Und im Lebenshunger brennt ja ein tieferer Hunger: Menschen sollen es gut finden und dankbar dafür sein, dass es mich gibt, dass es die Mitmenschen gibt, die sie lieb haben, wenigstens achten. Ich möchte es in ihren Augen lesen können, dass ich ihnen willkommen bin. Und ich möchte von Herzen dankbar dafür sein können; dankbar für diesen Tag, diese Begegnung, dieses Leben. Solchen Lebens-Hunger stillt kein „Lebens-Mittel". Und die Sucht nach dem, was man sich möglichst schnell und umfassend „einverleiben" will, vertreibt die Lebenslust, vertreibt die Freude, die den Liebhaber und die Liebhaberin des Lebens Lebens-zugewandt sein lässt. Hunger *allein* entwürdigt, worauf er sich wirft, was er sich unterwirft, zum bloßen Konsumgut; er will nur dies Eine: immer noch mehr. Er verführt zum Hunger nach einem Leben vom Brot allein – und zieht den „Tod am Brot allein" ins Leben hinein.[15]

Der Liebhaber in uns muss eine Chance haben gegen den Hungrigen; er müsste die Chance haben, mit dem Hungrigen, der wir nun einmal sind, einigermaßen gut auszukommen. Der Hunger müsste den Liebhabern und Liebhaberinnen Zeit lassen, den Garten des Lebens zu entdecken, das Leben blühen zu lassen, sich an ihm zu freuen – und zu empfangen, was es schenkt; zärtlich die zu empfangen und aufzunehmen, die es weiterschenken. Der Hunger müsste den Liebhabern und Liebhaberinnen Raum lassen, damit sie sehen lernen, woran sie sich nicht vergreifen dürfen; damit sie wahrnehmen können, wann sie sich hungrig vergreifen.

Man vergreift sich am Leben mit dieser unbarmherzigen Unterscheidung: *Bringt mir etwas – Bringt mir nichts*. Statt das Leben gut sein zu lassen, es in seinem Eigen-Wert dankbar willkommen zu heißen wie der Schöpfer selbst, unterscheidet und selektiert man: Dieses ist gut für mich; alles andere kann mir gestohlen bleiben. Der hungrige Zugriff kennt nur dieses *gut und böse, wahr und unwahr*: Es schmeckt mir oder es schmeckt mir nicht. Das ist die Unterscheidung von gut und böse, die der Hunger erzwingt und exekutiert, mit der die Hungrigen sich zum Gott des Anderen machen (vgl. Gen 3,3.5). Mit sich allein gelassen wird der Hunger vom besten Koch zum schlimmsten, widergöttlichen Richter über gut und böse. Die nur noch Hungrigen werden zum übermächtigen Moloch-Gott für alles, worüber sie sich hermachen. Da ist es nicht mehr weit bis zum Griff nach dem Baum des Lebens: Wir wollen die Herren des Lebens sein, es so „designen", wie es *uns* am angenehmsten erscheint, wie es am meisten *für uns* abwirft. Tut der Herr des Lebens nicht gut daran, sich seine Herrschaft nicht von den hungrig zugreifenden Menschen streitig machen zu lassen? Der Mythos von der Vertreibung aus dem Paradies (Gen 3,22–24) verrät noch das Erschrecken darüber, wozu Menschen fähig sind; Jahrtausende bevor es herauskam, wie man sich das Leben gentechnologisch untertan machen könnte.

Hungrige und Liebhaber

Wir sind nicht im Paradies, wo der Liebhaber und die Liebhaberin es vermögen, den Hunger so zu erleben, dass er sich nicht vergreift und zerstörerisch wird. Wir sind dem Hunger zum Opfer gefallen und seine Opfer, Opfer der Lebensnot, Opfer des eigenen Hungers wie des Hungers der anderen.

Was den Menschen die Kraft geben sollte, miteinander lebens-
stark zu werden, treibt sie an, rücksichtslos zuzugreifen und
die eigene Lebenskraft zu Lasten der anderen zu steigern; verführt sie dazu, die eigene Lebensnot zu Lasten der anderen
bestehen zu wollen. Das ist die Sünde: Die Menschen lassen
sich antreiben, ihre Kraft zum Leben zu missbrauchen und
gegen andere und anderes zu wenden, so dass sie zur tödlichen
Einverleibungsmacht wird. Sie stillen ihren Lebenshunger und
versäumen es, Liebhaber des Lebens zu sein.

Die Bibel sagt nicht, warum das so ist. Sie erzählt – in der
Sündenfallgeschichte –, dass es so geschieht, unvordenklich
und immer wieder neu. Und sie bekennt, dass Gott sich davon
nicht abhalten lässt, ein „Liebhaber des Lebens" (Weish 11,26[16])
zu sein. Als Liebhaber des Lebens will Er es behütet und
beschützt sehen, ist Er ihm zärtlich zugeneigt und durchaus
auch voll Zorn[17] gegen alle, die Seine „Liebhaberei" nicht mitleben und das Leben missachten; besonders da, wo es zerbrech-
lich und gefährdet ist, wo es Solidarität und Lebens-Gerechtig-
keit überlebens-notwendig braucht: in den Armen und Kleinen.

Mit Zorn und Zärtlichkeit an der Seiten der Armen[18]

Zorn und Zärtlichkeit bewegen den Liebhaber des Lebens, der
Zorn des Zärtlichen, wenn andere sich an dem vergreifen, dem
Er zugeneigt ist. Mit Zorn und Zärtlichkeit steht Er an der Seite
der Armen. Sehr menschlich wird hier von Gott gesprochen, in
menschlichen Bildern, die mehr sagen, als Begriffe es vermitteln
könnten; mehr von dem verraten, was Gott „zuinnerst" bewegt:
damit Menschen mit Ihm mitfühlen und mithandeln.

Mit Ihm Liebhaber des Lebens zu sein jenseits von Eden,
verstrickt in eine Welt-Unordnung, die immer noch denen
gibt, die schon haben, und von den „Futterkrippen" fernhält,
die nichts haben: Die Herausforderung ist so überlebens-groß,
dass man sich resigniert abwenden möchte. Und dabei aus den
Augen verlieren würde, wie lustvoll und voll Freude das Lieb-

habersein doch ist, wie es klein anfangen kann. Liebhaber(innen) fangen immer und immer wieder klein an.

Die Bibel zeichnet uns diesen Gott, Der sich nie resigniert abwendet oder in Trauer verzehrt. JHWH ist ein Gott, Der klein anfängt – mit einem so kleinen Volk in so kleinen Verhältnissen – und sich königlich, nein göttlich, darüber freut, was daraus wächst. Er hat an Jerusalem – der schön geschmückten Braut – Seine Freude (Jes 62,4f.). „Wie der Bräutigam sich freut über die Braut", so freut Er sich über alle, die mit Jerusalem den Bund des Lebens für sich und ihre Mitmenschen – die Mit-Lebenden – entdeckt haben.

Zu einseitig wurde den Christen der Blick in die Bibel von der über-akzentuierten, augustinisch geprägten Erbsündenlehre gelenkt. So sah man immer nur die Last, unter der alles und alle zusammenbrechen müssten, wenn Er sie nicht mittrüge und sie uns abnähme. Nichts kann Gott hier an den Menschen gefallen; über alles müsste Er sich entsetzen. Aber Er ist ja der Versöhnliche, voraussetzungslos Verzeihende. So und nur so haben wir eine Chance. Ich will diese Perspektive ja nicht leugnen. Aber sieht sie „alles"?

Für die Bibel Israels kommt es darauf an, diesen lebens-zugewandten JHWH auch angesichts der Dramatik des Bösen und unserer Verstrickung in den Hunger nach Brot allein nicht aus dem Blick zu verlieren: Er freut sich am Leben, am Leben jedes einzelnen Menschen, das ja nach Seinem Bild geschaffen ist und zu „göttlicher" Lebendigkeit erweckt werden soll. Wie dankbar ist Er, wenn Er an unserem Leben teilnehmen und es schön machen darf. Und Er bangt mit uns, dass wir nicht der Versuchung erliegen, unser Leben vom Hunger nach dem Brot allein beherrschen zu lassen. Er ist dankbar für uns, wie es nur Liebhaber und Liebhaberin sein können. *Deshalb* bangt Er um uns; und deshalb will Er uns nicht in der Sünde untergehen lassen.

Das ist gewiss ein sehr menschliches Bild, ein Gegenbild, nach dem Geschmack des Augustinus und vieler anderer Theologen und Kirchenleute vielleicht mit allzu hellen Farben gemalt. Aber wenn diese Farben fehlen, fehlt uns die Weisheit des Liebhabers, der vor Liebe nicht blind, sondern sehend geworden ist.

Die Bitte, von Ihm für das Leben gerettet zu werden

An den Liebhaber des Lebens wendet sich die dringliche Bitte, der Grausamkeit des Lebens, die ja ebenfalls nicht zu leugnen ist, und der grassierenden, „Beute-geilen" Lebensfeindlichkeit nicht zum Opfer fallen zu müssen: als Täter *wie* als Opfer. Nie oder selten nur als Opfer. Die Sünde der Lebensfeindlichkeit hat die Menschen in ihren Bann geschlagen, soweit sie zurückdenken können; diese Erfahrung hält die Lehre von der „Erb"-Sünde im Glaubensgedächtnis präsent. Die Zuneigung JHWHs, dieses Liebhabers des Lebens, möge uns ergreifen und „hinwegreißen" aus der Überflutung durch eine lebensfeindliche und deshalb todbringende Lebensweise, aus einem „way of life", der nur ins Verderben führen kann, uns selbst und alle, die auf diesem Irrweg *nolens volens* mitgerissen werden.

Betend lesen und sprechen wir unsere Erfahrungen der Lebens-Bedrohung in den Wortlaut und den bildhaften Vorstellungshorizont des Vaterunsers hinein, um uns dessen zu vergewissern, was wir hier *für uns* erbitten. Was könnte es für uns heißen, erlöst, bildkräftiger: herausgerissen, herausgerettet zu werden? Keine märchenhafte Zauberstab-Rettung. Niemand wird ernsthaft erwarten, dass der Angriff und Zugriff der Sünde – solange wir in dieser Welt des Zwiespalts leben – von uns ablässt und wir auf eine Insel der Seligen versetzt werden, auf welcher der Lebenshunger seine zerstörerische Macht verliert. Die Vaterunser-Bitte richtet die Gebetshoffnung freilich auch nicht, jedenfalls nicht primär, darauf aus, dass wir im „Jenseits" die Sünde endgültig hinter uns haben und „im Himmel" sind. Sie gilt der Rettung hier und jetzt, morgen und übermorgen – in den „Erprobungen" der Wüste –, wenn uns das Böse zu seiner Beute machen will und wir aus uns selbst nicht genug Kraft haben, ihm zu widerstehen. Was kann dann helfen, so wie es uns immer wieder schon geholfen hat, wenigstens ein Stück unseres Wegs weitergeholfen hat?

Wir möchten angesteckt werden von Seiner Liebhaber-Kraft, von Seinem Blick auf die Liebenswürdigkeit des Daseins, wie sie in der Schöpfungsgeschichte der Priesterschrift (Gen 1,1–2,4) jedem Geschöpf zugesprochen wird: Es ist sehr gut und schön (hebräisch: tov). In uns sollte der Geist lebendig werden – Sein Geist –, damit wir das Liebenswerte als liebenswert empfinden, das Lebensfeindliche als abgründige Versuchung bestehen und von uns weisen können; die Versuchungsbitte klingt hier noch nach. Sein heiliges Pneuma kann uns hineinnehmen in eine Lebendigkeit, die uns das Leben nirgends und niemals verloren geben ließe, die uns daran glauben ließe, dass es Zukunft hat, weil Er, Der es ins Dasein rief, es sich nicht aus Seiner Hand reißen lässt.

Wenn uns Sein guter Geist die Liebenswürdigkeit und Schönheit des Lebens in uns und den anderen anziehend macht, werden wir der Versuchung widerstehen, uns an ihm zu vergreifen, werden wir hinein-erlöst in den Blick und in den Lebensraum Gottes, in dem nicht verloren geht, was Er ins Dasein rief und mit Liebenswürdigkeit umgibt. Die Erlösungs-Bitte bittet sich hinein in diesen Hoffnungs-Horizont – und sie bittet um die Geistes-Kraft, in ihm glaubend „zuhause" sein zu dürfen, ihn nicht zu verlieren, wenn uns die Verzweiflung über den Zynismus und die Übermacht des Bösen wie ein Untier überfällt. So ist auch diese Bitte eine Bitte um die rettende Gottverbundenheit, in der uns geschehen möge, was wir selbst nicht machen, worum wir tatsächlich nur bitten können: dass sich uns ein Horizont öffnet, in dem uns anzieht und „motiviert", was zum Leben führt; dass wir zu unserem Heil und zum Heil für alle ergriffen und durchströmt werden von einem Leben, das Leben in unser Leben bringt; dass wir zur Freiheit des Wohlwollens befreit werden (vgl. Gal 5,1) und frei sein können, Liebhaber und Liebhaberin zu sein, nicht nur Hungrige.

Die Gnade allein?

Kommen wir noch einmal auf Augustinus zurück, auf die so zwiespältige Prägung, die er dem christlichen Verständnis des Bösen mitgegeben hat. Es war nicht der reine Pessimismus, der ihn seine radikale Erbsündenlehre formulieren ließ, sondern die Überzeugung, dass die Menschen allein aufgrund der Gnade zu etwas Gutem fähig seien: nicht aus dem heraus, was in ihnen ist – in ihnen ist ja immer schon die Sünde –, sondern allein aus dem heraus, was befreiend in sie hineinkommt. So zeichnete Augustinus als Gegenbild zu dem durch die Gnade zur Freiheit befreiten, zum Glauben gekommenen Menschen den Menschen außerhalb der Gnade, den „Gnadenlosen", den die Sünde unter ihre Herrschaft gebracht hat und unentrinnbar zum Sündigen bestimmt.

Dieses Negativ-Bild bleibt abstrakt; es taugt nur als Gegenbild, nicht dazu, Menschen, wie sie innerhalb oder außerhalb der Kirche konkret vorkommen, zu identifizieren. „Der" Mensch außerhalb der Gnade ist gnadenloser, seiner Freiheit zum Guten beraubter Sündenknecht. Aber von keinem konkreten Menschen darf gesagt werden, dass er dieser „Mensch" ist, dass das so auf ihn zutrifft. Wie oft hat man in der Kirche diesen abstrakten Status der augustinischen Sündenlehre verkannt!

Blickt man auf konkrete Menschen, auf sich selbst, so wird man einer abgründigen Ambivalenz ansichtig, des Hin-und-hergerissen-Seins eines von der Not seines Lebens bedrängten Menschen zwischen der Liebe zum Leben und dem Lebenshunger. In der Sprache des Glaubens ließe sich sagen: Man darf darauf vertrauen, dass Gott die Menschen immer schon mit Seinem Geist anrührt und dazu erweckt, Liebhaber des Lebens zu sein. „Immer schon" fallen sie freilich ihrem Lebenshunger zum Opfer, so dass sie neu zum Liebhaben des Lebens erweckt, *erlöst* werden müssen. Keiner ist gnadenlos, jeder erlösungsbedürftig. Christen glauben daran, dass die Erlösung die Menschen in der Nachfolge Jesu Christi aus der Gnadenlosigkeit der Sünde und des Bösen herausrettet und zu Liebhabern des Lebens verwandelt – wenn sie sich in Seiner Spur halten und sich dem Geist öffnen, der das Leben dieses „Anführers zum Leben" (Apg 3,15) durch und durch beseelt hat. Dass dieser Geist auch da wirken kann, wo man von einem Erlöser Jesus Christus nichts weiß, das dürfte die Christen nicht wundern. Sie glauben ja an eine Lebens-Macht, die alle Grenzen überschreitet: die Grenzen von miteinander verfeindeten Nationen, die Grenze des ewig hungrigen Egoismus, die Grenze des Todes, natürlich auch die Grenzen der Kirchen.

Am Ende

„Das Wort ‚Vater' hat das Gebet begonnen, das Wort ‚Übel' beschließt es", so sagt *Simone Weil* in ihrer abgründigen Auslegung des Vaterunsers. Und sie fährt fort: „Man muss von dem Vertrauen zur Furcht gehen. Nur das Vertrauen verleiht genügende Kraft, dass die Furcht nicht ein Anlass zum Abfall werde."[19] Die äußerste Erprobung des Vertrauens darf nicht außerhalb des Vertrauens bleiben: Das Vaterunser bittet darum, dass das Vertrauen der Betenden grenzenlos werde, dass es sich auch in der Furcht vor dem Weggerissenwerden ins Böse noch bewähre; es bittet darum, gestärkt und gerechtfertigt zu werden, wenn es zum Äußersten kommt. Und dieses Äußerste wird zum Schluss angesprochen, damit es nicht „außen vor" bleibe.[20] Es wird angesprochen im Aufblick zum Vater, dem mütterlichen, der väterlichen Mutter. In die betende Selbstwahrnehmung des Bösen in mir und durch mich (hindurch) wird die Erfahrung eines ungeteilt-ungetrübten guten Willens hereingerufen; eine Erfahrung, die uns selbst ja nicht unzugänglich ist: Das winzig kleine Kind, das da – kaum eine Woche alt – in seinem Bettchen liegt, ganz entspannt und gleich danach voller Verlangen. Es ruft dieses radikale Wohlwollen wach, selbstvergessen allein ihm zugewandt, alles Gute dieser Welt und darüber hinaus für es wollend. Wenn dieser gute Wille doch wahr würde, Wirklichkeit bestimmen und verwandeln, auf der Erde so geschehen könnte, wie er im Himmel unseres Wohlwollens gewollt wird! Und auch uns zugute kommen könnte. Uns: die wir erleben, wie der böse, der zerstörerische, Rache sinnende Wille in uns entspringt oder durch uns hindurchgeht. Wenn doch nur Er, der Vater, unseren Zerstörungswillen „besiegen" könnte, ihn „auffangen" könnte in Seinem selbstvergessen guten Willen! Im Kreuz Jesu tritt uns diese Sehnsucht vor Augen; tritt uns der Vater vor Augen, Der den Zerstörungswillen auffängt, indem Er Sich bis in Seine Mitte hinein treffen lässt, um ihm wohl-wollend zu widerstehen, Sich uns selbstvergessen-gutwillig zu öffnen bis zum Letzten. Im Kreuz Jesu tritt uns vor Augen, dass der Vater ganz in diesem Gekreuzigten ist, und der Gekreuzigte ganz in Ihm, so dass der gute Wille an uns und durch uns geschehen kann: unser böser Wille nicht das Letzte bleibt.

Was uns da vor Augen tritt, provoziert uns zu den kühnsten Bildern inmitten des Schrecklichsten. Das Kreuz ist das kühnste Bild, da es das Schrecklichste abbildet. Das Erschrecken seiner Gegner ist wohlbegründet – wenn es nicht zugleich die Hoffnung wachruft auf die Errettung aus dem Bösen, auf Den, Dessen selbstvergessen-guter Wille sie geschehen lässt.

Kann das Gebet damit tatsächlich schon zu Ende sein? Oder wird es sich noch einmal seines Vertrauens auf die Errettung aus dem Bösen und der Berechtigung seines Vertrauens zu vergewissern versuchen?

Anmerkungen

[1] Vgl. meine Überlegungen in dem Kapitel: Mysterium iniquitatis et redemptionis. Zu den Fragen „im Rücken" traditioneller Antworten, in: Jürgen Werbick, Von Gott sprechen an der Grenze zum Verstummen, Münster 2004, 217–244.

[2] Vgl. etwa: Johann Baptist Metz, Mit der Autorität der Leidenden. Compassion – Vorschlag zu einem Weltprogramm des Christentums, in: SÜDDEUTSCHE ZEITUNG Nr. 296 vom 24./25./26. Dezember 1997, Feuilleton-Beilage, S. I.

[3] Vgl. Aurelius Augustinus, Das Handbüchlein. De Fide, Spe et Charitate, übertragen und erläutert von Paul Simon, Paderborn [2]1962, VIII.23. (S. 29); vgl. die folgenden Kapitel.

[4] Vgl. etwa von Nietzsche: Der Antichrist, Aphorismen 25 und 26, KSA 6, 193–197.

[5] Vgl. Das Handbüchlein VIII.24 (a. a. O., S. 30).

[6] De diversis quaestionibus ad Simplicianum I, 2, 21.

[7] Martin Luther, Vom unfreien Willen, in: Luther deutsch, hg. von Kurt Aland, Bd. 3, Stuttgart – Göttingen 1961, 195.

[8] Vgl. Das Handbüchlein, VIII, 30 (a. a. O., S. 33).

[9] Heinz Schürmann, Das Gebet des Herrn als Schlüssel zum Verstehen Jesu, 139.

[10] Welche hermeneutische Erschließungskraft die Rede von einem „personalen" Bösen – jenseits der vielfach damit verbundenen Mythologisierungen – haben kann, zeigt eindrücklich: Jürgen Bründl, Masken des Bösen. Eine Theologie des Teufels, Würzburg 2002 (den Untertitel halte ich – auch angesichts der hermeneutischen Intuition des Buches – für einen schwer verständlichen Missgriff) bzw. ders., Das Böse in Person. Der Teufel in der christlichen Theologie, in: Theologie und Glaube 97 (2007), 475–490.

[11] Die ältere, katholisch gebräuchliche Übersetzung der Vaterunser-Bitte (vor der ökumenischen Fassung) sagt: „Und erlöse uns von dem Übel". Sie ist dem Griechischen (πονηρός) vielleicht näher, assoziiert jedenfalls nicht einseitig den moralischen Aspekt.

[12] Vgl. Simone Weil: „Die Schöpfung: das Gute in Stücke zerteilt und durch das Übel hin verstreut" (Schwerkraft und Gnade, dt. München – Zürich 1989, 98).

[13] Vgl. wiederum Simone Weil: „Die böse Tat überträgt auf andere die Entwürdigung, die man in sich selbst trägt. Deshalb neigt man dazu wie zu einer Befreiung [...]. Findet eine Übertragung des Bösen statt, so wird das Böse bei dem, von welchem es ausgeht, nicht vermindert, sondern vermehrt. Phänomen der Multiplikation" (ebd., 104f.).

[14] Neuere theologische Konzeptionen, die das in der herkömmlichen Erbsündenlehre Gemeinte einer „rettenden Kritik" (*Walter Benjamin*) unterziehen, setzen hier an; vgl. etwa Piet Schoonenberg, Der Mensch in der Sünde, in: J. Feiner – M. Löhrer (Hg.), Mysterium Salutis. Grundriss heilsgeschichtlicher Dogmatik, Bd. 2, Einsiedeln – Zürich – Köln 1967, 845–941, vor allem 886–938.

[15] Vgl. Dorothee Sölle, Die Hinreise. Zur religiösen Erfahrung. Texte und Überlegungen, Stuttgart 1975, 7: „Der Mensch lebt nicht vom Brot allein, er stirbt sogar am Brot allein, einen allgegenwärtigen, schrecklichen Tod,

den Tod am Brot allein, den Tod der Verstümmelung, den Tod des Erstickens, den Tod aller Beziehungen. Den Tod, bei dem wir noch eine Weile weitervegetieren können, weil die Maschine noch läuft, den furchtbaren Tod der Beziehungslosigkeit".

[16] *Martin Luther* sagt es so viel ausdrucksstärker als die Einheitsübersetzung, die wohl vor den erotischen Assoziationen unserer Alltagssprache zurückschreckt und statt mit Liebhaber „ungefährlicher" mit Freund übersetzt.

[17] Zu dieser höchst interpretationsbedürftigen biblischen Rede vom Zorn Gottes vgl. Ralf Miggelbrink, Der Zorn Gottes. Geschichte und Aktualität einer ungeliebten biblischen Tradition, Freiburg – Basel – Wien 2000 sowie meine kurze Stellungnahme zu Miggelbrinks Buch in: Gott verbindlich, 513f.

[18] So lautete das Leitwort, unter dem das bischöfliche Hilfswerk MISEREOR 2008 das Jubiläum seines 50jährigen Bestehens beging.

[19] Simone Weil, Zeugnis für das Gute, 69. Den Hinweis auf diesen Text wie den auf die Dramatik des „Endes" verdanke ich Reinhard Feiter.

[20] Vgl. das in der ersten Meditation im Anschluss an *Peter-Hans Kolvenbach* zum österlichen und karfreitäglichen Weg des Vaterunsers Gesagte.

IX. Denn dein ist das Reich und die Kraft und die Herrlichkeit in Ewigkeit
(Lk 23,35–43; Joh 12,23–28; 18,36)

„Die Leute standen dabei und schauten zu;
auch die führenden Männer des Volkes verlachten ihn und sagten:
Anderen hat er geholfen, nun soll er sich selbst helfen,
wenn er der erwählte Messias Gottes ist.
Auch die Soldaten verspotteten ihn.
Sie traten vor ihn hin, reichten ihm Essig und sagten:
Wenn du der König der Juden bist, dann hilf dir selbst.
Über ihm war eine Tafel angebracht; auf ihr stand:
König der Juden"
(Lk 23,35–38).

Lobpreis

Die drängende Bitte, in der es für die Bittenden um alles geht, bleibt nicht das letzte Wort. Vielleicht schon im zweiten Jahrhundert[1] fügte man dem Vaterunser eine feierliche Doxologie an, den Lobpreis des Vaters, an Den das Gebet sich richtet. Der Lobpreis kann gar nicht genug der großen Worte finden; dreimal holt er Atem, bevor er im *Amen* ausklingt. Große Worte, die den „groß machen" wollen, dessen Hilfe man in Anspruch nimmt.

Die Beter heute werden sich mit dieser Gebets-Haltung des Lobpreises nicht mehr so leicht tun. Große Worte machen, um der Bitte den Weg zu bereiten? Gehört das nicht in eine feudalhierarchische Lebenswelt? Ich möchte bei einem Hochgestellten etwas erreichen. So sollte ich seine Größe preisen, seine Macht, seine Weisheit, damit er sich von meinem Anliegen einnehmen lässt und mir sein Ohr „leiht"? Gut formulierte Lobsprüche streicheln das Ego derer, die sie gern hören und für bare Münze nehmen. Deshalb sollte man nicht zu sparsam damit sein. In diesem Kommunikations-Milieu ist die Doxolo-

gie zuhause. Da wird man den Mund vorsichtshalber schon
einmal etwas voller nehmen und die großen Worte nicht auf
die Goldwaage legen.

Größer als die großen Worte

Der, an Den sich das Vaterunser wendet, verdient sie doch,
diese großen Worte. Auf Ihn „gemünzt" sind sie nicht
absichtsvoll überschwänglich; bei Ihm – bei Dem, über Den
Größeres und Besseres gar nicht gedacht und erhofft werden
könnte. Für Ihn sind die größten Worte noch zu klein. Weit
größer ist Er ja als alles, was gedacht, gehofft und gesagt werden könnte.[2] Aber in welchem Sinne größer?

Beim ersten Hinhören scheint es die Doxologie des Vaterunsers so zu machen, wie man es in der Verlegenheit des Bitt-
stellers vor den Großen und Mächtigen eben macht. Das
Größte und Wichtigste, das man kennt, noch etwas größer
machen und es dem so Gepriesenen hinhalten: Meine Sprache
reicht gar nicht, Deinen Glanz in Worte zu fassen. Aber ein
wenig funkeln sie von diesem Glanz, denn sie sagen ja gerade,
dass sie ihn nicht sagen können. Die Sprache meines Lobpreises „extrapoliert" gleichsam, was von mir – dem Kleinen und
Dürftigen aus gesehen – Größe wäre; macht diese noch etwas
größer. Kommt sie so in die Nähe des Göttlichen, des Vaters
im Himmel?

Nein, sie entfernt sich immer weiter von Ihm. Seine Größe
hat nichts vom Glanz der Großkönige an sich. Er herrscht
nicht wie sie. Seine Macht ist nicht wie die Ihre. Größer, aber
vor allem ganz anders; die Macht, niederzuknien, damit die
Menschen „hinaufkommen" können (*Christine Lavant*).
Sichtbar geworden an dem Spottkönig, den sie für die Kreuzi-
gung fertig machen (vgl. Mt 27,27–31a par.). Der Spottkönig
und der Vater im Himmel: Sie gehören zusammen. Die Glau-
bensbekenntnisse der Christen nennen sie tatsächlich in einem
Atem: den Vater und den Sohn, den Repräsentanten Seines

Reiches. Was für ein König! Der Messias-König ans Kreuz
„erhöht".

Anderen hat er geholfen

Die von Pilatus verfügte Inschrift über dem Gekreuzigten
„Dies ist der König der Juden" klingt wie Hohn. Die daran
vorübergehen, kosten diese Verhöhnung aus: „Anderen hat er
geholfen; nun helfe er sich selbst, wenn er der Messias ist!" Es
bleibt den Spöttern verborgen, dass sie die Wahrheit sagen, die
Wahrheit über das Königtum Jesu: Anderen hat er geholfen –
das ist seine Königswürde und seine Königsmacht; nicht um
sich selbst zu helfen, ist er der König Israels. Das ist die
Wahrheit über Jesu Königtum: Er ist nicht um seiner selbst,
sondern um der Menschen willen „König"; der König eines
Reiches, das nicht von dieser Welt ist (Joh 18,36), aber den
Beladenen und unter ihren Lasten Zusammenbrechenden
Erquickung und Heimat sein soll. In diesem Messiaskönig
Jesus steigt der majestätische Gott JHWH vom Thron herab.
Der Menschensohn bringt Ihn zu den Beladenen und Unter-
drückten. In Jesus von Nazaret, in seinem Messiaskönigtum,
befreit JHWH sich von der trügerischen Projektion der Men-
schen, Er müsse ein Machthaber wie all die anderen sein, nur
noch etwas größer. Die von oben, von den Thronen her ausgeübte Macht ist nicht Seine Macht; sie ist ja nicht die Macht
Jesu. „Mein Reich, meine Macht sind nicht von der Art dieser
Welt" (vgl. Joh 18,36).
Pilatus kann gar nicht verstehen, wovon die Rede ist. Aber
es ist gut zu verstehen. Die nach Art dieser Welt ausgeübte
Königsmacht verbreitet Angst und macht klein. Sie sucht
Gehorsam zu erzwingen, indem sie einschüchtert. Man kann
für den „Normalfall" der Macht geradezu definieren: Macht
zu haben, heißt, über Möglichkeiten zu verfügen, andere Menschen einzuschüchtern und klein zu machen; zumindest dies:
ihnen den Gehorsam abzunötigen.

In Demokratien ist die Macht zivilisiert und funktionalisiert; man sollte sie nicht verteufeln: Macht ordnet Räume, setzt Regeln durch, ermöglicht gemeinsame Projekte und die Konzentration aufs Vordringliche. Wo sie auf eine Vielzahl von „Machtinhabern" aufgeteilt wird, lassen sich die Folgen des Machtmissbrauchs vielleicht einigermaßen in Grenzen halten. Aber der Missbrauch bleibt allgegenwärtig: Macht aus der Unterdrückung und der Einschüchterung, „aus der Lebensmacht anderer gestohlen".[3] Jeder und jede ist solchen Einschüchterungsversuchen ausgesetzt – am Arbeitsplatz, im öffentlichen Leben, womöglich gar in der Familie. Jeder erfährt aber auch handgreiflich die abgrundtiefe Ohnmächtigkeit dieser auf Einschüchterung gründenden Macht: Sie kann Menschen klein machen, kann sie verstümmeln, kann ihnen ihre eigene Lebensmacht wegnehmen. Aber sie kann Menschen niemals „heil" machen, kann sie nicht zur Entfaltung, zum Blühen bringen. Die Macht nach Art dieser Welt vermag nichts, wenn es um das Wesentliche geht. Sie vermag nichts, wenn es darum geht, aufzurichten und zu trösten, Menschen einen guten Weg zu bahnen, sie zu sich selbst zu ermächtigen: sie zu den ihnen eigenen, höchsten Möglichkeiten zu bringen.[4]

Der König am Kreuz

Der König am Kreuz, der Sterbende mit einer Königskrone anstelle der Dornenkrone: Er ist doch in Wahrheit der Erhöhte, der Ursprung der Macht; romanische Kruzifixe stellen uns dieses Bild sinnenfällig vor Augen. Hier ist die Macht der Despoten an ihr Ende gekommen. Die auf Angst und Einschüchterung gegründete Macht hat ihr Werk getan und hat sich zugleich in ihrer abgründigen Ohnmacht entlarvt. Die Mächte dieser Welt können auf die Kraft, die „mehr vermag", wieder nur mit ihrer Machtpolitik antworten, mit der Macht zu ängstigen und den Tod zu bringen. Sie versuchen, das Königtum Jesu auszulöschen, weil sie ihre Machtausübung bedroht oder

„unterwandert" sehen. Das ist ja der Fleisch gewordene Beweis ihrer Machtlosigkeit und Kraftlosigkeit, der abgründigen *Impotenz* einer Macht, die andere nicht „ermächtigen", sondern nur schwächen kann und ihre eigene Schwäche darin hat, dass sie schwächen muss.

Der König am Kreuz – Beweis einer Macht, die „mehr vermag"? Es ist die Kraft, die es vermag, das Leiden der Machtlosen an der Macht auszuhalten und ihre Angst mitzutragen. Jesu Königsmacht ist eine Macht „von unten her". Sie wird spürbar, wenn er Niedergedrückte und Gescheiterte – zuletzt noch den Leidensgenossen am Kreuz – mit Vollmacht anredet: Deine Sünden sind dir vergeben. Sei nicht ängstlich besorgt, du bist nicht verloren, denn ich habe dich gefunden. Jesu „Machtwort" hat königliche Autorität und „Dynamik"; nicht die Autorität der Autoritären, die anderen das Wort abschneiden, sondern „zeugende", über-zeugende Autorität, Autorität, die Augen und Ohren hat für das Unansehnliche und kaum Hörbare, für das aus Not Verschwiegene. Bei ihm kommt es an und hat es gute Folgen. In seinem Reich finden die Unscheinbaren, Überhörten und Übergangenen „Heimat", Bedeutung und Zukunft. Die Macht, die er übt und bezeugt, ist Geschenk und nicht Diebstahl. Sie vermag das Göttliche: Sie bringt Menschen zum Leben.

Nicht von dieser Welt

Die Nachdenklichen haben immer gewusst, dass die Kraft, Menschen lebendig zu machen, nicht von dieser Welt sein kann. Von dieser Welt ist die Macht, Lebendigkeit auszubeuten und zu missbrauchen, sie in Angst und Zwang zu ersticken. Nicht von dieser Welt ist die Kraft, die Leben ins Leben bringt: Gott selbst muss herunterkommen in unsere Welt, „niederknien" und in ihr „wohnen", in ihr berührbar werden, damit Menschen an Seiner aufrichtenden und Lebendigkeit verbreitenden Macht teilhaben können. Der Menschensohn, der

„von Ihm kommt", bringt Seine Kraft mit. Das ist das Bild, an dem sich die Christen immer aufgerichtet haben. Der Menschen- und Gottessohn bringt Gottes Herrschaft mit; er öffnet sie denen, die sich Seiner Macht öffnen und sich selbst zur Tür machen, durch die Seine Kraft in die Welt kommen und sie verwandeln kann.

Aber wie verletzlich bleibt diese Macht; bleibt Seine Herrschaft! So verletzlich wie der, der sie „vom Himmel" her mitgebracht hat, damit sie auf der Erde Wirklichkeit werden kann; so verletzlich wie die, die es auf Seine Macht ankommen lassen, damit die Vielen – möglichst alle – zum Leben kommen. Zuviel Verletzlichkeit und Ohnmacht! Hier auf dieser Erde müsste man Seiner Macht und Seiner Herrschaft mit Macht zu Hilfe kommen. Wer zu Macht gekommen ist, darf das doch versuchen: mit der Macht, die von dieser Welt stammt, der Macht zu dienen, die von Ihm stammt; mit Menschenherrschaft der Gottesherrschaft zu dienen. Diese Option ist unvermeidlich. Sie führt zu *Kirchentümern* und – ebenso unvermeidlich – zum Machtmissbrauch.

Dass der Leben stiftenden Macht mit der Macht der amtlichen Rechte und Privilegien, des Zwangs, der Einschüchterung, der Erziehung, schließlich auch der Ausgrenzung aufgeholfen werden soll, ist ebenso paradox wie einleuchtend. In dieser Welt wird die Kirche reichsförmig, machtförmig; werden Menschen zu Repräsentanten Seiner Macht und Seines Reiches. Sie werden dazu neigen, sich mit Ihm zu identifizieren, sich ein klein wenig an die Stelle Seines Messias zu setzen, eben: *Stellvertreter* zu sein. Sie werden zur Herrschaft neigen, wo sie vom Dienst sprechen, von dem Dienst, mit dem man Seiner Macht zu Hilfe kommen will – und zu Hilfe kommen muss. Das ist menschlich und kaum zu verhindern, von welchen Strukturen die Kirchen auch geprägt sein mögen. Die hierarchiezentrierte katholische Kirche kann diese Neigungen vielleicht nur am wenigsten verbergen. In der Welt werden die „Reiche" vermischt,[5] wird Seine Macht mit Menschenmacht kontaminiert. So erwuchs den Kirchen die Notwendigkeit – vielleicht haben sie das noch gar nicht recht begriffen –, die Schlussdoxologie des Vaterunsers bitter ernst zu nehmen und sie nicht nur als die unvermeidlich großsprecherische Verzierung am Ende anzuhängen.

Dein ist das Reich – und die Kraft

Das Bekenntnis, das in der Doxologie ausgesprochen wird, spricht Ihm allein die Herrschaft zu. Menschen können an ihr Anteil gewinnen, können sich von Seiner Kraft selbst empfangen, um sich zu schenken – so wie es in der Gottesherrschaft geschieht. Aber sie können Seine Herrschaft und Seine Macht nicht in eigene Regie nehmen. So ist immer wieder diese Unterscheidung fällig: Seine Herrschaft ist die Herrschaft, die unverlierbar die Signatur Jesu Christi trägt. Wer die Augen aufmacht und die Zeugnisse seiner Sendung beherzigt, kann nicht darüber im Unklaren sein, wohin ihn das führt. Diese Herrschaft kann nicht die Herrschaft von Menschen werden; sie gehört ihnen nicht. Sie dienen ihr, wo auch ihr Dienst die Signatur Jesu Christi trägt. Wer Augen und Herz aufmacht für das Evangelium, kann nicht im Unklaren darüber sein, was das bedeutet. Seine Macht ist die Macht, die aus Liebe und in Liebe lebendig macht; die *Dynamis* – die Kraft –, aus der Leben und Freiheit und Liebe hervorgehen. Wer Augen und Herz aufmacht für die Gestalt Jesu Christi, der aus dieser *Dynamis* lebte, wird nicht zuerst eine Definition dieser Dynamik hören wollen – und eine Definition des Lebens, das sie hervorbringt. Er wird das alles Jesus von Nazaret ansehen und den Geist wahrnehmen, der von ihm ausging: *So* macht diese Macht lebendig; *dazu* macht sie lebendig; *dahin* will sie führen. Es ist *Seine* Macht, nicht Menschenmacht. Menschenmacht kann allenfalls Räume öffnen helfen, damit sie von Seiner göttlich Kraft-vollen Dynamis erfüllt werden. An den Menschen ist es, diese Lebensräume nicht zu verriegeln – oder engherzig und kleinmütig eng zu machen; sie nicht vom menschlich-allzumenschlichen Mächtigwerdenwollen überformen und „kolonisieren" zu lassen. Menschenmacht ist Menschenmacht. Und Seine Dynamis ist allein die Seine; sie kommt von Ihm und sie führt zu Ihm. Daran erkennt man sie.

Und die Herrlichkeit

Herrlichkeit so, wie man sie kennt, ist die Ausstrahlung der Macht, ihr Glanz, ihre Aura. Moderne Menschen werden davon nur noch eine blasse Ahnung haben: wenn sie sich in die Nähe der Prominenten drängen, damit sie zusammen mit ihnen gesehen werden und etwas von ihrem Glanz für sie abfällt. Gesehen werden, bewundert werden vielleicht, alle schauen hin: Das ist übrig geblieben von der Herrlichkeit. Man „sonnt" sich in dem Glanz, in der öffentlichen Bedeutung, die das Fernsehen inszeniert. In der Alten Welt war die Herrlichkeit die Sonne selbst – oder doch beinahe. Man konnte, durfte gar nicht in sie hineinsehen. Mose bittet: „Lass mich doch deine Herrlichkeit sehen!" JHWH gibt ihm zur Antwort: „Ich will meine ganze Schönheit vor dir vorüberziehen lassen [...]. Mein Angesicht aber kannst du nicht sehen; denn kein Mensch kann mich sehen und am Leben bleiben" (Ex 33,18.20).

Eine Schönheit, die einen umbringen würde, wenn man ihr *face to face* begegnete; der man nur hinterher schauen darf? Eine Sonne, die alles hell macht, aber das Sehen tötet, das sie selbst sehen will? Dass Schönheit und Herrlichkeit und „Geblendetwerden" so nahe beieinander liegen, wer wüsste das nicht! Dass sie über meine „Fassungskraft" gehen, mein Leben sprengen könnten.[6] Die Macht will immer schön sein, herrlich, blendend. So inszeniert sie sich gemeinhin in des Kaisers jeweils aktuellsten Kleidern. Nackte Macht ist nicht schön, ist alles andere als herrlich. Menschen-Herrlichkeit erfüllt sich im Sehen und Gesehenwerden. „Selig" sind, die sie sehen – und die sich in ihr zeigen können. Auch die Religionen inszenieren sie; und wie. Gerade hier ist es von majestätischer Herrlichkeit bis zu gespreizter, gar peinlicher Lächerlichkeit oft nur ein Schritt. Aber wie es darum im religiösen Alltagsbetrieb auch jeweils bestellt sein mag: Liegt nicht gerade auf den Riten und Inszenierungen der Religionen ein Abglanz göttlicher Herrlichkeit?

Sein ist die Herrlichkeit. Aber *Ihn* kann man in Seiner Herrlichkeit nicht sehen – hier in dieser Welt, als die Herrlichkeit dieser Welt. Die schönen, glanzvollen Orte und Inszenierungen zeigen Seine Herrlichkeit allenfalls von Ferne. Nahe, bedrängend nahe ist sie am Kreuz Jesu, zu dem sich niemand drängt, „dabei zu sein". Der Menschensohn wird verherrlicht, da er zum Weizenkorn wird, in die Erde fällt und reiche Frucht bringt: Gottes Leben in den Menschen hervorbringt (vgl. Joh 12,23f.). Gerade so entsteht neue Gemeinschaft im Zeichen des Weizenkorns. So wird auch der Vater verherrlicht, so erscheint Er – erscheint Sein „Name" – in Seiner Herrlichkeit für die Menschen (vgl. Vers 28). *Seine* Herrlichkeit ist die Herrlichkeit und Schönheit des Lebens, das den Menschen aus der Hingabe des Menschensohnes, aus der Selbsthingabe Gottes, aus dem Pneuma erwächst, das den Menschen dieses Leben schenkt. „Gottes Herrlichkeit, das ist der lebendige Mensch",[7] das ist jene Lebendigkeit der Menschen, die auch vom Tod nicht ums Leben gebracht werden kann. Wenn Menschen mitten in ihrem todverfallenen Leben zu diesem Leben erweckt werden, erscheint an ihnen Gottes Herrlichkeit. Und so erschien sie – die *Kabod* Gottes – in ihrem ganzen Glanz an dem, der dieses Leben aus dem Pneuma unter den Menschen lebte, es ihnen bis ans Kreuz mitteilte und als der Auferweckte Seine todüberwindende Herrlichkeit bezeugen durfte.

Die Härte des Widerspruchs, dass der Vater im Himmel sich selbst und den Menschensohn – *Seinen* Sohn – am Kreuz verherrlicht und in dem Geist verherrlicht, der vom Kreuz aus göttliches Leben ins menschliche Leben bringt, offenbart die Tragweite und die Reichweite Seines Reiches, Seiner Kraft und Seiner Herrlichkeit: Sie reichen bis in den Abgrund des

Todes; sie tragen das Unerträgliche; sie reichen bis hinein in die Herzen der Menschen, um dort den Abglanz Seiner Herrlichkeit zu entzünden – bis in Ewigkeit.

Bis in Ewigkeit

Die Tragweite und die Reichweite Seines Reiches, Seiner Kraft und Seiner Herrlichkeit: Nichts, niemand ist vor diesem Gott sicher, in der tödlichen Sicherheit, verlassen zu werden und vergangen zu sein. Er ist die erste und die letzte Wirklichkeit. Alles andere ist „dazwischen", kann aus dem Dazwischen gar nicht mehr herausfallen, es sei denn durch einen Tod, der schlechthin unvorstellbar ist und weit dramatischer wäre als der Tod in Gott hinein, den die Menschen am Ende ihres Lebens zu sterben haben. Das Dazwischen in Gott ist ein Zeit-Raum, zu dem es kein Außen mehr gibt, also weder Zeit noch Raum in einem quantitativen Nebeneinander und Nacheinander. In Gott sein dürfen, in Seinem Dazwischen – unverlierbar von Ihm umgeben und durchdrungen – Zeit und Raum haben zu einer unendlich-unsagbaren, mühelos-gelassenen Konzentration und Präsenz in Seiner Herrlichkeit und Schönheit: Zu schön, um wahr zu sein? Warum sollte das Wahre nicht schön sein und die Schönheit für die Menschen nicht wahr werden, in „ewiger" Gottes-Herrlichkeit?

Nicht die Dauer macht Gottes Ewigkeit aus, sondern Seine und unsere Präsenz: nicht irgendwo und irgendwann sein, nicht ein wenig hier und ein wenig da, sondern im Jetzt ganz gesammelt da sein, ohne auf etwas hin zu sein, das mich nicht im Jetzt da sein ließe; ohne dass etwas fehlte, so dass ich noch nicht ganz da sein kann.[8] In Seiner Ewigkeit präsent sein können, weil Er präsent ist und uns in Seiner Gegenwart da sein lässt, uns Seiner Präsenz würdigt: die großen Worte, die auch davon noch sprechen wollen, werden arm und abstrakt. Die bildhaft gefüllten Vorstellungen kommen ihnen nur sehr entfernt zu Hilfe. Sie sind ganz und gar darauf angewiesen, dass

232

Er sie füllt und sie mit Seiner ewigen Präsenz wahr macht.

Um wieviel mehr gilt das für den Versuch, zu sagen, *wie* Der ist, von dem Christinnen und Christen sich die Gabe solcher Präsenz erhoffen. Erlaubt ist das eigentlich nur im rühmenden Lobpreis, in dem man sich ja auch einem Menschen zu sagen traut, wie er ist. Nur im Lobpreis wäre man vor der Gefahr bewahrt, zu klein und zu sehr aus meiner so begrenzten Perspektive vom ganz Anderen zu sprechen; nicht letztlich bewahrt, aber doch ein wenig dagegen geschützt. Nun sind wir beim abschließenden Lobpreis des Vaterunsers angekommen, bei der Doxologie. Darf man in der Doxologie anfangen, *zu* Gott *über* Gott zu sprechen? Die Theologie der Trinität hat so angefangen; hat sich dessen zu vergewissern versucht, wie Christinnen und Christen zum Vater im Himmel sprechen und im gleichen Gebets-Atem den mitnennen, der Seine Präsenz mitten unter den Menschen gelebt hat, auch den noch mitnennen, der Gott in ihrem Glauben präsent sein und sie zum Vater beten lässt.

Gottes-Präsenz

Präsenz: zugewandt sein. Das ist es, was Menschen sich von Gott erhoffen, worum sie ihn bitten, in allen Gebeten und bei allem, womit sie ihn bestürmen. Von Gott und der Welt verlassen sein, das wäre vergangen und eben nicht mehr präsent sein, für keinen mehr da sein, nicht mehr der Rede und des Blicks, nicht mehr der Zuwendung wert, bedeutungslos. „Mein Gott, mein Gott, warum hast du mich verlassen, bist fern meinem Schreien, den Worten meiner Klagen!" – Psalm 22 bringt ins Wort, worum es geht, wenn es ums Letzte geht. Und so ist er das Gebet des sterbenden Jesus am Kreuz. Am Ende des Vaterunsers gilt der Lobpreis dem Gott, Der die Bitte um Seine Präsenz erhört. Diese Präsenz ist ja Sein eigenes „Herzensanliegen". Er ist von sich aus – „wesentlich" – Präsenz, Dasein: Ich bin der „Ich bin für euch da", und ich bin es in der Geschichte meines Volkes und meiner Herrschaft immer wieder neu (Ex 3,14 umschrieben nach der Übersetzung *Martin Bubers*). Er ist es „wesentlich", ewig, in sich für uns. Wir sind, weil Er sich uns zuwendet. Seine Zuwendung und Seine Präsenz sind der Grund unseres Daseins und unserer Präsenz. So ist Er *unser Vater* im Himmel: Gottes-Präsenz im Grund unseres Daseins. So ist dieser Grund nicht der Abgrund eines sinnlosen Zufalls. Aus Ihm sind wir die, denen Er gegenwärtig werden will; Ihm gegenwärtig für immer. Er ist unsere Herkunft: Seinem guten Willen, Seiner „Erwählung" verdanken wir uns. Er ist unsere Zukunft: Sein guter Wille wird uns vollenden.

Seine Präsenz will deshalb nicht nur der Grund unseres Daseins, sie will auch sein Inhalt sein. Er will in unser Leben kommen als Grund unserer Hoffnung, als Quelle unserer Freude und als Ursprung unserer Liebe. Er will in unser Leben kommen mit denen, die uns herausfordern, für sie da zu sein und unser Leben mit ihnen zu teilen, damit sich Himmel und Erde berühren und auf der Erde Gottesherrschaft geschieht. Seine Präsenz in unserem Leben: Das ist zum einen die Präsenz des herausfordernd begegnenden Anderen, der in mein Leben eintritt und mich durch sein Eintreten auffordert, selbst ganz da zu sein; der mich vergegenwärtigt und mir so Gottes Herrschaft vergegenwärtigt. Das ist *die Gottes-Präsenz des Menschen- und Gottessohns,* seine Präsenz in all denen, die nach meiner Gegenwart verlangen (vgl. exemplarisch Mt 25,31ff.) und sie mir ermöglichen. Gottes Präsenz in unserem Leben: Das ist zum anderen und in eins damit *die Präsenz* des zum Leben Verwandelnden in uns, *der Gottesleidenschaft,* die uns ergreifen kann, wenn wir ihr unsere Zukunft zutrauen. Sein *Heiliger Geist* schenkt uns das Wofür unseres Lebens, in das wir uns einfinden und einsammeln können, so dass wir in diesem Geist selbst ganz da sind, und das mit uns anfängt, wofür wir da sind. Wer von dem gepackt ist, wofür er selbst zuinnerst da sein will, für den wird die Zukunft seines Lebens präsent. Sie öffnet sich ihm jetzt, da er gefunden und innerlich berührt hat, was der Inhalt seines Lebens sein soll.

Gottes-Präsenz in der Begegnung mit dem, der Gott lebte, ihn schlechthin authentisch bezeugte und so neu zugänglich machte; Gottes-Präsenz zugleich im innersten Berührtwerden von meiner Zukunft: verwandelnde, herausfordernde „machtvolle" Gottes-Präsenz, die mich zu mir selbst hervorruft, mich in meine höchsten Möglichkeiten hineinruft. *Gottes* Präsenz: *Seine* Herrschaft, in die uns der gekreuzigte Messiaskönig hineinruft; *Seine* Kraft, die uns in Seinem Geist ergreift; *Seine* Herrlichkeit, die für uns Auferstehung in ein unvorstellbar neues Leben bedeuten wird, Auferweckung mit dem Sohn durch den Geist zum Vater, Der uns ins Dasein gerufen hat und nicht verloren gibt, wen Er ins Dasein rief. Damit ist die Gotteswirklichkeit tastend ins Wort gebracht und als der alles umgreifende Horizont bedacht, in die Christinnen und Christen sich mit dem Vaterunser hineinzubeten versuchen: die Wirklichkeit eines Gottes, der in diese Welt kommt, ihr wirklich *immanent* wird, so dass sich Himmel und Erde berühren und die Menschen berührt werden können von ihrer Zukunft beim Vater „im Himmel"; die Wirklichkeit eines Gottes, der nicht in dieser Welt auf- und untergeht, der ihr *transzendent* bleibt, so dass die Menschen in ihr in Seine Wirklichkeit hinein verwandelt und auferweckt werden können.

Diese Gotteswirklichkeit ist so spannungsreich, dass sie den überlieferten Monotheismus der Bibel bis zum Äußersten beanspruchte. Die Christen sahen sich genötigt, trinitarisch von Gott zu sprechen, um dieser Spannung zu entsprechen. An dieser Weise, von dem *einen* Gott zu sprechen, entzündete sich eine lange Geschichte der Auseinandersetzungen und Missverständnisse, die bis in die Gegenwart hinein andauert. Warum konnte es christlich nicht einfach dabei bleiben, den Vater allein Gott zu nennen, an Den doch auch das Gebet Jesu gerichtet ist?

Wie Gott da ist

Die Doxologie des Vaterunsers bietet und verlangt noch keine Trinitätslehre. Aber sie macht die Tür dazu auf, da sie die unabsehbaren Dimensionen des Da-Seins Gottes anspricht, in welche die Betenden sich hineintasten, in die sie sich hinein-beten.[9] Vertiefen wir uns also in den Gedanken der Präsenz Gottes, um herauszufinden, weshalb die Christen von Gott trinitarisch sprechen.

Es gibt – um anthropologisch damit anzufangen – die raumgreifende, „laute" Menschen-Präsenz, die alle anderen zur bloßen Staffage erniedrigt, zum *nolens volens* versammel-ten Publikum allenfalls. Wer so auftritt, hat sich selbst im Blick, das eigene Projekt, den Willen, groß herauszukommen. Der Messiaskönig, „der sich selbst nicht hilft", tritt anders auf. Er lässt sich in Mit-Leidenschaft ziehen von der Lebens-not, der Suche, der Sehnsucht der Armen, aber auch vom hilf-losen Zorn der in Selbstsucht und Selbstbehauptung Einge-sperrten, all derer, die nicht wissen wohin mit sich und mit ihrem Leben. Ihnen allen will er nahekommen, damit sie sich Gottes Herrschaft nahegehen und sich von Gottes gutem Wil-len anrühren lassen. Seine Präsenz berührt die Menschen; sie rührt an ihr Innerstes, damit es sich öffne. Angerührte können sich aber auch verschließen und sich wehren gegen das Neu-werden, das ihnen hier zugemutet wird. Sie können zurück-schlagen, weil sie „getroffen" – wenn auch nicht von einem Hieb getroffen – sind. Wer den Menschen mit seiner Präsenz „zu nahe" kommt, wird in Mitleidenschaft gezogen. Wer wüsste das nicht.[10] Aber so nahe muss ihnen der Messiaskönig kommen, um ihnen Gottes Herrschaft nahezubringen, so dass sie zu ihr Zugang finden und teilnehmen können an Gottes gutem Willen. Er muss sich ihnen aussetzen, damit sie auf Gott treffen können. Nur in seinem *Ausgesetztsein* kann Gott Ihnen zuinnerst nahekommen. So ist und lebte Jesus von Nazaret die Erfüllung der Immanuel-Verheißung: der Gott mit uns zu sein (Mt 1,23; Lk 1,31 nach Jes 7,14); so ist und lebte er selbst den Gott, Der da ist für alle, die nach Ihm verlangen (vgl. Ex 3,14).

Gottes Präsenz bei den Menschen geschieht mit letzter Konsequenz als Seine Präsenz im Menschen Jesus. Sie *ist* die Präsenz eines Mitmenschen. Und sie geschieht in allem, was die Identität dieses Menschen ausmacht: in dem Weg, den er geht, in der Sendung, der er sich überantwortet, in seiner Verkündigung, seiner Reich-Gottes-Praxis, in seinem Dasein für die Menschen als „Hirt" der Verlorenen und Zukunftslosen (vgl. Mt 9,36) – in Jesu mitmenschlicher Präsenz, die seine Mitmenschen aufsuchen, um Ruhe zu finden für ihre „Seelen" (vgl. Mt 11,28–30); um die Herausforderung zu finden, in die hinein sie immer mehr Mensch werden können.

Aber Gott verwandelt sich nicht in einen Mitmenschen; Seine göttliche Präsenz verschwindet nicht im Menschsein des Jesus von Nazaret. Sie bezeugt und *offenbart* sich in ihm. Je näher die Menschen Gott kommen können, da Er ihnen in einem Mitmenschen nahekommt – ihrem Mitmenschen, dem Gottesmenschen Jesus von Nazaret ganz und gar immanent ist –, desto unbegreiflicher wird ihnen dieser Gott in Seiner Größe und Seiner Menschen-Transzendenz. Schon in die menschliche Präsenz zeichnet sich ganz alltäglich das unverfügbare und unauslotbare Geheimnis eines Menschen ein, der mir gerade in seinem Präsent-Werden immer mehr zum ganz Anderen wird.[11] Dieses Geheimnis widerfährt den Menschen als *Gottes* Transzendenz, wenn ihr Mitmensch Jesus von Nazaret ihnen als Gottes heilsame Menschen-Immanenz – als der Immanuel – nahe kommt.[12]

Gottes, des Vaters „im Himmel", Lebensmacht ist nicht von dieser Welt. Seine Güte und Heiligkeit kann diese Welt, kann das Leben in dieser Welt nicht fassen: *finitum incapax infiniti* (das Endliche kann das Unendliche/den Unendlichen nicht fassen). Die Zukunft, die Er durch Seinen Messias in der Welt gegenwärtig setzt und selbst ist, sprengt alle Verhältnisse der Menschenwelt. Die Liebe, die Er ist, macht die Menschen in dieser Welt zu menschlich Liebenden. Sie eröffnet ihnen freilich

Dimensionen, die sie in ihrer endlich-mitmenschlichen Liebe kaum erahnen können. Die Zumutung der Gottes-Präsenz ist die Zumutung einer Transzendenz, die die Menschen in der heilsam-herausfordernden Gottes-Präsenz unendlich über sich hinausführt – die Zumutung einer radikal verwandelnden *Selbst*-Transzendenz. Nur wer sich selbst in Gottes Präsenz hinein verlässt und verliert, wird sich gewinnen, wird ewige Präsenz gewinnen. Und erst im definitiven Selbst-Verlust des Sterbens widerfährt den Menschen durch Gottes Geist die Auferstehung in Gottes endgültige Gegenwart.

Die verwandelnd-aufweckende Kraft des Gottesgeistes ist die den Menschen zugewandte Seite der All-Macht Gottes. Sie ergreift die Menschen mitten in ihrem Erdenleben, um sie hereinzuholen in die alles verwandelnde Gottesherrschaft, die *jetzt* anfängt. Dieser Geist wird sichtbar im Leben Jesu. Das heilige Pneuma ist die Voll-Macht, die Jesu Messiaskönigtum kennzeichnet. Dieser Kraft mehr zuzutrauen als den Mächten dieser Welt, das macht die Glaubenden zu Geist-Menschen, in denen Gottes *Geist-Präsenz* mitten in der Welt „Raum" gewinnt. An ihnen beginnt die Wandlung, die das Leben und die Liebe in dieser Welt in die elementaren Wirklichkeiten der Gottesherrschaft hinüberverwandelt. Gott ist in Seinem Geist Welt-gegenwärtig, da dieser Geist Menschen jetzt schon an Seiner Zukunft teilhaben und sie immer mehr in diese Zukunft hinein aufleben lässt: *infinitum capax finiti, amans finitum* – der Unendliche ist „endlichkeits-fähig", da Er es vermag, das Endliche zu lieben.

Teilgabe und Teilnahme

Gottes Welt-Präsenz vollzieht sich also in diesen beiden „Bewegungen": Gott nimmt bis zuletzt teil an der Menschenwirklichkeit. Jesus Christus, der Immanuel, ist in allem seinen Menschengeschwistern gleich geworden. Als „Hoherpriester" vermittelt er Himmel und Erde nicht von oben her, oberflächlich, sondern ganz aus der Tiefe des Mitfühlens mit den von „Versuchung" und vom Tod Heimgesuchten (vgl. Hebr 2,17; 4,15). In ihm kommt Gott den Menschen so nahe, dass diese Ihm nahe kommen können, ohne sich selbst zu verleugnen und aufzugeben. Die Sendung des Menschen- und Gottessohnes *ist* die Bewegung der Selbst-Exposition Gottes: Er setzt sich der Not des Menschenlebens aus, nimmt daran teil. So macht er die Verheißung des Menschseins wahr: Das den Menschen immer wieder neu zugemutete Sich-selbst-verlassen-Müssen wird zur Selbst-Transzendenz in Gottes endzeitliche Herrschaft hinein.[13]

Sein ist dieses Reich. Den Menschen kann es nur geschenkt sein. Es wird ihnen geschenkt in *Seiner* Kraft: in der Kraft des Gottesgeistes, in der Gott Menschen ergreift, ihnen an Seiner Wirklichkeit Anteil zu geben, sie zu verwandeln, damit sie an der Gottes-Wirklichkeit der Liebe Anteil haben und so *capax infiniti* sein können. *Sein* ist diese Kraft: In ihr wird Er den Menschen innerlicher präsent, als sie sich selbst präsent sein können.[14] In ihr werden die Menschen Gott so „innerlich", dass nichts und niemand mehr, „weder Leben noch Tod, weder Engel noch Mächte, weder Gegenwärtiges noch Zukünftiges, weder Gewalten der Höhe oder der Tiefe noch irgendeine andere Kreatur", sie „scheiden (können) von der Liebe Gottes, die in Christus Jesus ist, unserem Herrn" (Röm 8,38–39). So werden sie Anteil gewinnen an *Seiner* Herrlichkeit, an der Herrlichkeit einer Macht, durch die alles und alle zur Realisierung ihrer höchsten Möglichkeit kommen. Der Heilige Geist ist diese Bewegung des Anteilgebens und *Hineinnehmens*, in der Gott sich den Menschen innerlich als ihre endgültig-„ewige" Zukunft jetzt vergegenwärtigt und öffnet, so dass sie das Äußerste wagen können, dieser Zukunft in Seinem Geist den Weg zu bereiten.

Gottes Messias, Gottes Geist: Er selbst

Das ist die Herausforderung, die der Trinitätsglaube der frühen Kirche aufnimmt; die ungeheure Spannung, die er zu halten versucht: Gott gerät – wie die johanneische Tradition sagt: aus Liebe – außer sich. Aber gerade da ist Er *Er selbst*. Das ist ja Seine Allmacht: des Anderen Seiner selbst fähig zu sein. Er ist Er selbst in der Lebens- und Zukunftsmacht, die Er *für uns* einsetzen will. Sie kam und kommt uns konkret nahe im Menschensohn, der sie in dieser Welt lebte; aber gerade nicht als ein Mächtiger dieser Welt, sondern machtlos und ohnmächtig bis ans Kreuz. Sie kommt uns nahe auf diesem Lebens- und Sterbensweg, der doch zugleich ein Weg in Gott hinein ist, der Auferweckung ins göttlich-unvergängliche Leben hinein. Sie kommt uns nahe in der inspirierenden Herausforderung des Heiligen Geistes, diesen Weg in Gott hinein mit- und nachzugehen. Auch diese Inspiration ist freilich oft so machtlos; sie scheitert immer wieder, weil sie uns zuinnerst gewinnen und nicht überrollen will. Und dennoch zeigt sich in ihr Gottes große Macht als Seine ganz andere Macht.

Wie geht das alles zusammen? Wie kann man das „zusammenglauben"? Es wäre vielleicht einfacher, diese mächtig-machtlose Leidenschaft, in der Gott sich so sehr „exponiert" und in Mit-leidenschaft ziehen lässt, begrifflich aus Gott herauszuhalten. Dagegen haben sich christliche Glaubensüberlieferung und die Theologie immer mehr oder weniger ausdrücklich gewehrt. Gott und das Kreuz – das Kreuz Jesu wie das Kreuz aller Menschen – gehören so eng wie nur möglich zusammen. Es gehört in Gott hinein. Gott und die machtlos-herausfordernde Bitte „Lasst euch versöhnen" (vgl. 2 Kor 5,20) gehören so eng wie nur möglich zusammen. So gehört der Geist, der uns bittend ergreifen und verwandeln will, in Gott hinein. So ist er mit seiner unsere Freiheit hervorrufenden, uns zum Glauben bewegenden Inspirationskraft Gott selbst. Und so kommt der Glaube der Christen zu diesen „Spitzen"-Formeln: Der gekreuzigte Immanuel ist „nicht

240

weniger Gott" als der Vater im Himmel, aber auch nicht weniger Mensch als seine Brüder und Schwestern, die er für die Gottesherrschaft gewinnen will (*Konzil von Chalkedon*, 451). Der Heilige Geist, aus dem der Immanuel gelebt und den er „verkörpert" hat, der ihn selbst ganz und gar Anteil haben ließ an der Göttlichkeit des Vaters und der allen Menschen Anteil geben will an Gottes Herrschaft, er ist „nicht weniger Gott" als der Vater im Himmel, da er die Kraft ist, in der Gott sich selbst *mitteilt*.

Alle Positionen, die diese äußerste Konsequenz in den Auseinandersetzungen der Alten Kirche nicht mitvollziehen konnten, hielten sich demgegenüber an Kompromissformeln, die den griechisch-philosophischen, weltüberlegen und weltenthobenen Allmachts-Gott im Wesentlichen so ließen, wie er war und ihn gerade nicht der Spannung aussetzten, in die er durch das Glaubenszeugnis der Bibel geraten musste. Sohn und Geist galten hier als Gott untergeordnete Potenzen oder als Zwischenwesen – zwischen dem Bereich des Göttlichen und der Menschenwelt. Damit war aber gerade nicht theologisch zur Geltung gebracht, dass der Gott der Bibel ganz *bei uns bzw. in uns Er selbst* ist.

Man kann sich nur darüber wundern, dass Gott so ist: so spannungsreich lebendig, so phantasievoll mächtig-ohnmächtig, so konsequent-entschlossen, uns nahe zu kommen und von innen heraus zu verwandeln, uns durch Seine Christus- und Geist-Präsenz zu gewinnen. Der Glaube an den drei-einen Gott ließ nicht zu, dass dieser Spannungsreichtum einseitig aufgelöst oder auf einen starren Begriff gebracht wurde. Gottes Lebendigkeit: In Jesus Christus hat sie ein Menschenleben zum authentischen Zeugnis für diese Lebendigkeit gemacht. Sein Leben war – und ist für die Christen – Gottes lebendige Zuwendung zu den Menschen. Im Heiligen Geist macht sich diese Lebendigkeit erfahrbar; macht sie den Menschen das Versprechen glaubwürdig, dass Gottes Lebenskraft von den Menschen Besitz ergreifen und sie über den Tod hinaus lebendig machen will. *Sein ist die Ewigkeit, die Uner-*

schöpflichkeit dieses Lebens. Aber Er behält sie nicht für sich. Er ist diese Unerschöpflichkeit, die sich auch in der Mitteilung an die so „erschöpflichen" Anderen nicht erschöpft – aus deren Unerschöpflichkeit die Erschöpften leben können.

Größer als das größte Vorstellbare und Sagbare

Dass Gott in Seinem Außer-sich-Sein ganz Er selbst ist, kann nur heißen, dass Sein Außer-sich-Sein in Ihm ist, so dass wir „dazwischen" sein können. Aber das sprengt die Vorstellungskraft, sprengt alle Begriffe. Der Religionsphilosoph *Peter Strasser* nennt es „den unannehmbarsten aller Dualismen", „dass Gott etwas außer sich hat."[15] Zugleich räumt er ein: „Wir können nicht wollen, dass Gott etwas außer sich hat; und wir können nicht wollen, dass er nichts weiter ist als das Ganze."[16] Wenn etwas außerhalb Gottes wäre – ein Reich, eine Kraft, eine Herrlichkeit, eine Ewigkeit – könnten, müssten die Menschen herausfallen aus Gottes Wirklichkeit, in die unendliche Gleichgültigkeit eines Alls außerhalb Gottes. Das können sie nicht wollen. Aber wenn Gott nur das Ganze wäre, wären sie allenfalls Teile oder Splitter des Ganzen, nicht *sie selbst*: Subjekte, die in sich unendliche Bedeutung haben und in verantwortlichem Selbstvollzug sie selbst sein sollen. Auch das können sie nicht wollen. Dass Gott das Andere Seiner selbst wollen und in diesem Sinne außer sich geraten, dem Anderen Seiner selbst zuinnerst gegenwärtig sein kann, das ist für die Menschen aber nur unter dieser einen Bedingung denkbar und zu erhoffen: dass Gott sich in Seinem Außersich-Geraten nicht verliert, so dass auch die Menschen nicht verloren sind, wenn Er sie „außerhalb" Seiner oder sich selbst „gegenüber" findet und ihnen gegenwärtig wird. Gott das unendliche, unauslotbare *Worin* der Mystik, zu dem ein Außerhalb gar nicht denkbar ist; Gott aber auch das Gegenüber, das die Menschen Person sein lässt und in ihre „ewige" Bedeutung ruft: Die Spannung ist nicht mehr aufzuheben. In

sie hinein ist versetzt, wer sich auf den christlichen Glaubens-
weg macht.

Er ist das *Ein und Alles* und lässt gleichwohl *die Anderen*
Seiner selbst da sein und sie selbst sein; Er würdigt sie als die
Anderen gerade dadurch, dass Er ihnen Seine Präsenz gewährt – Sein Anteilnehmen und Anteilgeben. Das ist das
unvorstellbare Geheimnis, von dem an der Grenze des von
der menschlichen Vernunft im Blick auf die Welt Vorstellbaren
eigentlich nur noch dies Eine gesagt werden kann: Es ist unendlich größer als das Größte, von dem so gesprochen werden
mag. Die Trinitätslehre schützt dieses Größere dagegen, nur
das Größte zu sein: nur eine menschlich-allzumenschliche
Vorstellung an der Grenze der auf unsere Welt bezogenen Vorstellungskraft. Die Begriffe und Bilder, die sie gebraucht, sind
nichts weiter als sprachlich mehr oder weniger präzise artiku-
lierte Sprachverlegenheiten,[17] die es erlauben, nicht zu verschweigen, wovon doch Zeugnis gegeben werden muss: dass
niemand ist, der herausfällt aus Seinem Dasein und Außer-
sich-Sein, in dem Er doch für uns da ist. Seine Präsenz in Herrlichkeit und Verborgenheit – vor Allem, in Allem und über
Alles hinaus – will die in sich selbst und ihren Verlegenheiten
Befangenen berühren, damit sie ihr Dasein für Sein Dasein öffnen und *selbstvergessen anbeten.* „In dem Gebet, das seiner
Richtung treu bleibt, ereignet sie sich: die fraglose Existenz,
die sich über dem Du Gottes vergessen hat. Die nicht mehr
nach sich fragt."[18] Oder gerade noch so nach sich selbst fragt,
dass sie nach Dem fragt, in Dem die Frage nach sich selbst
unendlich überholt wäre.

Die Frage nach mir selbst und meiner Zukunft – meiner
Ewigkeit – führt mich an die Grenze, die meine Hoffnungen
nicht überwinden, an „die Pforte", die mein Wünschen nicht
öffnen kann. Wenn die Pforte sich von selbst auftut, kann es sein,
wird es sein, dass mein Wünschen und Hoffen Gegenstands-los
wird – in dem, was auf es zukommt, in seiner Präsenz:

„Die Pforte ist vor uns; was nützt es uns, zu wollen? Besser, wir gehen davon, lassen die Hoffnung fahren. Wir werden niemals eintreten. Wir sind des Schauens müde [...]. Auf tat sich die Pforte und ließ soviel Schweigen hindurch.

Dass keine Gärten erschienen und keine Blume; nur unermesslich der Raum, in dem die Leere und das Licht sind, war plötzlich anwesend allenthalben [présent de part en part], erfüllte das Herz, und wusch die Augen, die erblindeten fast unter dem Staub.“[19]

Das Beten, vom „Durst" umfangen und voller Sehnsucht, die „Blumen [zu] sehen", bleibt „wartend und leidend" vor der verschlossenen Pforte. – „Wir drücken und stoßen, aber die Schranke [la barrière] ist zu stark."[20] – Das ist das Ende des Betens. Wenn sich die Pforte öffnet, geschieht unendliche Präsenz, verhallen alle Fragen und Gebete im Schweigen, in Leere und Licht. Das aber wäre die Sehnsucht des Betens, die nicht mehr nach mir fragt: dass die großen Worte des Lobpreises leer und voller Licht werden; dass sie in der Präsenz verklingen, von der sie jetzt – an der Grenze zum Verstummen – das Letzte und Höchste zu sagen versuchen.

Anmerkungen

[1] Die Doxologie fehlt in den ältesten Handschriften und gilt so weithin als nicht ursprünglich. Aber ihre Hinzufügung wird nicht allzu spät anzusetzen sein; vgl. Marc Philonenko, Das Vaterunser, 105ff.

[2] Vgl. Anselm von Canterbury, Proslogion 2 und 15.

[3] Erhart Kästner, Aufstand der Dinge, Frankfurt a. M. 1976, 23.

[4] Von der (Seins-)Macht, die das vermag, müsste gelten: „Zu Macht kommen heißt, zu seiner höchsten Möglichkeit kommen. In Macht sein: Sonnenhochstand … Macht: wenn etwas ganz bei sich selbst ist" (vgl. ebd., 24). Weil sie die Macht ist, ganz bei sich und in sich zu sein, ist sie die Macht, die anderen helfen kann, sie selbst zu sein: in dem, was ihre höchste Möglichkeit ist.

[5] *Martin Luthers* Versuch, mit einer an Augustinus orientierten, ihn aber ins Spätmittelalter übersetzenden Zwei-Reiche-Lehre dieser Vermischung zu wehren, hat das Ineinander von „geistlicher" und „weltlicher" Macht

nicht auflösen können. Er hat aber das Problematische an diesem Ineinander so deutlich wie nie zuvor markiert.

[6] Das erste Hauptwerk von *Hans Urs von Balthasar* trägt den programmatischen Titel *Herrlichkeit. Eine theologische Ästhetik*, 3 Bände in 7 Teilbänden, Einsiedeln 1961–1969.

[7] *Irenäus von Lyon* hat dieser Einsicht den Wortlaut gegeben: „Gloria Dei vivens homo" (Adversus haereses IV, 20, 7 bzw. III, 20, 2).

[8] Diese Überlegungen verdanken sich in vielem *Eberhard Jüngels* Relecture der traditionellen Rede von Ewigkeit unter dem Stichwort „Zeitherrschaft Gottes"; vgl. von ihm: Thesen zur Ewigkeit des ewigen Lebens, in: Zeitschrift für Theologie und Kirche 97 (2000), 80–87.

[9] So fehlt es nicht an Versuchen, im Vaterunser doch eine implizite Trinitätsorientierung aufzuweisen; auch *Simone Weil* hat im Blick auf die ersten drei Bitten des Vaterunsers sagen können, sie bezögen sich „auf die drei Personen der Dreifaltigkeit, den Sohn, den Geist und den Vater" (Zeugnis für das Gute, 64).

[10] Auch Nietzsche weiß es und spricht es aus, wenn er vom gefährlichen „Mangel an Schweigsamkeit über das allgemeine Geheimnis" spricht, von dem „unverantwortliche[n] Hang, zu sehen, was Keiner sehen will – sich selber"; Menschliches, Allzumenschliches I, Aphorismus 65, KSA 2, 80.

[11] Vgl. *Joachim Negels* Formulierung in einem noch unveröffentlichten Manuskript (Münster 2008): „Die Erfahrung der Alterität wächst im gleichen Maße wie die Erfahrung der Intimität und umgekehrt: Je näher ich dem anderen komme, umso tiefgründiger lerne ich ihn in seiner Unterschiedenheit kennen; je mehr ich ihm geeint bin, umso mehr werde ich inne, wie sehr er im Vergleich zu mir ein Anderer ist" (mit Verweis auf: Jean-Luc Marion, L'idole et la distance. Cinq études, Paris ²1989, 201f.).

[12] Alttestamentlich wird die Transzendenz der Gottesimmanenz als die Verborgenheit des sich als Retter manifestierenden JHWH (vgl. Jes 45,15) zur Sprache gebracht. Die Gotteswiderfahrnis ist „Vorübergang" des sich in die Zukunft Entziehenden und zur Nachfolge Herausfordernden, dessen Gegenwart die Glaubenden „nur im Nachhinein erkennen" – im Rückblick; der Vorübergegangene kann ihnen niemals von Angesicht zu Angesicht im Jetzt begegnen (vgl. Christoph Dohmen, Gottes unerkennbare Gegenwart. Der Spannungsbogen zwischen Offenbarung und Mysterium, in: Bibel und Kirche 63 (2008), 6–12, Zitat 12); zum Motiv des Vorübergangs vgl. die unterschiedlich akzentuierten Vorübergangsgeschichten Ex 33,18–23 und 1 Kön 11–13. Christoph Dohmen resümiert: „Die Distanz ist immer größer als die Nähe" (a. a. O., 10). Neutestamentlich (auch alttestamentlich?) wird man auch darauf stoßen, dass den Menschen gerade im Nahekommen Gottes Sein radikales Anderssein widerfährt.

[13] Das ist wohl die leitende Intuition der Christologie *Karl Rahners*; vgl. von ihm: Grundkurs des Glaubens. Einführung in den Begriff des Christentums, Freiburg – Basel – Wien 1976, Sechster Gang: Jesus Christus (180–312).

[14] Vgl. Aurelius Augustinus, Confessiones III, 6, 11.

[15] Peter Strasser, Der Gott aller Menschen. Eine philosophische Grenzüberschreitung, Graz – Wien – Köln 2002, 94; vgl. 190.

[16] Ebd., 107.

[17] Das hat der große Trinitätstheologe *Augustinus* im Blick auf den trinitarischen Personbegriff selbst so gesehen. Man habe – so Augustinus – die Formel „drei Personen" geprägt, „nicht um damit den wahren Sachverhalt auszudrücken, sondern um nicht schweigen zu müssen" (De trinitate V 9).

[18] Joseph Ratzinger, Dogma und Verkündigung, Donauwörth 1973, 128f.

[19] Simone Weil, Die Pforte, in: dies., Zeugnis für das Gute, 8f. Den Hinweis auf diesen Text verdanke ich Frau Mathilde Laubrock. Franz Kafkas Erzählung *Vor dem Gesetz* (Sämtliche Erzählungen, hg. von P. Raabe, Frankfurt a. M. 1970, 131f.) liest sich wie ein „Gegen"- oder Komplementär-Text. Es muss offen bleiben, ob Simone Weil sich auf ihn bezog.

[20] Ebd.

X. Amen

(2 Kor 1,20–21; Offb 3,14; 22,20)

„Er ist das Ja zu allem, was Gott verheißen hat.
Darum rufen wir durch ihn zu Gottes Lobpreis auch das Amen.
Gott aber, der uns und euch in der Treue zu Christus festigt
und der uns alle gesalbt hat,
er ist es auch, der uns sein Siegel aufdrückt und als ersten Anteil
den Geist in unser Herz gegeben hat"
(2 Kor 1,20–21).

Zustimmung

Ja und Amen sagen, darauf läuft das Gebet hinaus, auch das Vaterunser. Eben hat es sich zur feierlichen Doxologie aufgeschwungen. Es hat sich hineingetastet in die Unendlichkeitsdimensionen des Daseins und Gott zugesprochen, dass Seine Herrlichkeit diese Unendlichkeit erfüllt und noch einmal umgreift. Es hat im Lobpreis ausgesprochen, dass Er unser Ein und Alles ist und wir gleichwohl die Anderen sein dürfen, die Er von Herzen gern ins Dasein gerufen hat, sich ihnen zuzuwenden. Eben noch haben wir uns dieses Ewigkeitsgemälde ausgemalt, fast zu schön, um wahr zu sein: Er, Der nichts und niemanden draußen lässt, keinen verloren gehen lässt. „Neben" Ihm wird es in Ewigkeit keine Gott-verlassenen, Gott-leeren Abgründe und Weiten mehr geben: Sein ist ja das Reich, in dem wir alle einen guten Ort, *unseren Ort*, haben werden.

Jetzt, nach dieser Aufgipfelung unserer Glaubens-Vorstellungskraft, bleibt nur noch das Amen: Ja, so ist es! Gott sei Dank! Es ist so, dass wir uns gar nicht wünschen könnten, es wäre anders. So und nicht anders soll es und wird es sein. Und wenn schon anders – weil unsere Glaubens-Vorstellungskraft gar nicht hinreicht zu ermessen, was Gott sei Dank ist – dann unendlich mehr und nicht weniger. Amen – wir stimmen zu und reden uns gut zu: Nein, anders wird es nicht sein, denn so ist es gut.

So sicher wie das Amen in der Kirche: so sicher möge sein, wozu wir Amen sagen; so wenig möge es in Zweifel stehen. Aber ist es nicht doch zu schön ausgemalt, ausgedacht, als dass es in Wirklichkeit so sein könnte, so zustimmungswürdig, so Wunsch-gemäß? Wenn das *Amen* uns doch nur über solche Zweifel hinwegtrüge? Man braucht Mut, sich in dieses uns vor-gesprochene Amen hineinzuwagen, viel Mut vielleicht: Ja, wie es ist und wie es kommt, genau so soll es kommen! Ich bin bereit dafür und will von mir aus, dass es so kommt. Wir müssen unseren Mut zusammenlegen und der Besorgnis gemeinsam entgegentreten, wir hätten uns mit unserem Amen womöglich zu weit vorgewagt. So tun wir uns im Gebet zusammen, wenden uns gemeinsam an *unseren* Vater im Himmel, sprechen das Amen in der Gemeinschaft der Glaubenden und nach dem Glauben Suchenden. Wir stimmen zu und tun es gemeinsam. Allein, jede(r) für sich, fänden wir womöglich nicht den Mut dazu.[1]

Ja sagen? – Wozu?

Wieviel spricht doch dagegen, dass es so ist und dass es so kommt. Der Wunsch ist der Vater des Gedankens – und des Gebets, und des Amen, das so sicher daherkommt. Der Wunsch kann doch nicht Recht haben gegen die harte, desillusionierende Realität. Der vom Wunsch beflügelte und nicht von der Vernunft bestimmte Mensch macht sich Illusionen, um es mit der Realität auszuhalten. Der Wunsch nach einer Wirklichkeit, in der es auf uns, unsere Leiden, unsere Sehnsucht und unsere Gesänge ankäme, ist der Vater der Amen-Gewissheit, des Glaubens an einen göttlichen Vater, Der es auf all das ankommen lässt, Der unser Leben, unsere Musik nicht einfach verklingen lässt. Aber in der Wirklichkeit, so wie sie uns etwa *Jacques Monod* als unbezweifelbar vor Augen führen will, ist all das nicht vorgesehen. Der Mensch muss heute – so Monod – „endlich aus seinem tausendjährigen Traum erwachen und seine totale Verlassenheit, seine radikale Fremdheit erkennen. Er weiß nun, dass er seinen Platz wie ein Zigeuner am Rande des Universums hat, das für seine Musik taub ist und gleichgültig gegen seine Hoffnungen, Leiden oder Verbrechen."[2]

Diese Erkenntnis traumlos ernst nehmen und trotzdem Ja und Amen sagen zu dem, was ist, das erst wäre menschliche Größe, *übermenschliche* Größe. Schön ist es nicht, sondern kalt und hart, die eherne Notwendigkeit. Schön und groß ist allenfalls, dass der Übermensch auch dazu noch ja sagen kann, dass er so groß werden kann, die ewige, ewig wiederkehrende und sich vollziehende Notwendigkeit zu lieben: das ist *Friedrich Nietzsches* Botschaft, dem Zarathustra in den Mund gelegt, dem Propheten des Übermenschen, der einst kommen soll.[3] Das „ungeheure unbegrenzte Ja-und-Amen-sagen" zu dem, was ewig und notwendig so ist, wie es ist, ohne auf uns Rücksicht zu nehmen, ohne überhaupt etwas zu wollen; ja zu sagen zu den Widerfahrnissen, die uns nicht meinen, und rückhaltlos zu bejahen, „dass über ihnen und durch sie kein ‚ewiger Wille' – will":[4] Das wäre menschlich-übermenschlich, höchstes Ja-Sagen ohne alles Nein-Sagen zu dem, was ist. Prophet dieses höchsten Ja-Sagens ist Nietzsches Zarathustra. Er predigt gegen den Nihilismus an, dessen letztes Wort das *Nein* wäre; auch gegen den versteckten Nihilismus eines bloß vordergründigen Ja-Sagens, das in Wirklichkeit von kleinmütigen, ressentimentbestimmten Ablehnungen getragen ist.[5] Wo das Ja nein sagt zu dem, was die Wirklichkeit dieser Welt im Tiefsten bestimmt, zur Lebensmacht und Lebensfreude, zur Tragik des Lebens, verrät es den Segen, den Zarathustra und seine Jünger mit ihrem *Ja und Amen* zum Leben im Hier und Jetzt mitsprechen, mitleben dürften – und müssten. Das neinsagende Ja will ein anderes Leben, eine andere Wirklichkeit, weil es mit der, in der zu leben ist, nicht einverstanden sein kann. Gegen das *Ja und Amen* des Gebets um das Kommen eines anderen Reiches setzt Nietzsche das Ja ohne alles Nein zu dem, was jetzt ist, ohne auf ein anderes hin und für es zu sein, zwecklos, in sich selbst notwendig. Die parallel zur Arbeit am *Zarathustra* verfassten *Dionysos-Dithyramben* verdichten dieses Anti-Kerygma zu äußerster Klarheit und Entschiedenheit:

> „*Schild der Nothwendigkeit*
> *Ewiger Bildwerke Tafel!*
> *– aber du weisst ja:*
> *was Alle hassen,*
> *was allein ich liebe*
> *dass du ewig bist!*
> *dass du nothwendig bist!*
> *Meine Liebe entzündet*
> *sich ewig nur an der Nothwendigkeit.*
>
> *Schild der Nothwendigkeit!*
> *Höchstes Gestirn des Seins!*
> *– das kein Wunsch erreicht,*
> *das kein Nein befleckt,*
> *ewiges Ja des Sein's*
> *ewig bin ich dein Ja:*
> *denn ich liebe dich, oh Ewigkeit! – –*"[6]

Zum „höchsten Gestirn des Seins" – zum Fatum[7] – können Menschen nur liebend aufschauen, wenn sie ihre Wünsche hinter sich gelassen haben, die eben nur ja sagen wollen zu dem, was man sich wünscht. Die Zustimmung unabhängig zu machen vom Erwünschten, von den Grenzziehungen der Wünsche zum Unerwünschten und Nicht-Annehmbaren hin, darum ginge es beim „unbegrenzten Ja-und-Amen-sagen" des Übermenschen. Seine Größe liegt für Nietzsche darin, dass er sich von der ewigen, rücksichtslosen Notwendigkeit nicht zum Nein zwingen, dass er sich nicht an der Liebe zum Fatum hindern lässt. Das Nein zum Bösen und Üblen und Rücksichtslosen wäre Zeichen der Schwäche, die nur das Erwünschte hinnehmen und bejahen kann; wäre Zeichen einer christlichen *Décadence*, die die Größe menschlichen Lebens nicht riskiert und deshalb verächtlich macht. Um des Ja-Sagens willen aber ist dann auch nein zu sagen: zu allen Verkleinerungen des Menschseins, zum Ressentiment und zur Décadence – wie *Zarathustra*, „welcher in einem unerhörten Grade Nein sagt, *Nein thut*, zu Allem, wozu man bisher Ja sagte", der gleichwohl „der Gegensatz eines neinsagenden Geistes" ist und sich gesandt weiß, „das ewige Ja zu allen Dingen selbst zu sein" und sein „segnendes Jasagen" in alle Abgründe zu tragen.[8]

Ja-Sagen und Nein-Sagen

Das Übermenschen-Pathos soll nicht den Blick verstellen auf Nietzsches ungeheuren Anspruch: Mit seiner Zarathustra-Prophetie will Nietzsche zeigen, dass der Mensch an der Rücksichtslosigkeit des Ewig-Notwendigen nicht zerbrechen muss, dass er ihr im Jasagen zum Ewig-Unabänderlichen gewachsen sein kann. Das ist für ihn die einzige Möglichkeit, nicht in das kindlich-fromme Wünschen und Fürwahrhalten des Erwünschten zurückzufallen oder im Nihilismus der Zyniker seine Zuflucht zu suchen. Wer kein Ja mehr wüsste, *glaubte*, für den könnte es um nichts mehr gehen. Die Fragen, die Nietzsche auf die Tagesordnung setzt, sind offenkundig diese: Kann es ernsthaft um mehr gehen als ums illusionslose Hinnehmen dessen, was sowieso geschieht? Wie könnte es dann aber noch darauf ankommen, dass wir nicht nur hinnehmen, sondern emphatisch – liebend! – willkommen heißen, was uns rücksichtslos überrollt? Bis in die gegenwärtigen Auseinandersetzungen um konsequenten Naturalismus und „neuen Atheismus" hinein[9] klingen Nietzsches Fragen nach und provozieren sie zu den abgründigsten Zweifeln: Ja-Sagen zur bloßen Lebens-Optimierung allenfalls deshalb, weil man sich so beden-

kenloser und mit konzentriertem Mitteleinsatz einer Verbes-
serung der Lebensbilanzen durch ein technisch nachgebesser-
tes Lebens-Design zuwenden kann?

Weshalb also zum „ungeheuren, unbegrenzten Ja-und-
Amen-sagen" sich aufschwingen, wenn es auf *meine* Zustimmung doch gar nicht ankommt, weil alles *gegen* meinen Willen
oder auch *mit* ihm, jedenfalls ohne Rücksicht auf ihn geschieht?
Mit meinem Willen vielleicht minimal schneller. Sollte es darauf
wirklich ankommen? Wo eben doch, von schnell vorübergehen-
den, zustimmungswürdig-lustvollen Phasen des Lebens abgesehen, immer und überall Nein zu mir und meinem Willen
geschieht? Das ist eine Frage auf Leben und Tod, eine Frage –
so der französische Romancier *Michel Houellebecq* –, die einem
die letzten Illusionen raubt. So sieht es – für Houllebecqs
Roman-„Helden" Daniel 1 – mit dem Leben tatsächlich aus:

> „*Das menschliche Leben ist also auf furchtbar einfache Weise
> angelegt [...]. Die Jugend ist die Zeit des Glücks, die einzige
> im ganzen Dasein [...]. Der jugendliche Körper, das einzige
> begehrenswerte Gut, das die Welt je hervorgebracht hat, ist
> ausschließlich den jungen Menschen zum Gebrauch vor-
> behalten, und die Alten müssen sich damit abfinden, zu ar-
> beiten und ihr Schicksal zu erdulden. Das ist der eigentliche
> Sinn des Generationenvertrags: Es handelt sich um eine
> regelrechte Vernichtung einer jeweiligen Generation zuguns-
> ten derer, die ihr folgt, eine grausame, lang andauernde Ver-
> nichtung, die von keiner Stärkung, keinem Trost, keiner
> materiellen oder affektiven Entschädigung begleitet ist.*"[10]

Dieser Realismus, den sich Daniel 1 letztlich doch nicht
glaubt, ist für Houllebecq jedoch nur das Gegenstück zur Utopie des Neo-Menschen, der auf dem technologischen Weg der
Überspielung der Gehirnfestplatten-Daten auf eine durch Klo-
nen hergestellte neue biologische Hardware die Ewigkeit eines
fast-gefühllosen und fast-unverletzlichen Lebens erlangt hat.
Der vitalste Wunsch der Menschen nach ewigem Leben ist

wahr geworden. Aber die technologische Realisierung des Wunsches hat die Vitalität eines liebevoll-tödlichen Lebens, hat das Wünschen – fast – getötet. Fast: noch kann man ins wunschbestimmte und todgeweihte Leben desertieren; kaum verstehbar für die Wunschlosen.

Daniels wütend bis resigniertes Nein zu einem „Generationenvertrag", der den Alten kein Recht auf ein Leben mehr lässt, das diesen Namen noch verdienen würde, lässt ihn konvertieren zum technologischen Ewigkeitsprojekt der Neo-Menschen. Sie retten sich ins ewige Leben, dem doch alle menschliche Sehnsucht gilt. Aber wie kann eine Sehnsucht erfüllt werden, die auf dem Weg ihrer Erfüllung gestorben ist? Wo das schlechterdings Bejahenswerte wahr wird – nicht mehr nach Art der Religionen als Geschenk, sondern nach Art der Technik als Ergebnis der avanciertesten Forschung –, da kann man nichts mehr damit anfangen. Houellebecqs Roman liest sich wie der definitive Abgesang auf des Übermenschen „ungeheures, unbegrenztes Ja-und-Amen-sagen": Wozu man tatsächlich mit Leib und Seele ja sagen könnte – die „ungeheure, unbegrenzte" sexuelle Befriedigung –, das wird einem mit dem Altern rücksichtslos entrissen. Was man auf Dauer stellen, ja in die Ewigkeit hinüberretten kann, hat fast nichts mehr von dem an sich, was man leidenschaftlich bejahte und für sich wollte. Von der Lust, die „tiefe, tiefe Ewigkeit" will,[11] bleibt in Ewigkeit *nichts*. Das „lüstern"-liebende Ja zur Ewigkeit ist wahr geworden – aber als ewig lustloses Ja; als ein Ja, das im Augenblick des mit technischer Zuverlässigkeit produzierten Amens völlig inhaltsleer wurde.

Das Pathos der „Realisten"

Ja-und-Amen-Sagen zum Unvermeidlichen, allenfalls *dieses* Ja-und-Amen-Sagen hat menschliche Größe und Reife. So will es Nietzsche glaubhaft machen. Das feierlich-pathetische Ja des Übermenschen zum ewig Notwendigen und Wiederkehrenden mag eine Nummer zu groß sein. Es bleibt das ernüchterte Ja der bekennenden Realisten; hindurchgegangen durch das Fegefeuer der Entsagung; reif und erwachsen durch den Verzicht auf kindlich-„totalitäre" Wünsche; zum Altwerden bereit angesichts der wehmütigen Befriedigung, wenigstens in der Jugend nichts versäumt zu haben; in der klaren Entschiedenheit, aus allen Ewigkeitsträumen zu erwachen, die ja allenfalls dazu führen, ein Leben zu verlängern oder zu wiederholen, aus dem alle vitale Augenblicks-Lebendigkeit gewichen ist. Das Pathos der Realisten ist kleinlaut geworden, aber immer noch nicht zu überhören. Ist es die einzige Möglichkeit, zu einem Menschsein ja zu sagen, in dem vielleicht mehr vom Gleichen erreichbar, das *Mehr und Anders* des „Himmels" aber definitiv nicht vorgesehen ist und nicht einmal mehr ein *Vielleicht* verdient?

Das Pathos der „Realisten" erwächst aus der „Einsicht" in die Logik des Lebens. Wenn der Mensch Lebewesen ist und nichts sonst,[12] gehorcht er in allem, was er ist und tut – denkt und glaubt – den Gesetzen des Lebens. Leben dient der Lebensfristung und der Lebensoptimierung und hat keine andere Bedeutung. Aber warum ist der Mensch dann aus der Einheit mit seinen vitalen Vollzügen – aus der bewusst-losen Identifikation mit der Logik des Lebens – herausgefallen? Warum träumt er von einem anderen Leben, von einem Leben, das nicht nur von Selbstbehauptung und Zerfall geprägt wäre? Warum erlebt er den vitalen Höhepunkt seines Lebens als die Lust des Bejahens und des Bejahtwerdens? Sehnt er sich nur deshalb nach einem anderen Leben, damit die Leidenschaft, *dieses* Leben zu optimieren, lebendig bleibt? Erlebt er die Liebe *als Liebe*, damit er in einem Leben, das es im Lauf der Lebenszeit darauf abgesehen zu haben scheint, die Lust zu töten, eben doch genug Lust und Lustquellen findet? Versöhnt ihn die „kurze" Liebe mit der ewigen Fatalität seines Daseins? Oder konfrontiert sie ihn zuletzt doch nur mit dem elementaren Scheitern des Menschseins auch noch in seiner hochtechnologisch optimierten Version?

Houellebecqs kleinlautes Pathos ist ironisch gebrochen, oder – wenn man es so zuspitzen will – sarkastisch-realistisch, vielleicht gar hintergründig moralisch: Wenn der Mensch nicht nur lebt, sondern zusieht, wie er lebt und seine Lebendigkeit verliert, wenn er sein Verlieren mit-denkt, so bleibt ihm nur der Ausweg in die Produktion von Neo-Menschen. Diese leben *ewig* unter der Bedingung, dass sie keine Sehnsucht nach dem Leben mehr haben. Nietzsche will noch viel mehr. Aber auch sein Übermenschen-Pathos will sich an Realismus von niemandem übertreffen lassen: Der Mensch kann und muss Realist sein; das ist seine „Berufung", die Berufung zum Übermenschen. Er kann und er muss erkennen und bejahen, dass er bloßes Lebewesen ist, obwohl diese Erkenntnis ihn tödlich trifft.[13] Das Ja-und-Amen-Sagen zu dieser tödlichen, ganz und gar nicht mehr lebensdienlichen Selbst-Einsicht muss deren Tödlichkeit überwinden und die Auferstehung hervorbringen:[14] die Auferstehung des Übermenschen, der dazu herangewachsen ist, von sich selbst abzusehen und sich mit der ewigen Notwendigkeit des Lebens selbst „liebend" zu identifizieren, an *sie* zu glauben.

Aber noch einmal gefragt: Wozu dient es – nach einer radikal diesseitigen „Logik des Lebens" –, wenn der Mensch die bewusstlose Einheit mit dem Lebens- und Lebenssteigerungs-Prozess verloren hat, nur um sich trotz seiner Einsicht in die Tödlichkeit dieses Prozesses bewusst mit ihm identifizieren zu können? Wenn Selbstbewusstsein mehr ist als die über sich selbst nicht hinausdenkende Findigkeit der „Lebens-Optimierer" und Lebens-Genießer – und es ist mehr, denn es kann diese Findigkeit ja problematisieren –, warum sind die Menschen dann nach der Logik des Lebens gefordert, sich bewusst mit einem Lebensprozess zu identifizieren, für den das Selbstbewusstwerdenkönnen des Menschen überhaupt nichts bedeutet, gar schädlich ist? Steht sich das Leben selbst im Weg, da es sich im Menschenleben auf die höchst ungewisse Zustimmung zum Leben angewiesen sein lässt? Das wäre ziemlich unlogisch, ein programmierter Selbstwiderspruch, aufzuheben allenfalls im Selbstwiderspruch der Neo-Menschen-Existenz; zu überbieten vielleicht in der Selbstaufhebung des Übermenschen.

Selbstbewusstsein: Laune der Natur oder Offenheit für „mehr als" Bio-Logik?

Was also soll das menschliche Selbstbewusstsein, das mein Ich aus dem Fluss des Lebens herausnehmen und sich weigern kann, sich diesem Fluss von neuem – nun aber bewusst – hinzugeben? Was soll dieses „Gezwungensein" zur Stellungnahme, zu bewusster Wahl zwischen Affirmation und Widerspruch, die Herausforderung zur Identifikation mit dem Gegebenen und daraus Gewordenen oder zur Verweigerung dieser Identifikation? Und selbst wenn man dieses Gezwungensein zur Wahl und damit das Wählenkönnen selbst für eine vom Lebensprozess hervorgebrachte Illusion hält: Wozu dient sie nach der Logik dieses Lebens? Ist sie – wie das Menschsein selbst – eine Laune der Natur, die so schnell überlebt sein wird wie die Menschengattung selbst? Sind auch all diese Fragen völlig bedeutungslos angesichts eines Lebensprozesses, der sich um sie nicht schert und sie auf seine Weise überholen wird?

Man kann das so sehen oder so glauben: Der Mensch wäre dann „vernünftigerweise" gefordert, zu einem Lebensprozess Ja und Amen zu sagen, der die Bedeutung seines Selbstbewusstseins und damit der Möglichkeit, Ja und Amen zu sagen, völlig „ignoriert", obwohl er dieses Selbstbewusstsein doch hervorgebracht haben soll. Man kann das – wie gesagt – so glauben. Aber warum sollte das realistischer sein als der Glaube daran, dass das Selbstbewusstsein nicht dazu da ist, sich selbst aufzuheben; dass es vielmehr dazu da ist, Ja und Amen zu sagen zu einer Wirklichkeit, die es selbst in seinem wohltuenden Nicht-Identischsein mit einem bloß vitalen Leben und Sterben bejaht?

Der Zweifel an solchen Glaubens-Optionen scheint dennoch naheliegender als der Zweifel an der nüchternen, vielleicht übernüchterten Skepsis; und er reicht abgrundtief hinein ins Glaubensleben: Müsste es am Ende nicht statt *Amen* einfach *Das war's* heißen? Gesät, herangewachsen, aufgeblüht, verdorrt und bis in die Wurzeln abgestorben – und: Platz gemacht für andere Gewächse, damit es mit ihnen genauso geht? Andererseits: darf man den Zweifel am Zweifel überhören, den Zweifel am bio-logischen Glauben, wir seien eben nur solche Lebewesen, sonst nichts? Wo wir doch – bio-logisch unsinnigerweise – zumindest dazu herausgefordert sind, uns zu unserem Dasein als Lebewesen selbst-bewusst zu verhalten? Wenn das ganz und gar nicht bio-*logisch* ist, darf es dann als Hinweis darauf genommen werden, dass es unrealistisch wäre, nur bio-logisch, nur an die Bio-Logik zu glauben?

Der Glaube, der zu Gott Ja und Amen sagt und die Menschen als selbst-bewusste Wesen von Ihm bejaht glaubt, kann eine Illusion sein, dereinst und in jedem Fall Tod-sicher vom Lebensprozess überholt, bedeutungslos gemacht. Aber warum sollte man ohne Not *daran* glauben. Nur weil mehr Enttäuschung in diesem Glauben ist und weil ein aus Enttäuschung hervorgegangener Glaube mehr Kredit verdiente, an der Enttäuschung härter, realistischer geworden wäre? Wie wenig Lebensweisheit ist doch in diesem Vorurteil! Die Lebensweisheit allenfalls von Menschen, die oft enttäuscht wurden und sich nicht auch im Letzten noch täuschen (lassen) wollen. Ihre Lebenserfahrung ist zu achten. Aber man muss sich nicht von vornherein nach ihr richten. Es gibt ja auch die entgegengesetzte Erfahrung: dass man sich von Enttäuschungen nicht die Hoffnung austreiben lassen darf; dass man der tiefsten und „anspruchsvollsten" Sehnsucht – der nach Liebe – treu bleiben muss, weil man sonst gar nicht finden kann, was sie sucht. Sehnsucht kann in die Irre führen, weil sie unrealistisch ist. Aber sie kann mich auch dafür öffnen, dass ich finde, was ich ohne sie nicht gefunden, nicht gesucht, ja nicht einmal für möglich gehalten hätte.[15] Wer die Enttäuschung „extrapoliert", macht sein Leben klein, weil er seine Hoffnung klein hält. Wer gegen die Enttäuschung *an-glaubt* und seine Sehnsucht nicht verloren gibt, kann enttäuscht werden. Davor ist er nicht sicher. Aber es könnte auch so sein: Im Festhalten an seiner Hoffnung – in der Treue zu ihr – öffnet er sich für den, der ihm diese Hoffnung geschenkt hat. Da er in dieser Hoffnung lebt, wird der Geist in ihm lebendig, der unzerstörbares Leben in sein Leben bringen will. Oder umgekehrt: Der Geist wird in ihm lebendig, so dass er in dieser Hoffnung aufleben kann.

Sich ins Ja und Amen hineinwagen

Der Glaube versucht die Gegen-Erfahrungen gegen die Enttäuschung stark zu machen, stärker noch, als sie es von sich aus wären: dass ich ein Ja zu mir gefunden habe, das mein eigenes Ja trägt; dass ich willkommen bin und Menschen sich über mich freuen, über meine Leistung vielleicht, aber zuvor schon über mein Dasein. Nur die Befriedigung meines Narzissmus? Es wäre die Befriedigung, zumindest die Bestätigung meiner tiefsten Menschen-Sehnsucht: das Aufblitzen der Möglichkeit, dass es in unserer Welt nicht nur die mehr oder weniger lebensdienlichen Selbsttäuschungen gibt, die mich mit einem in Wahrheit völlig rücksichtslosen Prozess des Lebens einverstanden machen; dass in unserem Leben auch dies vorkommt: ein guter Wille, der mir gilt, mir nicht nur gut will, weil man mich gut brauchen oder mit mir Befriedigung erleben kann; ein guter Wille, der mich meint und die Güte meines Daseins nachvollzieht; auch die Güte *meines* Willens, der tatsächlich dankbar dafür sein kann, dass ihm die Möglichkeit der Bejahung geschenkt ist; ein guter Wille, von dem ich dankbar bekennen kann, dass er in mir hervorgerufen wurde, so dass ich über das bloße Kreisen um mich selbst hinaus-verlockt bin.

Das sind weiß Gott fragile Erfahrungen auf der Grenze. Man kann sie klein reden – „Das ist ja doch nur …!" – oder als narzisstische Selbsterhöhung abtun. Aber man ist nicht dazu gezwungen. Warum sollte man nicht groß von ihnen sprechen und dankbar Ja und Amen dazu sagen, dass sich mir die „eine Dimension zuviel" (*Hermann Hesse*) vielleicht nur einen winzigen Spalt breit öffnet? Warum sollte man sich nicht dafür bereithalten, dass Gottes Heiliger Geist solche Erfahrungen in mir lebendig und groß macht, so dass sie den schlechten Erfahrungen und Enttäuschungen gewachsen sind; dass sie mich dazu verlocken können, *ihnen* und nicht den Enttäuschungen zu vertrauen – ihnen mein Leben auf Gott hin anzuvertrauen, der sich in ihnen ankündigt?

Es wäre durchaus *vernünftig*, solche Erfahrungen groß und stark zu machen, damit sie uns herausfordern, glaubend auszuprobieren, was in unserem Leben steckt, da es aus Gott stammt, unserem Urgrund und Schöpfer. Bis zum Erweis des Gegenteils, den man nicht zu schnell als unwiderleglich hinnehmen dürfte, die Größe eines Lebens glauben, das zur Güte hin unterwegs ist, und es deshalb ausprobieren, ob die Güte in diesem Leben Raum finden kann: Was sollte daran unvernünftig sein? Ist es nicht eher unvernünftig, das Leben von vornherein auf bio-logisches Funktionieren reduziert zu sehen? Ihm nichts darüber hinaus zuzutrauen? Es ist vielleicht weniger unvernünftig als phantasie- und mutlos, geistlos. Von solcher Geistlosigkeit kann man jederzeit eingeholt werden. Ihr zu entrinnen ist nicht einfach menschliches Verdienst, am wenigsten eigene Leistung. Gegen meine Geistlosigkeit wäre Er gefordert, Seinen Geist in mich zu senden. Gegen die Gefahr des Geistloswerdens betet das Vaterunser an – ohne zu wissen, warum diese Gefahr immer wieder neu besteht.

Sie besteht. Es besteht die Gefahr, dass mir der gute Grund dafür abhanden kommt, zu dir, zu mir, zu ihr, zu Ihm ja zu sagen, zum Leben, dass uns miteinander verbindet und von uns erneuert werden will, Ja und Amen zu sagen. Es besteht die Gefahr, zu klein von diesem Leben zu denken und zu reden – es tatsächlich in mir und zwischen uns klein zu machen, Gott aus dem Blick zu verlieren, Dem es seine Größe verdankt und Der sie zur Geltung bringen wird. Gegen diese Versuchung spricht das Ja und Amen des Gebets an. Es will dem Gottesgeist Raum geben, damit er in uns lebendig mache, wozu wir Ja und Amen sagen; damit unser Ja und Amen aus der lebendigen Erfahrung des hier Bejahten gesagt werden kann.

Der in uns lebendig macht, wozu wir ja sagen können

Sich in den Erfahrungen und Erinnerungen aufhalten, in denen Bejahung widerfuhr und möglich schien, in denen sie zugänglich wurde vielleicht gerade als das Ja, um dessentwillen wir widersprechen und Widerstand leisten mussten: Das ist eine Übung, die dem Geist – sehr menschlich gesprochen – eine Chance gibt, das Bejahbare in uns zur lebendigen Erfahrung zu machen. Liturgie und Verkündigung können die wohltuenden Leerstellen im Alltagsleben sein, in denen solche Erfahrungen und Erinnerungen Raum finden und geistlich fruchtbar werden. Zustimmen können, weil mir widerfährt, wozu ich ja sagen kann – ich kann daran erfahren, wie ich dazu kommen konnte zu sagen: Gott sei Dank, das gibt es, dich gibt es, diesen Menschen, diese Musik, diese Zukunftsperspektive, diesen „selbst-losen" Einsatz, diesen zutiefst wohlwollenden und weiterführenden Widerspruch. Gott sei Dank – und ich kann ja dazu sagen, weil mir *Ja* widerfahren ist; ein Ja auch zu mir, das mich manchmal und hoffentlich immer wieder über Abgründe hinwegträgt: Du freust dich über mich, verhalten, kaum sichtbar vielleicht; ich bekomme mit, wie er oder sie sich darüber freut, dass ich da bin. Sie „profitieren" von mir, vielleicht. Aber das ist nicht alles, so darf ich glauben. Ich bin willkommen, auch wenn man jetzt von mir nicht profitieren kann.

Das Ja zu mir geht noch über die tiefe emotionale Befriedigung hinaus, die das bloße Dasein eines kleinen Kindes auslöst und in ein zustimmungsfähiges Leben hineingeleitet; geht über die Leistungen hinaus, die man schätzen gelernt hat und gut brauchen kann. Da ist wenigstens noch die

Ahnung, dass die Zustimmung *mich* meint, nicht nur meine Leistung und meine Möglichkeiten, andere zu befriedigen. Da bleibt die Hoffnung, von einer Zustimmung getragen zu sein, die nicht zerfällt oder nur noch aus Anstand mühsam aufrechterhalten wird, wenn man von mir „nicht mehr viel erwarten" kann. Dürfen sich solche Hoffnungen und Ahnungen zuletzt auf Ihn richten und auf Seinen Geist, damit dieser sie in den Menschen lebendig und groß mache – damit sie ihnen glauben können? Wäre es *gut*, so glauben zu können?[16] Wie gut wäre es, an der Bejahbarkeit meiner selbst nicht verzweifeln zu müssen, wenn ich mich nicht mehr mit Attraktivität und Leistungsfähigkeit auf dem Markt der Lust und der sozialen Bedeutung behaupten kann?

Mit Argumenten allein ist das Zutrauen zu diesem Ja nicht zu erlangen. Das Ja müsste mir geschehen und sich in seiner unwidersprechlichen Güte erschließen – und zum Hinweis werden auf Den, Der uns in solchem Geschehen anrührt und einlädt, Ihm die Vollendung dieses Lebens zuzutrauen. Das würde mich über die Reichweite von Argumenten hinaus tragen können, die nicht ausreichen, die Zustimmung gegen jeden Zweifel zu schützen. Wer sich nur aufs „Offensichtliche" verlassen will, auf die unwiderlegbaren Argumente, der kann sich nur auf das verlassen, was Menschen durch ihr Herstellen sicherstellen können und was er selbst in der Hand hat. Houellebecqs Neo-Mensch ist die Symbolfigur eines solchen Menschen-Macher-Selbstvertrauens.

Sich in die Sehnsucht zu „investieren", willkommen zu sein über die grausamsten Abschiede hinaus – und in ein Leben, das die Hoffnung auf solches Willkommensein aufrechterhält; darauf zu hoffen, dass mir dieses Willkommen immer wieder neu geschenkt wird und ich es bezeugen kann; daran zu glauben, dass es mir auch „zuletzt" widerfährt: das ist ein Wagnis, das man immer wieder neu vor sich hat. Die Menschen werden sich ihm aussetzen, wenn ihnen bezeugt wird und aufgeht, dass sie so der Verheißung ihres Lebens auf der Spur bleiben. Vernünftig ist das Wagnis, wenn es vernünftig ist, diese Verheißung nicht ohne zwingenden Grund verloren zu geben; wenn es vernünftig ist, sich nach dem auszustrecken, wozu ich mit ganzem Herzen und all meiner Vernunft unterwegs sein möchte, weil es, weil Er schlechthin gut ist. Dann wäre es auch vernünftig, zu Ihm Ja und Amen zu sagen.

Ein Lückenbüßer-Gott?

Die mitmenschliche Liebe ist bei all ihrer Hinfälligkeit der entscheidende Beweggrund, die Verheißung des Menschseins nicht verloren zu geben. Ein Mensch bezeugt mir: Ja, es ist gut, dass du bist. Meine Antwort darf sein: Amen, so soll es sein und bleiben, denn so ist es gut. Und mein Amen wird das Ja zu der, die mich da willkommen heißt: Es bedeutet mir unendlich viel, dass du mich willkommen heißt, denn *du* bedeutest mir unendlich viel! Die Vorzüge, derer wir uns erfreuen und die wir miteinander teilen dürfen, motivieren das Ja und Amen; sie rufen es hervor. Aber wenn es gut geht, wird im Ja und Amen mehr lebendig als das Mich-bedienen-Wollen an den Gaben, die du mir verheißt oder bereithältst. Wir dürfen miteinander die Verantwortung dafür übernehmen, dass das Leben als lebenswert erfahren werden kann, dass es uns selbst und anderen zur Verheißung wird. Wir dürfen ein Ja versuchen, dessen Reichweite wir nicht überschauen, dessen Geltung wir selbst nicht sicherstellen können: Ja, es ist gut, dass du bist, dass wir beide leben und Leben hervorbringen dürfen! Dass das keine verantwortungslose Überschwänglichkeit ist, dass es wahr bleibt, auch wenn ich selbst kaum noch daran glauben kann, dafür muss Er einstehen.

Er – bloß ein Lückenbüßer[17] angesichts der Fragilität oder gar Haltlosigkeit unseres Ja und Amen? Unser Ja und Amen ist nun einmal nicht stark genug, den Anti-Zeugnissen der Gleichgültigkeit und der Missachtung aus eigener Kraft gewachsen zu sein. Wir können nicht selbst sicherstellen, dass das Willkommen „wahrer" ist als Ablehnung und Gleichgültigkeit. Wir können „nur" daran glauben, uns in ein Leben hineinglauben, das dem Willkommen entgegenlebt, sich nach ihm ausstreckt und es zu bezeugen versucht.

Da ist – wenn man es so sagen will – tatsächlich eine Gewissheitslücke, die man als unterschiedlich dramatisch erleben wird, die aber in menschlicher Selbstvergewisserung nicht zu schließen ist. In ihr müsste Er uns entgegenkommen. Nicht als Lückenbüßer, sondern als Herausforderer; als die glaubwürdige Herausforderung in ein Leben hinein, das von Seinem Ja lebt und auf Sein Amen hin unterwegs ist: Ja, so ist es gut; und dabei darf es bleiben!

Er ist das Ja

Wenn Gott Sich zeigt, Sein Wort gehört und bezeugt wird, so wird diese Seine Herausforderung vernommen. Nicht zuerst als Forderung: Dies ist zu tun; so ist zu leben! Als das Geschenk vielmehr, sich in ein Leben hineinwagen zu können, von dem gesagt – und eingesehen – werden darf: Es ist gut, so zu leben; es ist gut und überaus erfüllend. Das ist eher eine Verlockung als eine Forderung. Zur Herausforderung wird die Verlockung, weil man ihr treu bleiben und mit Konsequenz folgen muss – damit wahr werden kann, wozu sie herausfordert. Gott zeigt *sich*. Und so erschließt sich eine Herausforderung auf Leben und Tod – zum Leben; zu einem Leben, das nur lebendig werden kann, wenn Menschen sich dem öffnen, was sie wahrgenommen haben, wenn sie den Weg mit Ihm gehen.

Es ist durchaus eine „kämpferische" Herausforderung, die den Menschen da auf den Leib rückt.[18] Sie macht keinen faulen Frieden mit dem mutlosen oder resignativen Rückzug auf die Sicherheiten des Diesseits, auf das Kontrollierbare und Beherrschbare. Gottes Herausforderung gilt bis zuletzt dem Aufbruch – nicht dem Kampf gegen andere, sondern dem „Kampf um Möglichkeit" (*Søren Kierkegaard*[19]), um den offenen Horizont der Gotteszukunft. So sind die Gottesboten für die Sachwalter einer beherrschbaren Welt eine Herausforderung. Der Gesalbte – der Christus – Gottes lebte diese Herausforderung bis zuletzt: als Herausforderung auf Leben und Tod, bis in seinen Tod hinein als Herausforderung zum Leben.

Als schöpferisch-göttliche Herausforderung wurde sie daran kenntlich, dass sie ohne jede Zweideutigkeit Gottes Ja bezeugte und die Menschen zu einem Amen rief, das diesem Ja dankbar zustimmt; das allein *Ihm* und eben nicht menschlichen Machtansprüchen oder (Selbst-)Behauptungen entgegengebracht werden darf. Weil das Amen der Menschen dem Ja Gottes gilt, darf es auch dem mitmenschlichen Ja gelten, in welchem Gottes Ja die Verheißung erweckt. Er hat Seine Verheißung in Menschenworte und menschliche Erfahrungen eingesenkt. Und Er wird sie wahr machen, so wie es Ihm entspricht.

Das Leben des mit Gottes Geist gesalbten Menschen- und Gottessohnes Jesus ist den Christen zuverlässiges Zeugnis dafür, dass das Menschsein Gottes Verheißung in sich trägt, dass es ankommen kann im Reich des Willkommenseins, in dem Sein Wohlwollen allein herrschen wird. „Alle Verheißungen Gottes wurden in ihm zum ‚Ja'." Und so kann bei den Glaubenden „auch durch ihn das ‚Amen' zu Gottes Lobpreis erklingen". Gottes Geist ist es, der die Glaubenden erahnen lässt, wie Gottes Ja über sie Wirklichkeit wird. Dieser Geist lässt ihnen das Amen auf die Lippen kommen: die Zustimmung zu dem, was Gott den Menschen zugute und mit ihnen vollbringen wird (vgl. 2 Kor 1,20).

Am Ende steht das Amen. Am Ende des Gebets ist es das Amen der Betenden. Am Ende der Zeit ist es Sein Amen, Seine Selbstoffenbarung, in der Er sich als das in aller Menschensehnsucht Erahnte und Erhoffte erweist: als die göttliche Weite, in die menschlich-allzumenschliche Sehnsucht ihre Enge und Selbstbezogenheit verlieren wird. Sein Amen ist das Wort, das den endgültigen Sabbat ansagt: Jetzt erfreut Er sich Seiner Schöpfung; jetzt erfreut sich die Schöpfung endgültig Seines

Wohlwollens. Und es ist kein Leid mehr, das sich in diese Freude einmischt.

Auf dem Weg dahin müssen sich die Christen und die Christen-Gemeinden immer wieder neu zu dem Amen Gottes in Person, dem „treuen Zeugen" Jesus Christus (Offb 3,14) bekehren, damit sie nicht hinter ihrer Berufung zurückbleiben und auf ein Leben zurückfallen, das ihrer Hoffnung und ihrer Gotteszuversicht Hohn spricht. Gottes Amen, Jesus Christus, bedeutet: So wird es sein. Das Amen der Menschen sagt: So soll es sein; so soll es werden. So soll es mit uns werden; und wir wollen so leben, dass wir uns nicht dagegen sperren. Noch ist das Ende nicht da, an dem Sein Amen die Tür in den endzeitlichen Sabbat öffnet. Und so kann das Ja nicht ohne das Nein bleiben: das Nein zu allem, was die Tür in Gottes Zukunft hinein zuschlägt, was Menschen Zukunft nimmt, was ihnen die Würde der um Gottes Willen Zukunftsfähigen bestreitet. Es ist das vom Ja getragene, um Seinetwillen gespro-chene, ungeduldig auf sein Wahrwerden hoffende Nein. Und so verbindet sich das Ja und Amen der Glaubenden mit der drängenden Bitte Maranatha: Komm du Gottgesalbter und treuer Gotteszeuge, komm von neuem und bring den Sabbat der vollkommenen Zustimmung mit. „Der dies bezeugt, spricht: Ja, ich komme bald! Amen! Komm, Herr Jesus!" (Offb 22,20).

Die Christen hatten über zwei Jahrtausende hin zu lernen, dass ihr Amen auch die Bereitschaft einschließen muss, immer wieder neu zu entdecken, wie Er kommt – und zu ertragen, wie unendlich weit Er uns voraus ist, so dass es scheint, als wären wir mit uns allein. Amen, Maranatha, nimm uns mit in den endzeitlichen Sabbat des göttlichen Wohlgefallens und der grenzenlosen Menschen-Dankbarkeit, der uns mitunter weiter entfernt scheint denn je! Am Ende steht für uns doch wieder die Bitte, die kaum ahnt, warum sie bittet und wie Wirklichkeit werden soll, worum sie bittet.

Anmerkungen

[1] Darin liegt die Verheißung des gemeinsamen Betens; *Martin Luther* spricht eindrücklich von ihr: „Man kann und soll wohl überall, an allen Orten und zu jeder Stunde beten; aber das Gebet ist nirgends so kräftig und stark, als wenn der ganze Haufen einträchtig miteinander betet" (Weimarer Ausgabe 49, 593, 24–26).

[2] Jacques Monod, Zufall und Notwendigkeit, dt. München [2]1971, 211.

[3] In Anspielung auf die sieben Siegel der Offenbarung des Johannes, mit deren Öffnung auf Erden die letzten Dinge offenkundig werden, enthält der *Zarathustra* einen Abschnitt mit dem Titel: Die sieben Siegel (Oder: das Ja-und-Amen-Lied.), Also sprach Zarathustra IV, KSA 4, 287–291): Der sechsmal wiederholte Refrain lautet: „Denn ich liebe dich, oh Ewigkeit!"

[4] Vgl. Also sprach Zarathustra III, Vor Sonnenaufgang, KSA 3, 208f.

[5] Erster Adressat dieser Nihilismus-Anklage ist für Nietzsche das „Christenthum, diese Religion gewordene *Verneinung des Willens zum Leben*"; Der Fall Wagner 2, KSA 6, 359.

[6] Ruhm und Ewigkeit 4, KSA 6, 405.

[7] *Amor fati* ist Nietzsches „Formel für die Grösse am Menschen": „dass man Nichts anders haben will, vorwärts nicht, rückwärts nicht, in alle Ewigkeit nicht. Das Nothwendige nicht bloss ertragen, noch weniger verhehlen – aller Idealismus ist Verlogenheit vor dem Nothwendigen – sondern es *lieben* ..." (Ecce homo. Warum ich so klug bin 10, KSA 6, 297; vgl. Die fröhliche Wissenschaft, Aphorismus 276, KSA 3, 521).

[8] Vgl. Ecce homo. Also sprach Zarathustra 6, KSA 6, 345.

[9] Vgl. den Überblick bei Klaus Müller, Neuer Atheismus? Alte Klischees, aggressive Töne, heilsame Provokationen, in: Herder Korrespondenz 61 (2007), 552–557.

[10] Michel Houellebecq, Die Möglichkeit einer Insel, dt. Köln 2005, 356–358.

[11] Also sprach Zarathustra IV, Das Nachtwandler-Lied 12, KSA 4, 404.

[12] Nietzsche darf mit Fug und Recht als der Stammvater dieses Pathos gelten; vgl. seine Maxime: „Den Menschen [...] zurückübersetzen in die Natur; über die vielen eitlen und schwärmerischen Nebensinne Herr werden, welche bisher über jenen ewigen Grundtext homo natura gekritzelt und gemalt wurden" (Jenseits von Gut und Böse, Aphorismus 230, KSA 5, 169).

[13] Gerade wenn die „Heil- und Trostmittel der höchsten Art", wie sie in den Religionen ausgeteilt werden, nicht mehr zur Verfügung stehen, entsteht – so Friedrich Nietzsches Diagnose – „die Gefahr [...] dass der Mensch sich an der erkannten Wahrheit verblute" (Menschliches, Allzumenschliches I, Aphorismus 109, KSA 2, 108). Aber das ist ja nach

Nietzsche der „Maaßstab" des (Über-)Menschseins: „Wie viel Einer aus-hält von der Wahrheit, ohne zu *entarten*" (Nachgelassene Fragmente Mai–Juli 1885, KSA 11, 540).

[14] Es ist nach Nietzsche die Einsicht in den „Determinismus: ich selber bin das Fatum und bedinge seit Ewigkeiten das Dasein", so wie ich seit Ewigkeiten von ihm bedingt bin. Diese „furchtbarste Wahrheit", vor der die Menschen sich abschirmen, vor der Nietzsche sich selbst so lange abschirmte, bedeutet die Grabkammer, in der alle verschleiernden Illusionen sterben müssen. Aber nun, da Nietzsche sich in dieser Grabkammer des Todes vorfindet, traut er seiner Philosophie – der Verkündigung des Zarathustra – die „Beschwörung der Wahrheit aus dem Grabe" zu: die Erweckung des Übermenschen, der die furchtbarste Wahrheit leben kann (vgl. Nachgelassene Fragmente Herbst 1883, KSA 10, 602).

[15] Der Gedanke findet sich schon bei den Vorsokratikern. „Wenn er's nicht erhofft, das Unerhoffte wird er nicht finden", sagt *Heraklit* vom Menschen (Fragment 18).

[16] Der Glaube daran, dass Gott für dieses Ja steht und für es einsteht, gibt Nietzsche Anlass für die Travestie des Esels-Festes in seinem *Zarathustra*: Vor dem zu allem nur jasagenden Gott fallen alle wieder fromm-anbetend in die Knie; für Zarathustra die unverzeihlichste aller Regressionen, aber auch die entlarvenste: Das kindliche Bedürfnis nach Bejahtwerden und Bejahen macht sich einen Gott der reinen Bejahung. Die reine Bejahung ohne Rücksicht auf das Bejahens- oder Ablehnenswerte aber wäre – das I-A des Esels (vgl. Also sprach Zarathustra IV, Die Erweckung 2 bzw. Das Eselsfest, KSA 4, 388–394). Der bittere, karikierende Sarkasmus die-ser Passagen bleibt – bei aller Maßlosigkeit – ein Stachel für vordergrün-dig-versöhnliche fromme Sprüche wie etwa den: Gott bejaht dich, so wie du bist. Fehlt da nicht doch etwas, etwas theologisch Entscheidendes?

[17] Die Metapher des Lückenbüßer-Gottes stammt wohl von *Friedrich Nietzsche*; vgl. Also sprach Zarathustra II, Von den Priestern, KSA 4, 119: „Aus Lücken bestand der Geist dieser Erlöser [gemeint sind die ‚Priester']; aber in jede Lücke hatten sie ihren Wahn gestellt, ihren Lückenbüsser, den sie Gott nannten." Die Metapher ist von *Dietrich Bon-hoeffer* aufgegriffen und als Stichwort für eine theologische Herausforde-rung auf Leben und Tod verstanden worden. Gott sollte in der klassischen Apologetik die Erklärungs-Lücken ausfüllen, die wissenschaftliche Theo-rien einstweilen noch offen lassen. Wenn die Grenzen der Erkenntnis aber immer weiter hinausgeschoben werden, hat das zur unvermeidlichen Kon-sequenz, dass „mit ihnen auch Gott immer wieder weggeschoben wird" und sich „auf einem fortgesetzten Rückzug" befindet (Widerstand und Ergebung, 155). Gott als Lückenbüßer, der die Kapitulation vor der Herausforderung der Erkenntnis bedeutet: das wäre das Eine; Gott als

Lückenbüßer, der die Kapitulation vor der Herausforderung bedeutet, ein endliches, metaphysisch ungesichertes Leben zu wagen: Das ist die Diagnose Nietzsches und seiner Adepten im 20. Jahrhundert. Wird die Metapher hier nicht überdehnt, da sie jedes Eingeständnis einer „metaphysischen" Bedürftigkeit des Menschen von vornherein delegitimiert und nur noch die metaphysische Selbstermächtigung des Menschen als menschlich darzustellen versucht?

[18] Vgl. meine Überlegungen unter dem Titel: Ein streitbarer Gott, in: Jürgen Werbick, Gott kann etwas mit uns anfangen. Wider-Worte gegen eine mutlose Verkündigung, Donauwörth 2006, 87–92.

[19] Der Glaube ist nach Kierkegaard in der Einsicht verankert: „alles ist möglich bei Gott", so dass er angesichts des unmöglich Scheinenden „verrückt für Möglichkeit kämpft"; denn in der Verzweiflung angesichts des Unmöglichen ist „Möglichkeit [...] das Einzige, was rettet" (Søren Kierkegaard, Die Krankheit zum Tode, Gesammelte Werke, hg. von E. Hirsch und H. Gerdes, 24. und 25. Abteilung, Taschenbuchausgabe Gütersloh [4]1992, 35f.).

Nachwort

Das kleine Bronzekreuz, das als Vignette auf dem Umschlag dieses Buches abgebildet ist, begleitet mich seit meiner Pastoralassistentenzeit in der Münchner Allerheiligen-Pfarrei. Die Firmlinge erhielten es an ihrem Festtag als Geschenk der Gemeinde. Eins blieb übrig. Ich habe es mir gern von meinem Pfarrer *Anton Tholl* schenken lassen. Es erinnert mich nicht nur an die gemeinsame Arbeit in der Firmvorbereitung und anderen Aufgabenfeldern der Seelsorge, bei der die unverkennbare Leidenschaft des „Chefs" das Schiff, das sich Gemeinde nennt, schon mal gehörig ins Schlingern bringen konnte. Es ruft mir die Seesturmsituationen meines Lebens ins Gedächtnis, und die Rettungen. Es ist mir zum Zeichen der Hoffnung geworden: dass die Stürme, die mir – und denen, die mit im Boot sind – noch bevorstehen, nicht den Untergang bringen.

Herr rette uns, wir gehen unter! Herr, da du doch mit uns im Boot bist! Das ist die elementare Jünger(innen)bitte „de profundis" aus den Abgründen, an den, der uns doch so nahe ist. Rettung, Herausgeholtwerden, wenn das Unglück und die Hoffnungslosigkeit nach uns greifen, wenn der Himmel sich verfinstert. Wie „aufgeklärt" man auch zu beten versucht: wenn es ernst wird, ist man auf diese Bitte zurückgeworfen. Oder mit ihr nicht mehr ganz hilflos. Sie sagt alles, was im Bittgebet Platz hat. Was aber wäre die Rettung? Und wie könnte man vor dem Untergehen bewahrt bleiben?

Wir kennen die Stürme nicht, in die wir noch hineingeraten werden. Es werden Stürme dabei sein, in denen wir untergehen; in denen es keine Rettung geben wird ohne diesen Untergang. Die Seesturmsituation ist ins Kreuz eingezeichnet:

Künstler wissen oft so viel mehr vom Leben als die Theologen; vielleicht sogar von Jesus, dem Christus, und seinem Kreuz. Dass auch dann noch der mitten unter uns ist, wen das Gebet herbeiruft, wach-ruft, da er so wenig da zu sein scheint: Das ist die elementare Gebetshoffnung, die sich an die Seesturmgeschichte zu halten versucht, dass es nicht beim „Mein Gott, warum hast du mich verlassen?" bleiben muss – wie es ja auch im Psalm 22 nicht dabei bleibt.

Das Vaterunser führt uns ein in dieses Beten und diese Gebetshoffnung. Und so führt es uns ein ins Christsein, in das Gott-Verstehen, dem Christinnen und Christen auf der Spur sein dürfen; in die Sehnsucht nach der Rettung, die dieser Gott ihnen sein will – und ins Bereitwerden für sie; ins An-Glauben gegen die Verzweiflung, die mitunter so nahe neben einem Beten wohnt, das „sich nicht hinaussieht", wie man in meiner zweiten oberbayerischen Heimat sagt: *sich* nicht *hinaus*sieht, sich noch nicht hineinsieht in die Rettung, die allein von Ihm kommen könnte. Das Vaterunser ist ein Gebet für den Seesturm-Ernstfall und für die Vorbereitung darauf; und für die vielen großen und kleineren Stürme; und für alle Tage, an denen die Winde und Wogen schlafen, aber eben nur schlafen.

Ich darf auf eine lange Zeit in einem Beruf zurückblicken, der für mich immer der schönste Beruf der Welt gewesen ist. Noch ein paar Monate, dann werde ich mein Dienstzimmer räumen. Die schlimmsten Stürme sind mir bisher erspart geblieben. Mit den anderen konnte ich leben; Er war mit im Boot, auch wenn ich es nicht immer so erlebt habe. Wo und wie Er mich wohl gerettet hat? Es waren andere mit im Boot. Ob sie Rettung waren und sind? Oder das Boot mitunter ganz schön ins Schlingern brachten? Wann ich selbst wohl Seenot ins Boot gebracht habe – oder ein klein wenig Rettung? Wer will das wissen. Hauptsache, wir waren und sind beieinander und haben einander in den großen und kleinen Seestürmen. Und Er ist mit im Boot, ob wir es spüren oder nicht.

Dass es mit der Zeit als Hochschullehrer nun zu Ende geht, mag mir die Erlaubnis geben, die langen und schönen Jahre an der Universität biblisch-christlich so ernst zu nehmen, dass ich sie mit der Seesturmgeschichte zusammenbringe. Als Betroffener darf ich das alles einmal so wichtig nehmen und mich dankbar derer erinnern, die mit im Boot waren und sind; die das Boot – wie man selbst – mitunter fast zum Kentern brachten, und Rettung waren. Ohne sie gäbe es die Überfahrt nicht, wohl auch nicht soviel Rettung. Wie nötig hat man die Mitfahrer im Boot, wenn der Boden nicht mehr zu tragen scheint. Am längsten und nächsten ist meine Frau Barbara mit im Boot, Gefährtin in guter Fahrt, in Seenot und Rettung; wie auch immer, wann auch immer. Lange haben uns die Töchter Cornelia, Lucia und Regina begleitet, die nun ihren eigenen Weg gehen. Sie alle haben mir viel gegeben. Und ich habe viel genommen, mehr mitunter, als es für uns alle gut war. So ist es mit Dank allein nicht getan. Aber der wenigstens soll hier am Anfang stehen. Kolleg(inn)en und Mitarbeiter(innen), Studierende und oft langjährige wichtige Gesprächspartner(innen), auch sie waren und sind Bootsgefährten und Fahrtgenoss(inn)en, deren Solidarität und Freundschaft getragen, herausgefordert, getröstet und beunruhigt hat – wie es eben so kommen kann im gemeinsamen Boot. Wenige will ich nennen, weil sie mit diesem Buch unmittelbar in Verbindung stehen: Zuerst Monika Aumüller, die mir als Büromitarbeiterin Freiräume fürs Nachdenken gerettet, mir mit sanfter Freundlichkeit die bürokratischen Härten des Hochschullehrerdaseins erträglich gemacht hat und mit hoher Fachkompetenz bei vielen Projekten redaktionell zur Seite stand. Eva Leiting hat dieses Buch wie auch zwei weitere vor ihm betreut. Es war eine Freude, mit ihr zusammenzuarbeiten. Mit Reinhard Feiter, dem Kollegen der Pastoraltheologie, habe ich eine Lehrveranstaltung zum Vaterunser halten dürfen. Das hat mir sehr gut getan. Viele seiner Anregungen sind in dieses Buch eingegangen. Mit Vera Krause habe ich zum ersten Mal ein Buch über das Beten schreiben dürfen (Dein Angesicht suche ich. Du. Wege ins Beten, Stuttgart 2005). Gemeinsam haben wir dabei auch die Bitten des Vaterunsers bedacht. Für das Herausfordernde wie für das Tragende dieser Gemeinsamkeit bin ich ihr von Herzen dankbar. Regina Laudage war mit in dem erheblich schwankenden Boot einer für Religionswissenschaftler(innen) gedachten Lehrveranstaltung, bei der ich erste Entwürfe der hier aufgenommenen Texte vorgetragen habe. Sie hat mich mit ihrem kundigen Interesse ermutigt, „dran" zu bleiben. Mit Paul Deselaers habe ich seit meiner Münsteraner Antrittsvorlesung zu „Was das Gebet der Theologie zu denken gibt" in freundschaftlichem, fruchtbarem Austausch zu den Fragen stehen dürfen, um die es in diesem Buch geht.

Zuletzt sind Sie, liebe Leserinnen und Leser mit ins Boot gestiegen. Ich wünsche Ihnen von Herzen, dass Ihnen das – wie auch immer – gut tut. Oder dass Sie das Buch möglichst schnell vergessen, wenn es Ihnen hie und da nicht gut tut; wenn Sie hier nicht finden, was Sie nötig hätten. Nemo dat quod non hat.

Nottuln und Münster im Juli 2010   *Jürgen Werbick*

Literaturverzeichnis

Adorno, Theodor W.: Minima Moralia, Gesammelte Schriften, hg. von R. Tiedemann, Bd. 4, Taschenbuchausgabe Frankfurt a. M. 2003.

Assmann, Jan: Moses der Ägypter. Entzifferung einer Gedächtnisspur, München – Wien 1998.

Ders.: Die Mosaische Unterscheidung oder der Preis des Monotheismus, München – Wien 2003.

Bachl, Gottfried: Thesen zum Bittgebet, in: Th. Schneider – L. Ullrich (Hg.), Vorsehung und Handeln Gottes (Quaestiones Disputatae 115), Freiburg – Basel – Wien 1988, 192–207.

Balthasar, Hans Urs von: Herrlichkeit. Eine theologische Ästhetik, 3 Bände in 7 Teilbänden, Einsiedeln 1961–1969.

Bieri, Peter: Das Handwerk der Freiheit. Über die Entdeckung des eigenen Willens, Frankfurt a. M. [2]2004.

Bloch, Ernst: Naturrecht und menschliche Würde, Frankfurt a. M. 1961.

Bolz, Norbert: Die ungeliebte Freiheit. Ein Lagebericht, München 2010.

Bonhoeffer, Dietrich: Widerstand und Ergebung, Taschenbuchausgabe Hamburg [4]1967.

Bründl, Jürgen: Masken des Bösen. Eine Theologie des Teufels, Würzburg 2002.

Ders.: Das Böse in Person. Der Teufel in der christlichen Theologie, in: Theologie und Glaube 97 (2007), 475–490.

Buber, Martin: Die Erzählungen der Chassidim, Zürich 1949.

Ders.: Zwei Glaubensweisen, in: ders., Werke. Erster Band: Schriften zur Philosophie, München – Heidelberg 1962, 651–782.

Comte, Auguste: Rede über den Geist des Positivismus, übersetzt, eingeleitet und hg. von I. Fetscher, Hamburg 1994.

Crüsemann, Marlene – Schottroff, Willy (Hg.): Schuld und Schulden. Biblische Traditionen in gegenwärtigen Konflikten, München 1992.

Descartes, René: Meditationes de Prima Philosophia – Meditationen über die Erste Philosophie, übersetzt und hg. von G. Schmidt, Stuttgart 1986.

Dohmen, Christoph: Gottes unerkennbare Gegenwart. Der Spannungsbogen zwischen Offenbarung und Mysterium, in: Bibel und Kirche 63 (2008), 6–12.

Domin, Hilde: Gesammelte Werke, Frankfurt a. M. 1987.

Drewermann, Eugen: Religionsgeschichtliche und tiefenpsychologische Bemerkungen zur Trinitätslehre, in: W. Breuning (Hg.), Trinität. Aktuelle Perspektiven der Theologie, Freiburg – Basel – Wien 1984, 115–142.

Ebeling, Gerhard: Das Gebet, in: Zeitschrift für Theologie und Kirche 70 (1973), 206–225.

Ernst, Hanspeter: Reich Gottes im rabbinischen Judentum. Gegenwärtig in Israel und zukünftig in der Welt, in: Bibel und Kirche 62 (2007), 109–112.

Federbusch, Stefan: Erlassjahr 2000 – Entwicklung braucht Entschuldung, in: Der Prediger und Katechet 139 (2000), 526–533.

Franck, Georg: Ökonomie der Aufmerksamkeit, Taschenbuchausgabe München 2007.

Freud, Sigmund: Vorlesungen zur Einführung in die Psychoanalyse. Und Neue Folge, Sigmund Freud Studienausgabe, hg. von A. Mitscherlich – A. Richards – J. Strachey, Bd. 1, Frankfurt a. M. 1969.

Fromm, Erich: Psychoanalyse und Ethik, dt. Stuttgart – Konstanz ²1954.

Görres, Albert: Glauben – wie geht das?, in: W. Jens (Hg.), Warum ich Christ bin, Taschenbuchausgabe München 1982, 185–206.

Habermas, Jürgen: Glauben und Wissen. Friedenspreis des Deutschen Buchhandels 2001. Laudatio: Jan Philipp Reemtsma, Frankfurt a. M. 2001.

Hasenhüttl, Gotthold: Glaube ohne Mythos, Bd. 1: Offenbarung, Jesus Christus, Gott, Mainz 2001.

Heidegger, Martin: Vom Wesen der Wahrheit, Frankfurt a. M. ⁶1976.

Heidrich, Christian: Das kleine, große Wort, in: CHRIST IN DER GEGENWART 62 (2010), 329f.

Heine, Heinrich: Sämtliche Werke. Kritische Ausgabe, hg. von E. Elster, Leipzig 1887–1890.

Hesse, Hermann: Der Steppenwolf, in: ders., Die Romane und die großen Erzählungen. Jubiläumsausgabe zum hundertsten Geburtstag von Hermann Hesse, Frankfurt a. M. 1977, Bd. 5.

Hornung, Erik: Der Eine und die Vielen. Ägyptische Gottesvorstellungen, Darmstadt ⁵1993.

Houellebecq, Michel: Die Möglichkeit einer Insel, Köln 2005.

Huber, Wolfgang: Die Bedeutung von Spiritualität und Riten für die Zukunft des Christentums, in: Mitteilungen des Cartells Rupert Mayer, Juni 2008, 5–20.

Jankélévitch, Vladimir: Das Verzeihen. Essays zur Moral und Kulturphilosophie, dt. Frankfurt a. M. 2003.

Janowski, Bernd: „Ein großer König über die ganze Erde" (Ps 47,3). Zum

Königtum Gottes im Alten Testament, in: Bibel und Kirche 62 (2007), 102–108.

Joas, Hans: Die Politik der Würde und die Sakralität der Person, in: ders., Braucht der Mensch Religion? Über Erfahrungen der Selbsttranszendenz, Freiburg – Basel – Wien 2004, 130–142.

Jüngel, Eberhard: Die Autorität des bittenden Christus, in: ders., Unterwegs zur Sache, München 1972, 179–188.

Ders.: Gottesgewissheit, in: ders., Entsprechungen: Gott – Wahrheit – Mensch. Theologische Erörterungen, München 1980, 252–264.

Ders.: Das Evangelium von der Rechtfertigung des Gottlosen als Zentrum des christlichen Glaubens, Tübingen 1998.

Ders.: Thesen zur Ewigkeit des ewigen Lebens, in: Zeitschrift für Theologie und Kirche 97 (2000), 80–87.

Kästner, Erhart: Aufstand der Dinge, Frankfurt a. M. 1976.

Kafka, Franz: Sämtliche Erzählungen, hg. von P. Raabe, Frankfurt a. M. 1970.

Kant, Immanuel: Logik, in: Werke in 12 Bänden, hg. von W. Weischedel, Wiesbaden 1960, Bd. VI.

Ders.: Kants Werke. Akademie Textausgabe, Berlin 1968.

Keller, Martin: Untersuchungen zur deuteronomistisch-deuteronomischen Namenstheologie, Weinheim 1996.

Kleymann, Siegfried: O Seligkeit, getauft zu sein? Vom Glaubenszeugnis einer Ortsgemeinde, Münster 2005.

Kolvenbach, Peter-Hans: Der österliche Weg. Exerzitien zur Lebenserneuerung, Freiburg – Basel – Wien 1988.

Kosch, Daniel: Die Gottesherrschaft erreicht das Jetzt. Eine Annäherung an Mk 1,15 und Lk 11,2 par Mt 6,10, in: Bibel und Kirche 62 (2007), 85–88.

Krause, Vera – Werbick, Jürgen: Dein Angesicht suche ich. Du. Schritte ins Beten, Stuttgart 2005.

Kügler, Joachim: „Meine Königsherrschaft ist nicht von dieser Welt" (Joh 18,36). Zur Veränderung der Gottesreich-Botschaft im Johannesevangelium, in: Bibel und Kirche 62 (2007), 94–97.

Kunert, Günter: Schatten entziffern. Lyrik, Prosa 1950–1994, hg. von J. Richter, Leipzig 1995.

Lohfink, Norbert: Das Vaterunser, intertextuell gebetet, in: Th. Klosterkamp – ders. (Hg.), Wohin du auch gehst. Festschrift für Franz-Josef Stendebach OMI, Stuttgart 2005, 73–97.

Luckmann, Thomas: Privatisierung und Individualisierung. Zur Sozialform der Religion in spätindustriellen Gesellschaften, in: K. Gabriel (Hg.), Religiöse Individualisierung und Säkularisierung. Biographie und Gruppe als Bezugspunkte moderner Religiosität, Gütersloh 1996, 17–28.

Marion, Jean-Luc: L'idole et la distance. Cinq études, Paris ²1989.

Marti, Kurt: Namenszug mit Mond. Gedichte, Zürich – Frauenfeld 1996.

Ders.: Leichenreden, Taschenbuchausgabe München 2004.

Marx, Karl: Marx–Engels–Werke (MEW), Berlin 1956ff.

Metz, Johann Baptist: Mit der Autorität der Leidenden. Compassion – Vorschlag zu einem Weltprogramm des Christentums, in: SÜD-DEUTSCHE ZEITUNG Nr. 296 vom 24./25./26. Dezember 1997, Feuilleton-Beilage, S. I.

Miggelbrink, Ralf: Der Zorn Gottes. Geschichte und Aktualität einer ungeliebten biblischen Tradition, Freiburg – Basel – Wien 2000.

Moltmann, Jürgen: Theologie der Hoffnung, München 1964.

Monod, Jacques: Zufall und Notwendigkeit. Philosophische Fragen der modernen Biologie, dt. München ²1971.

Müller, Burkhard: Wir sind Heiden. Warum sich Europa nicht auf christliche Werte berufen sollte, in: SÜDDEUTSCHE ZEITUNG vom 24./25. April 2004, S. 13.

Müller, Klaus: Neuer Atheismus? Alte Klischees, aggressive Töne, heilsame Provokationen, in: Herder Korrespondenz 61 (2007), 552–557.

Mulisch, Harry: Die Entdeckung des Himmels, dt. München – Wien 1993.

Nietzsche, Friedrich: Sämtliche Werke. Kritische Studienausgabe, hg. von G. Colli und M. Montinari, München – Berlin 1980.

Otto, Gert: Über das Gebet, in: F. W. Bargheer – I. Röbbelen (Hg.), Gebet und Gebetserziehung, Heidelberg 1971, 31–48.

Ders.: Vater unser. Eine Auslegung für Menschen unserer Zeit, Mainz 1986.

Péguy, Charles: Das Mysterium der Hoffnung, Wien – München 1952.

Philonenko, Marc: Das Vaterunser. Vom Gebet Jesu zum Gebet der Jünger, dt. Tübingen 2002.

Pröpper, Thomas: Evangelium und freie Vernunft. Konturen einer theologischen Hermeneutik, Freiburg – Basel – Wien 2001.

Rahner, Karl: Worte ins Schweigen, Innsbruck 1947.

Ders.: Grundkurs des Glaubens. Einführung in den Begriff des Christentums, Freiburg – Basel – Wien 1976.

Ders.: Zwiegespräch mit Gott?, in: ders., Schriften zur Theologie XIII, Einsiedeln 1978, 148–158.

Ratzinger, Joseph – Benedikt XVI.: Dogma und Verkündigung, Donauwörth 1973.

Ders.: Jesus von Nazareth. Erster Teil: Von der Taufe im Jordan bis zur Verklärung, Freiburg – Basel – Wien 2007.

Ricœur, Paul: Hermeneutik und Psychoanalyse. Der Konflikt der Interpretationen II, dt. München 1974.

Rosenzweig, Franz: Der Stern der Erlösung, Taschenbuchausgabe Frankfurt a. M. 1988.

Schaeffler, Richard: Adiutorium nostrum in nomine Domini. Sprachphilosophische Überlegungen zur Anrufung Gottes im Gebet, in: Lebendiges Zeugnis 43 (1988), 27–40.

Ders.: Kleine Sprachlehre des Gebets, Einsiedeln 1988.

Ders.: Auf welche Weise denkt der Glaube? Von der eigenen Rationalität des Glaubens und vom kritisch-hermeneutischen Dienst der Philosophie und der Theologie, in: Theologie und Glaube 99 (2009), 2–26.

Schiller, Friedrich: Etwas über die erste Menschengesellschaft nach dem Leitfaden der Mosaischen Urkunde, in: Schillers Werke. Nationalausgabe, Bd. 17, Teil I, hg. von K.-H. Hahn, Weimar 1970, 398–413.

Schlagheck, Michael u. a. (Hg.), Zerreiß doch die Wolken. Ein Akademiebrevier, Freiburg – Basel – Wien 2007.

Schneider, Reinhold: Wesen und Verwaltung der Macht, Wiesbaden 1954.

Schoonenberg, Piet: Der Mensch in der Sünde, in: J. Feiner – M. Löhrer (Hg.), Mysterium Salutis. Grundriss heilsgeschichtlicher Dogmatik, Bd. 2, Einsiedeln – Zürich – Köln 1967, 845–941.

Schürmann, Heinz: Das Gebet des Herrn als Schlüssel zum Verstehen Jesu, Leipzig [7]1990.

Schweitzer, Albert: Geschichte der Leben-Jesu-Forschung, 2 Bde., Taschenbuchausgabe Gütersloh [3]1977.

Scoralick, Ruth: Heiliges Jahr und Schuldenerlass. Biblische Hintergründe, in: Der Prediger und Katechet 139 (2000), 385–395.

Seeliger, Hans Reinhard: Religiöse Musikalität, in: Theologische Quartalschrift 187 (2007), 246f.

Seidl, Theodor: Ein Grundsatzgespräch (Gen 18,20–33), in: Der Prediger und Katechet 149 (2010), 571–573.

Sölle, Dorothee: Das entprivatisierte Gebet, in: dies., Das Recht ein anderer zu werden, Darmstadt 1971, 130–138.

Dies.: Die Hinreise. Zur religiösen Erfahrung. Texte und Überlegungen, Stuttgart 1975.

Steffensky, Fulbert: Das Haus, das die Träume verwaltet, Würzburg [4]1999.

Stierlin, Helm: Das Tun des Einen ist das Tun des Anderen. Eine Dynamik der menschlichen Beziehungen, Frankfurt a. M. 1971.

Strasser, Peter: Der Gott aller Menschen. Eine philosophische Grenzüberschreitung, Graz – Wien – Köln 2002.

Taylor, Charles: Quellen des Selbst. Die Entstehung der neuzeitlichen Vernunft, dt. Frankfurt a. M. 1996.

Tugendhat, Ernst: Egozentrizität und Mystik. Eine anthropologische Studie, München 2003.

Uehlinger, Christoph: Weltreich und „eine Rede". Eine neue Deutung der sogenannten Turmbauerzählung (Gen 11,1–9), Freiburg/Schweiz – Göttingen 1990.

Vasse, Denis: Bedürfnis und Wunsch. Eine Psychoanalyse der Welt- und Glaubenserfahrung, dt. Olten 1973.

Weber, Max: Max Weber Gesamtausgabe, Bd. II 6, Tübingen 1994.

Weil, Simone: Formen der impliziten Gottesliebe, in: dies., Das Unglück und die Gottesliebe, dt. München 1953, 135–234.

Dies.: Zeugnis für das Gute, dt. Olten – Freiburg i. Br. 1976.

Dies.: Schwerkraft und Gnade, dt. München – Zürich 1989.

Werbick, Jürgen: Jahwes „Rache" rettet, in: Der Prediger und Katechet 124 (1985), 558–561.

Ders.: Von Gott sprechen an der Grenze zum Verstummen, Münster 2004.

Ders.: Erlösende Qualen? Zu Mel Gibsons Deutung der Leiden Jesu und zu den Fragen, die sie der christlichen Theologie aufgibt, in: R. Zwick – Th. Lentes (Hg.), Die Passion Christi. Der Film von Mel Gibson und seine theologischen und kunstgeschichtlichen Kontexte, Münster 2004, 208–218.

Ders.: Gebetsglaube und Gotteszweifel, erweiterte 2. Auflage, Münster 2005.

Ders.: Gott kann etwas mit uns anfangen, Donauwörth 2006.

Ders.: Gott verbindlich. Eine theologische Gotteslehre, Freiburg – Basel – Wien 2007.

Ders.: Hört Gott mich, wenn ich zu ihm rufe? Notizen zu Bittgebet und Theodizee, in: Internationale Katholische Zeitschrift *Communio* 37 (2008), 587–600.

Ders.: Einführung in die theologische Wissenschaftslehre, Freiburg – Basel – Wien 2010.

Westermann, Claus: Schöpfung, Stuttgart 1983.

Wüst-Lückl, Jürg: Theologie des Gebetes. Forschungsbericht und systematisch-theologischer Ausblick, Fribourg 2007.

Zenger, Erich: Der Mosaische Monotheismus im Spannungsfeld von Gewalttätigkeit und Gewaltverzicht. Eine Replik auf Jan Assmann, in: P. Neuner (Hg.), Das Gewaltpotential des Monotheismus und der dreieine Gott, Freiburg – Basel – Wien 2005, 39–73.